역대기 강해

AN EXPOSITION
ON THE BOOK OF
THE CHRONICLES

〔3판〕

김효성
Hyosung Kim
Th.M., Ph.D.

옛신앙
oldfaith
2023

머리말

주 예수 그리스도(마 5:18; 요 10:35)와 사도 바울(갈 3:6; 딤후 3:16)의 증거대로, 성경은 하나님의 말씀이다. 성경이 하나님의 말씀이며 우리의 신앙과 행위에 있어서 정확무오한 유일의 법칙이라는 고백은 우리의 신앙생활에 있어서 매우 기본적이고 중요하다.

웨스트민스터 신앙고백에 진술된 대로(1:8), 우리는 성경의 원본이 하나님의 감동으로 오류가 없이 기록되었고 그 본문이 "그의 독특한 배려와 섭리로 모든 시대에 순수하게 보존되었다"고 믿는다. 이것은 교회의 전통적 견해이다. 그러므로 구약성경에서 전통적 히브리어 마소라 본문을 가장 중요하게 여기며 야곱 벤 카임에 의해 편집한 제2 랍비 성경(봄버그판)을 표준적 본문으로 간주해야 한다고 본다.

성경은 성도 개인의 신앙생활뿐 아니라, 교회의 모든 활동들에도 유일한 규범이다. 오늘날처럼 다양한 풍조와 운동이 많은 영적 혼란의 시대에, 우리는 성경으로 돌아가 성경이 무엇을 말하는지 묵상하기를 원하며 성경에 계시된 하나님의 모든 뜻을 알기를 원한다.

성경을 가지고 설교할지라도 그것을 바르게 해석하고 적용하지 않으면, 하나님의 말씀의 기근이 올 것이다(암 8:11). 오늘날 하나님의 말씀의 기근이 오고 있다. 많은 설교와 성경강해가 있지만, 순수한 기독교 신앙 지식과 입장은 더 흐려지고 있기 때문이다.

그러므로 오늘날 요구되는 성경 해석과 강해는 복잡하고 화려한 말잔치보다 성경 본문의 바른 뜻을 간단 명료하게 해석하고 잘 적용하는 것일 것이다. 사실상, 우리는 성경책 한 권으로 충분하다. 성경 주석이나 강해는 성경 본문의 바른 이해를 위한 작은 참고서에 불과하다. 성도는 각자 성령의 도우심을 구하며 성경을 읽어야 하고, 성경 주석과 강해는 오직 참고서로만 사용해야 할 것이다.

내용 목차

서론

역대기의 **저자**는, 유대인의 전통인 탈무드에 의하면, 에스라이다 (*Baba Bathra*, 15a). 역대기는 에스라, 느헤미야와 문체가 비슷하다.

역대기의 **목적**은 유다 나라의 왕들의 역사를 완전케 하기 위함이라고 본다.[1] 이를 위해, 아담으로부터 중요한 족보, 특히 다윗 왕통의 족보를 정확히 기록하였다. 창세기 10장과 36장의 많은 부분이 중첩되어 있다. 또한 사무엘서와 열왕기에서 유다 나라 역사의 빠진 부분들이 보충되었고 어떤 부분들은 추가로 설명되었다.

예를 들어, 열왕기하 12:20은 요아스 왕의 신복들이 모반하여 그를 죽였다고 간단하게 기록하지만, 역대하 24:17-25는, 대제사장 여호야다가 죽은 후 요아스가 우상숭배에 떨어졌고 여호야다의 아들 스가랴의 예언과 책망을 듣지 아니하고 도리어 그를 돌로 쳐죽이게 하였고 하나님께서는 그가 하나님을 버린 죄 때문에 1년 후에 아람 군대를 보내셨고 그때 부상 당한 요아스를 그 신복들이 모반하여 침상에서 쳐죽였다고 자세하게 기록하였다.

사무엘서, 열왕기, 역대기에서 **숫자의 불일치** 부분이 20개 가량 있다. 그 중 3분의 1 정도는 사무엘서나 열왕기의 숫자가 더 크다. 이에 대해, (1) 같은 부류가 아닌 것, (2) 같은 시간에 일어난 것이 아닌 것, (3) 같은 범주에 둘 수 없는 것(예를 들어, 대상 21:25--"그 기지 값으로 금 600세겔을 달아" [삼하 24:24--"은 50세겔로 타작마당과 소를 사고"]), (4) 사본 전수상의 오류인 것 등으로 설명할 수 있을 것이다.

역대상은 아담부터 다윗까지의 역사이다. 1-9장은 아담부터 포로 귀환까지의 역사이며(족보들을 포함하여), 10-29장은 다윗 왕 시대

---

1) Matthew Poole의 성경주석, 2권, 774-775쪽.

의 역사이다. 역대상이 **강조하는 진리**는 하나님 중심, 특히 성전 중심의 삶이다. **역대하**는 솔로몬부터 바벨론에 포로로 잡혀갈 때까지의 역사이다. 1-9장은 솔로몬 왕 시대의 역사이며, 10-36장은 남방 유다 나라의 역사이다. 역대하가 **강조하는 진리**는 여호와 하나님을 떠난 배교(背敎)의 결과는 멸망이라는 것과 오직 여호와 하나님을 전심으로 구하고 의지하고 순종하라는 교훈이다.

본문 혹은 각주에 자주 사용된 약어

KJV	영어 King James Version
NASB	영어 New American Standard Version
NIV	영어 New International Version
LXX	고대 헬라어 70인역
Syr	고대 수리아어역
It	고대 라틴어역
Vg	고대 라틴어 Vulgate역
BDB	Brown-Driver-Briggs, *Hebrew Lexicon of the O. T.*
KB	Koehler-Baumgartner, *Lexicon in Veteris Testamenti Libros.*
Langenscheidt	*Langenscheidt Pocket Hebrew Dictionary.*
NBD	*The New Bible Dictionary.* IVP.
Poole	Matthew Poole, *A Commentary on the Holy Bible.*
JFB	Jamieson-Faussett-Brown, *A Commentary.*

역대상 1장: 아담부터 에서까지

〔1-4절〕 아담, 셋, 에노스, 게난, 마할랄렐, 야렛, 에녹, 므두셀라, 라멕, 노아, 셈, 함과 야벳,

〔5-7절〕 야벳의 아들[들]은 고멜과 마곡과 마대와 야완과 두발과 메섹과 디라스요 고멜의 아들[들]은 아스그나스와 디밧(혹은 리밧)2)과 도갈마요 야완의 아들[들]은 엘리사와 다시스와 깃딤과 도다님이더라.

〔8-16〕 함의 아들[들]은 구스와 미스라임과 붓과 가나안이요 구스의 아들[들]은 스바와 하윌라와 삽다와 라아마와 삽드가요 라아마의 아들은 스바와 드단이요 구스가 또 니므롯을 낳았으니 세상에 처음 영걸한 자며 미스라임은 루딤과 아나밈과 르하빔과 납두힘과 바드루심과 가슬루힘과 갑도림을 낳았으니 블레셋 족속은 가슬루힘에게서 나왔으며 가나안은 맏아들 시돈과 헷을 낳고 또 여부스 족속과 아모리 족속과 기르가스 족속과 히위 족속과 알가 족속과 신 족속과 아르왓 족속과 스말 족속과 하맛 족속을 낳았더라.

〔17-23절〕 셈의 아들[들]은 엘람과 앗수르와 아르박삿과 룻과 아람과 우스와 훌과 게델과 메섹이라. 아르박삿은 셀라를 낳고 셀라는 에벨을 낳고 에벨은 두 아들을 낳아 하나의 이름을 벨렉이라 하였으니 이는 그때에 땅이 나뉘었음이요.3) 그 아우의 이름은 욕단이며 욕단이 알모닷과 셀렙과 하살마윗과 예라와 하도람과 우살과 디글라와 에발과 아비마엘과 스바와 오빌과 하윌라와 요밥을 낳았으니 욕단의 아들들은 이러하니라.

〔24-27절〕 셈, 아르박삿, 셀라, 에벨, 벨렉, 르우, 스룩, 나홀, 데라, 아브람 곧 아브라함.

〔28절〕 아브라함의 아들[들]은 이삭과 이스마엘이라.

---

2) 히브리어 전통본문은 디밧(רִיפַת)으로 되어 있으나(BH³)(NASB), 약 30개의 히브리어 사본들과 헬라어 70인역과 창세기 10:3은 '리밧(רִיפַת)'이라고 되어 있다(KJV, NIV는 이 본문을 따름).

3) 땅이 나뉘었다는 말은 바벨탑 사건으로 인해 인류의 분산되었음을 뜻한다고 보나, 혹 지구의 대륙들이 분리되었음을 뜻할지도 모른다.

〔29-31〕 이스마엘의 세계는 이러하니 그 맏아들은 느바욧이요 다음은 게달과 앗브엘과 밉삼과 미스마와 두마와 맛사와 하닷과 데마와 여둘과 나비스와 게드마라. 이스마엘의 아들들은 이러하니라.

〔32-33절〕 아브라함의 첩(필레게쉬 פִּילַגְשׁ)(창 25:1, 잇솨 הָשֵּׁא '후처'= '[다른] 아내') 그두라의 낳은 아들[들]은 시므란과 욕산과 므단과 미디안과 이스박과 수아요 욕산의 아들은 스바와 드단이요 미디안의 아들은 에바와 에벨과 하녹과 아비다와 엘다아니 그두라의 아들들은 이러하니라.

〔34절〕 아브라함이 이삭을 낳았으니 이삭의 아들[들]은 에서와 이스라엘이더라.

〔35-42절〕 에서의 아들[들]은 엘리바스와 르우엘과 여우스와 얄람과 고라요 엘리바스의 아들[들]은 데만과 오말과 스비와 가담과 그나스와 딤나와 아말렉이요 르우엘의 아들[들]은 나핫과 세라와 삼마와 밋사요 세일의 아들[들]은 로단과 소발과 시브온과 아나와 디손과 에셀과 디산이요 로단의 아들[들]은 호리와 호맘이요 로단의 누이는 딤나요 소발의 아들[들]은 알란과 마나핫과 에발과 스비와 오남이요 시브온의 아들[들]은 아야와 아나요 아나의 아들은 디손이요 디손의 아들[들]은 하므란과 에스반과 이드란과 그란이요 에셀의 아들[들]은 빌한과 사아완과 야아간이요 디산의 아들[들]은 우스와 아란이더라.

〔43-54절〕 이스라엘 자손을 치리하는 왕이 있기 전에 에돔 땅을 다스린 왕이 이러하니라.[4] 브올의 아들 벨라니 그 도성 이름은 딘하바며 벨라가 죽으매 보스라 세라의 아들 요밥이 대신하여 왕이 되었고 요밥이 죽으매 데만 족속의 땅 사람 후삼이 대신하여 왕이 되었고 후삼이 죽으매 브닷의 아들 하닷이 대신하여 왕이 되었으니 하닷은 모압 들에서 미디안을 친 자요 그 도성 이름은 아윗이며 하닷이 죽으매 마스레가 사믈라가 대신하여 왕이 되었고 사믈라가 죽으매 하숫가의 르호봇 사울이 대신하여 왕이 되었고 사울

---

4) 이스라엘의 왕에 대한 예언에 관해서는, 하나님께서는 일찍이 야곱에게 "왕들이 네 허리에서 나오리라"고 말씀하셨다(창 35:11). 또 신명기 17:14에서도 모세는 이스라엘 백성에게 그들이 가나안 땅에 들어가 거할 때 그들 주위의 열국같이 그들 위에 왕을 세우려는 뜻이 날 것을 예견하며 말했다.

이 죽으매 악볼의 아들 바알하난이 대신하여 왕이 되었고 바알하난이 죽으매 하닷이 대신하여 왕이 되었으니 그 도성 이름은 바이요 그 아내의 이름은 므헤다벨이라. 메사합의 손녀요 마드렛의 딸이었더라. 하닷이 죽은 후에 에돔의 족장이 이러하니 딤나 족장과 알랴 족장과 여뎃 족장과 오홀리바마 족장과 엘라 족장과 비논 족장과 그나스 족장과 데만 족장과 밉살 족장과 막디엘 족장과 이람 족장이라. 에돔 족장이 이러하였더라.

역대상 1장은 아담부터 에서까지의 족보를 기록한다. 역대상 1장은 몇 가지 진리를 보인다.

첫째로, 본장은 교회 역사가 아담에게서 시작됨을 보인다. 온 인류는 한 근원에서 나왔다. 창세기 1, 2장에 기록된 대로, 인류는 하나님의 창조하심으로부터 시작되었다. 사도행전 17:26의 말씀대로, 하나님께서는 인류의 모든 족속을 한 혈통으로 만드셨다.

하나님께서는 처음에 아담과 하와를 만드셨다. 정확히 말하면, 그는 아담을 먼저 만드시고, 그 다음에 곧 하와를 만드셨다. 하나님께서 만드신 아담과 하와, 즉 1남 1여를 통해 온 인류가 나왔다. 이 사실은 하나님의 뜻이 1부 1처임을 보인다. 그러므로 성경은 감독의 자격을 말할 때 한 아내의 남편이 되어야 한다고 말하였다(딤전 3:2).

교회는 인류의 조상 아담의 자손들 가운데서 아담으로부터 세상 종말까지 모든 선택된 자들로 구성된다. 셋, 에노스, 에녹, 노아, 아브라함 등 경건한 열조들은 거기에 확실히 포함된다. 예수께서는 "너희에게 이르노니 동서로부터 많은 사람이 이르러 아브라함과 이삭과 야곱과 함께 천국에 앉으리라"고 말씀하셨다(마 8:11). 그러므로 벨직 신앙고백은, "교회는 세상 처음부터 있었고 세상 끝날까지 있을 것이다"라고 말하며(27조), 웨스트민스터 신앙고백은, "[교회는] 선택된 자들의 수 전체로 구성된다"고 말한다(25장 1항).

둘째로, 본장은 출산이 하나님의 뜻임을 보인다. 자녀의 출산, 인간 생명의 출산은 매우 고귀한 일이다. 그것은 하나님의 계속적인 사람

창조의 방법이다. 그것은 돈으로 계산할 수 없는 일이다. 사람의 값이 얼마나 될까? 그것은 주의 말씀대로 천하보다 귀하다(마 16:26)!

물론, 임신과 출산은 오직 하나님의 허락 안에서만 가능하였다. 그것은 자동적인 것이 아니었다. 특히 하나님의 섭리 가운데 경건한 자들에게 불임(不姙)을 주시는 경우가 있었다. 노아는 500세까지 자녀가 없었다가 500세 이후에 셈, 함, 야벳을 낳았다(창 5:32). 아브라함은 75세 전에 결혼했으나 100세가 되기까지 정식적인 자녀가 없었으나 100세에 이삭을 낳았다(창 21장). 이삭은 40세에 결혼하였으나 20년 동안 자녀가 없었다가 60세에 쌍둥이인 에서와 야곱을 낳았다. 그 외에도, 라헬, 한나 등이 오랫동안 자녀가 없었다가 낳았다. 이 모든 경우들에서, 하나님께서는 그들이 자녀가 없었던 기간을 통해 그들의 신앙과 인격을 단련시키셨음이 분명하다.

하나님의 뜻은 다산(多産)이다. 여성의 최대의 임무와 특권은 출산이다. 하나님께서 첫 사람 아담에게 "생육하고 번성하여 땅에 충만하라"고 명령하셨다(창 1:28). 하나님의 이 명령은 그 후에 취소된 적이 없다. 단지, 이제는 바른 신앙 안에서 결혼하고 출산해야 할 뿐이다. 시편 127편은 자녀가 하나님의 기업과 상급이라고 말한다. 많은 자녀를 갖는 것은 하나님의 큰복이다. 거기에서 하나님의 좋은 일꾼들이 나올 것이다. 영적 자녀를 가지는 것도 마찬가지로 복되다.

셋째로, 본장은 성경 역사가 선택의 역사임을 보인다. 본장의 족보는 하나님의 택하신 자들의 이름으로 이어져 나간다. 에노스, 에녹, 노아, 아브라함, 이삭, 이스라엘로 이어지는 것이 선택의 역사다.

3절의 에녹은 아담의 7대손이었다. 창세기 5:21-24는 그에 대해 이렇게 증거한다. "에녹은 65세에 므두셀라를 낳았고 므두셀라를 낳은 후 300년을 하나님과 동행하며 자녀를 낳았으며 그가 365세를 향수하였더라. 에녹이 하나님과 동행하더니 하나님이 그를 데려가시므로 세상에 있지 아니하였더라." 에녹은 죽지 않고 승천하였다(히 11:5).

4절의 노아는 아담의 10대손으로 심히 부패하고 강포하였던 시대에 의롭고 완전하게 살았고 하나님과 동행하였고(창 6:9), 또 하나님의 명령에 절대 복종하였고 하나님의 명령을 따라 오랫동안 방주를 만들었다. 노아와 그 가족들은 유일하게 홍수 심판을 모면하였다.

27절의 아브라함은 믿음과 순종의 사람이었고 후대의 모든 사람들의 본이 되었다. 성경은 창세기 12장부터 25장까지에서 그의 믿음과 순종에 대해 또 그의 연약과 실수에 대해서도 자세하게 증거한다.

본장에 나오는 그 외의 사람들의 역사도 교회 역사를 이해하는 데 참고가 된다. 4절 이하에, 노아의 세 아들, 셈과 함과 야벳을 통해 온 세계의 족속들이 나왔다. 8절에 구스와 미스라임(애굽)과 가나안은 함의 자손들이었다. 12절에 블레셋 족속은 함의 자손이었다. 19절에 에벨의 때에 땅이 나뉘었는데, 그것은 바벨탑 사건으로 인한 인류의 분산을 가리킬 것이다. 그러나 혹 그때에 대륙들의 분리가 있었음을 가리킬지도 모른다. 29절 이하의 아브라함의 아들 이스마엘의 자손들과 32절 이하의 아브라함의 후처 그두라의 자손들과 또 35절 이하의 에서의 자손들은 구약성경에 나오는 '동방 사람들'이었고 오늘날 아랍 족속들의 조상이 되었다고 보인다.

또 본장은 세상의 사람들이 일찍부터 권력을 추구하였음을 보인다. 10절의 니므롯은 세상에 처음 영걸한 자[권세 있는 자]이었다. 43절은 이스라엘에 왕이 있기 전에 에돔 땅에 왕이 있었다고 증거한다. 타락한 인류는 교만하여 남을 지배하는 경향이 있었다. 그래서 인류 역사상 때때로 독재자들이 나타났고 말세에도 그러할 것이다.

이스라엘 백성도 후에 하나님의 뜻에 반대하여 왕을 구했다. 교회는 본질상 신본주의, 즉 하나님의 통치를 구하는 모임이다. 하나님께서는, 왕을 세우기를 원한 이스라엘 백성에 대해 그들이 "나를 버려 자기들의 왕이 되지 못하게 한다"고 말씀하셨다(삼상 8:7).

　본장의 교훈을 정리해보자. 첫째로, 우리는 우리의 이웃에 대해 넓은 마음, 너그러운 마음을 가져야 한다. 왜냐하면 인류는 한 혈통 아담에게서 또 후에 노아에게서 나왔기 때문이다. 또 교회는 아담 이후 하나님의 택한 모든 백성들로 구성된다. 그러므로 성경은 "할 수 있거든 너희로서는 모든 사람으로 더불어 평화[화목]하라"(롬 12:18)고 교훈한다.

　둘째로, 여성들은 결혼을 귀히 여기고 출산을 최대의 임무와 특권으로 알아야 한다. 인류의 번식은 하나님의 뜻이다. 그것은 교회의 번창과도 관계가 있다. 다산(多産)은 복이다. 시편 127:3-5, "자식은 여호와의 주신 기업이요 태의 열매는 그의 상급이로다. 젊은 자의 자식은 장사의 수중의 화살 같으니 이것이 그 전통[화살통]에 가득한 자는 복되도다. 저희가 성문에서 그 원수와 말할 때에 수치를 당치 아니하리로다."

　하나님께서 출산을 허락지 않으시는 부부는 입양(入養)도 귀한 일임을 인식해야 한다. 사람들은 자기 뿌리를 말하는데 우리의 뿌리는 하나이며 또 모든 사람은 죄인이며 죄성을 가지고 있다. 물론, 부모는 자녀들을 경건하게 잘 키워야 한다. 결혼은 귀한 일이다. 또 남성들은 여성들이 임신하고 출산하는 일이 얼마나 힘든 일인지를 이해하고 여성들을 귀히 여겨야 한다. 또 영적 출산과 양육도 귀한 일임을 알아야 한다.

　셋째로, 우리는 하나님의 선택의 은혜를 감사해야 한다. 아담의 많은 자손들 중에서 하나님께서 택하신 자들, 그가 부르셔서 회개시키시고 구원하신 자들은 복되다. 로마서 9:16, 18, "그런즉 원하는 자로 말미암음도 아니요 달음박질하는 자로 말미암음도 아니요 오직 긍휼히 여기시는 하나님으로 말미암음이니라," "그런즉 하나님께서 하고자 하시는 자를 긍휼히 여기시고 하고자 하시는 자를 강퍅케 하시느니라." 인류의 역사는 하나님의 섭리의 역사이며 그가 택하신 사람들을 구원하시는 역사이다. 우리는 하나님의 은혜의 선택과 구원을 감사하면서 경건한 선조들의 발자취를 따라 경건하고 정직하고 선하게만 살아야 한다.

2장: 유다의 자손

〔1-8절〕 이스라엘의 아들[들]은 이러하니 르우벤과 시므온과 레위와 유다와 잇사갈과 스불론과 단과 요셉과 베냐민과 납달리와 갓과 아셀이더라. 유다의 아들[들]은 에르와 오난과 셀라니 이 세 사람은 가나안 사람 수아의 딸이 유다로 말미암아 낳은 자요 유다의 맏아들 에르는 여호와 보시기에 악하였으므로 여호와께서 죽이셨고 유다의 며느리 다말이 유다로 말미암아 베레스와 세라를 낳았으니 유다의 아들[들]이 모두 다섯이더라. 베레스의 아들[들]은 헤스론과 하물이요 세라의 아들[들]은 시므리와 에단과 헤만과 갈골과 다라니 모두 다섯 사람이요 가르미의 아들은 아갈이니 저는 마땅히 멸할 물건으로 인하여 이스라엘을 괴롭게 한 자며 에단의 아들은 아사랴더라.

〔9-17절〕 헤스론의 낳은 아들[들]은 여라므엘과 람과 글루배라. 람은 암미나답을 낳았고 암미나답은 나손을 낳았으니 나손은 유다 자손의 방백이며 나손은 살마를 낳았고 살마는 보아스를 낳았고 보아스는 오벳을 낳았고 오벳은 이새를 낳았고 이새는 맏아들 엘리압과 둘째로 아비나답과 셋째로 시므아와 넷째로 느다넬과 다섯째로 랏대와 여섯째로 오셈과 일곱째로 다윗을 낳았으며[5] 저희의 자매는 스루야와 아비가일이라 스루야의 아들은 아비새와 요압과 아사헬 삼형제요 아비가일은 아마사를 낳았으니 아마사의 아비는 이스마엘 사람 예델이었더라.

〔18-24절〕 헤스론의 아들 갈렙이 그 아내 아수바와 여리옷에게서 아들을 낳았으니 그 낳은 아들은 예셀과 소밥과 아르돈이며 아수바가 죽은 후에 갈렙이 또 에브랏에게 장가 들었더니 에브랏이 그로 말미암아 훌을 낳았고 훌은 우리를 낳았고 우리는 브살렐을 낳았더라. 그 후에 헤스론이 60세에 길르앗의 아비 마길의 딸에게 장가들어 동침하였더니 저가 헤스론으로 말미암아 스굽을 낳았으며 스굽은 야일을 낳았고 야일은 길르앗 땅에서 스물세 성읍을 가졌더니 그술과 아람이 야일의 성읍들과 그낫과 그 성들 모두 60을 그들에게서 빼앗았으며[6] 저희는 다 길르앗의 아비 마길의 자손이었

---

5) 사무엘상 17:12, 14는, 이새에게 여덟 아들이 있었고 다윗은 말째라고 말한다. 그렇다면, 형들 중 하나는 아마 양자(養子)이었을 것이다.

더라. 헤스론이 갈렙 에브라다에서 죽은 후에 그 아내 아비야가 그로 말미암아 아스훌을 낳았으니 아스훌은 드고아의 아비더라.

〔25-41절〕 헤스론의 맏아들 여라므엘의 아들은 맏아들 람과 그 다음 브나와 오렌과 오셈과 아히야며 여라므엘이 다른 아내가 있었으니 이름은 아다라라. 저는 오남의 어미더라. 여라므엘의 맏아들 람의 아들은 마아스와 야민과 에겔이요 오남의 아들들은 삼매와 야다요 삼매의 아들은 나답과 아비술이며 아비술의 아내의 이름은 아비하일이라. 저가 그로 말미암아 아반과 몰릿을 낳았으며 나답의 아들은 셀렛과 압바임이라. 셀렛은 아들이 없이 죽었고 압바임의 아들은 이시요 이시의 아들은 세산이요 세산의 아들은 알래요 삼매의 아우 야다의 아들은 예델과 요나단이라. 예델은 아들이 없이 죽었고 요나단의 아들은 벨렛과 사사라. 여라므엘의 자손은 이러하며 세산은 아들이 없고 딸뿐이라. 그에게 야르하라 하는 애굽 종이 있는 고로 딸을 그 종 야르하에게 주어 아내를 삼게 하였더니 저가 그로 말미암아 앗대를 낳았고 앗대는 나단을 낳았고 나단은 사밧을 낳았고 사밧은 에블랄을 낳았고 에블랄은 오벳을 낳았고 오벳은 예후를 낳았고 예후는 아사랴를 낳았고 아사랴는 헬레스를 낳았고 헬레스는 엘르아사를 낳았고 엘르아사는 시스매를 낳았고 시스매는 살룸을 낳았고 살룸은 여가먀를 낳았고 여가먀는 엘리사마를 낳았더라.

〔42-49절〕 여라므엘의 아우 갈렙의 아들 곧 맏아들은 메사니 십의 아비요 그 아들은 마레사니 헤브론의 아비며 헤브론의 아들은 고라와 답부아와 레겜과 세마라. 세마는 라함을 낳았으니 라함은 요르그암의 아비며 레겜은 삼매를 낳았고 삼매의 아들은 마온이라. 마온은 벳술의 아비며 갈렙의 첩 에바는 하란과 모사와 가세스를 낳았고 하란은 가세스를 낳았으며 야대의 아들은 레겜과 요단과 게산과 벨렛과 에바와 사압이며 갈렙의 첩 마아가는 세벨과 디르하나를 낳았고 또 맛만나의 아비 사압을 낳았고 또 막베나와 기브아의 아비 스와를 낳았으며 갈렙의 딸은 악사더라.

---

6) 23절은 원문에 주동사(와익카크 תַּקַּח)가 3인칭단수이기 때문에 옛날 영어성경(KJV)은, "또 그는[야일을 가리킬 것임] 야일의 성들과 함께 그술과 아람과, 또 그들로부터 그낫과 그 성들, 모두 60을 취하였으며"라고 번역하였다. 근래의 영어성경들(NASB, NIV)은 한글개역과 같다.

〔50-55절〕 갈렙의 자손 곧 에브라다의 맏아들 훌의 아들은 이러하니 기럇여아림의 아비 소발과 베들레헴의 아비 살마와 벧가델의 아비 하렙이라. 기럇여아림의 아비 소발의 자손은 하로에와 므누홋 사람의 절반이니 기럇여아림 족속들은 이델 족속과 붓 족속과 수맛 족속과 미스라 족속이라. 이로 말미암아 소라와 에스다올 두 족속이 나왔으며 살마의 자손들은 베들레헴과 느도바 족속과 아다롯벳요압과 마하낫 족속의 절반과 소라 족속과 야베스에 거한 서기관 족속 곧 디랏 족속과 시므앗 족속과 수갓 족속이니 이는 다 레갑의 집 조상 함맛에게서 나온 겐 족속이더라.

역대기 처음 부분에 나오는 족보들은 성경의 역사적 성격을 증거한다. 이 무의미하게 보이는 이름들은 성경의 역사적, 사실적 성격을 나타낸다. 족보는 가식적일 수 없다. 만일 그것이 거짓이라면 성경은 부분적으로나 전체적으로 거짓 증거일 것이다. 그러나 거짓 증거는 십계명의 제9계명에 정죄된 악이다. 성경은 거짓 증거들의 책이 아니고 진실한 증거들의 책이다!

본장에 중요한 내용도 앞장과 비슷하게 다음 몇 가지일 것이다.

첫째로, 본장은 성경의 족보가 선택적인 족보임을 보인다. 1절에 이스라엘의 열두 아들들의 이름이 언급된 후에, 넷째 아들인 유다의 족보가 나온다. 그것은 본장에서 이새에게(12-13절) 또 다음 장에서 다윗에게 이어진다. 그것은 성경의 족보가 선택적인 족보이며 그것이 메시아에게로 향함을 보여준다.

메시아께서는 아브라함과 다윗의 자손으로 오실 것이 예언되었다. 창세기 12:3, "땅의 모든 족속이 너를 인하여 복을 얻을 것이니라." 사무엘하 7:12-14, 16, "네 수한(壽限)이 차서 네 조상들과 함께 잘 때에 내가 네 몸에서 날 자식을 네 뒤에 세워 그 나라를 견고케 하리라. 저는 내 이름을 위하여 집을 건축할 것이요 나는 그 나라 위(位)를 영원히 견고케 하리라. 나는 그 아비가 되고 그는 내 아들이 되리니," "네 집과 네 나라가 내[네] 앞에서 영원히 보전되고 네 위(位)가 영원히 견고하리라." 이사야, 예레미야, 에스겔, 호세아 등도 메시아께서 다윗의 자손으로 오실 것을 예언했다(사 11:1, 10; 렘 30:9; 겔 34:23; 37:24; 호 3:5). 신약성경 마태복음 1:1에서 예수 그리스도를 "아브라함과 다윗의 자손"으로 소개하며 마태복음 1장과 누가복음 3장에서 예수 그리스도의 족보를 다윗에게 거슬러 올라가 증거할 때, 그것은 예수 그리스도께서 구약에 약속된 그 메시아이심을 선포한 것이다.

둘째로, 본장은 하나님의 선택이 은혜의 선택임을 증거한다. 본장은 유다의 족보에서 사람의 부끄러운 실수와 범죄와 연약의 일들을 숨김없이 그대로 증거하였다.

3절은 유다의 맏아들 에르가 여호와 앞에서 악하므로 죽임을 당한 가슴 아픈 사건을 언급하기를, "유다의 맏아들 에르는 여호와 보시기에 악하였으므로 여호와께서 죽이셨다"고 하였다.

4절은 유다의 며느리 다말이 유다로 말미암아 쌍둥이 아들을 낳은 일을 기록한다. 이것은 유다의 부끄러운 실수이었다. 유다는 아내가 죽은 후 한 창녀에게 들어간 것이 그의 며느리이었다. 그 며느리의 행위는 당시 풍습대로 시아버지가 자기의 죽은 남편 대신 그 남동생을 자기에게 주어 죽은 남편의 집을 세우게 하시지 않은 것에 대한 일종의 항의이었다. 그러나 그 며느리 다말의 행위는 용납할 수 없는 심히 악한 일이었고, 유다로서도 말할 수 없이 부끄러운 일이었다.

7절에 유다의 자손 중 아갈(여호수아서에서는 '아간'이라고 되어 있음)은, 이스라엘이 여리고 성을 점령할 때 멸해야 할 물건 중 시날산 외투 한 벌과 은 200세겔과 50세겔 무게의 금덩이 하나를 탐내어 숨겨 두었기 때문에 이스라엘이 아이성 전쟁에서 패배하여 36명이나 죽임을 당하게 했던 원인자이었다. 아갈과 그 가족들은 아골 골짜기에서 죽임을 당했다. 이 내용은 여호수아 7장에 기록되어 있다.

12절에 보아스가 오벳을 낳은 것은, 룻기가 증거한 대로, 모압 여인

룻을 통해서이었다. 비록 본장에 룻의 이름이 나오지는 않지만, 우리는 그 사실을 룻기에서 읽어서 알고 있다(룻 4:13-22). 하나님께서는 이 선민의 족보에 이방 여인 룻이 포함되게 하셨다. 그것은 하나님의 크신 긍휼이었고 이방인들을 위한 긍휼의 예표이었다.

16-17절은 이새의 두 딸 스루야와 아비가일의 아들들, 요압과 아마사를 언급하는데, 그들은 후에 압살롬의 반란 때에 서로 대적이 되었다. 그것은 사촌간의 싸움이 되었고, 요압은 결국 아마사를 죽였다.

18절과 26절은 갈렙과 여라므엘의 일부다처를 증거한다. 18절, "갈렙이 그 아내 아수바와 여리옷에게서 아들을 낳았으니." 26절, "여라므엘이 다른 아내가 있었으니 이름은 아다라라." 46절과 48절은 갈렙의 첩 에바와 마아가를 언급한다.

이런 부끄러운 일들을 기록한 것은 성경 역사의 진실성과 사실성을 증거하는 뜻이 있다. 성경은 신화적 책이 아니다. 신화는 사실이 아닌 것들을 미화(美化)한다. 그러나 성경은 사실 그대로를 증거한다.

또 이런 것을 기록한 것은 사람의 죄악됨과 부족함, 그리고 하나님의 크신 긍휼을 증거하는 뜻이 있다. 하나님의 선택은 하나님의 긍휼에 근거할 뿐이다. 율법의 행위로 하나님 앞에서 의로운 자는 아무도 없다. 우리의 의는 이것뿐 예수의 피밖에 없다! 이런 부족과 죄악이 그들에게 있음에도 불구하고 하나님께서는 그들을 사용하셨다. 우리는 오직 하나님의 긍휼과 은혜를 찬송하고 의지할 것밖에 없다!

셋째로, 본장은 하나님의 일이 여인들의 출산 특히 다산(多産)을 통해 이루어졌음을 증거한다.

이스라엘의 아들들 가운데 복된 메시아 약속을 받을 유다는 넷째 아들이었고, 형제들을 기근에서 구원한 요셉은 열한 번째 아들이었다. 야곱이 오늘날처럼 아들을 한두 명만 낳았다면, 이런 복된 일이 어떻게 가능하였겠는가?

9절 이하에 보면, 헤스론은 여라므엘과 람과 글루배(갈렙)을 낳았고, 21절에 보면, 그는 60세에 또 결혼하여 스굽을 낳았고 그가 죽은 후에 그 아내 아비야는 또 아스훌을 출산하였다. 헤스론의 자손 중에서 다윗이 나왔다.

헤스론의 아들 갈렙(글루배)은 열 한 명의 아들을 낳았다. 18절에 예셀, 소밥, 아르돈, 19절에 훌, 42절에 메사, 마레사, 46절에 하란, 모사, 가세스, 48절에 세벨, 디르하나, 합 열 한 명이라고 본다. 갈렙의 아들 훌은 모세 시대에 지도자였고(출 17:10) 증손자 브사렐은 성령 충만과 지혜가 있어 성막의 기구들을 만드는 자가 되었다(출 31장). 이것은 다 다산(多産)의 복에서 나온 결과이었다.

한편, 30, 32, 34절은 아들 없는 것을 특별히 언급했다. 30절, "셀렛은 아들이 없이 죽었고." 32절, "예델은 아들이 없이 죽었고." 34절, "세산은 아들이 없고 딸뿐이라."

본장의 교훈을 정리해보자. <u>첫째로, 우리는 성경의 역사적 성격, 역사적 진실성, 사실성을 알아야 한다.</u> 성경은 신화적인 책이 아니다. 성경 내용은 사람들이 지어낸 것이 아니다. 성경은 진실한 역사를 기록하였고 증거한다. 우리는 성경에 증거된 역사적 내용들을 다 믿어야 한다.

<u>둘째로, 우리는 하나님의 은혜의 선택과 구원을 감사해야 한다.</u> 이스라엘 백성과 그 중에서 선택된 유다의 자손들은 행위에 있어서 온전치 못하였다. 유다 자신은 심히 부끄러운 실수를 저질렀다. 그 자손 중에는 아간도 있었다. 오늘 우리도 하나님 앞에서 심히 부족한 죄인들이지만, 하나님께서 은혜로 우리를 선택하셨고 구원하셨음을 감사해야 한다.

<u>셋째로, 우리는 다산(多産)이 복임을 알아야 한다.</u> 여성의 귀한 사명은 출산이다. 우리는 출산이 참으로 귀한 일이며 하나님의 기뻐하시는 뜻임을 알아야 한다. 우리는 오늘날에도 하나님의 일이 여인들의 귀한 출산을 통해 이루어짐을 알고 출산을 귀하게 여기며 장려해야 한다.

3장: 다윗의 자손

〔1-9절〕 다윗이 헤브론에서 낳은 아들들이 이러하니 맏아들은 암논이라 이스르엘 여인 아히노암의 소생이요, 둘째는 다니엘이라 갈멜 여인 아비가일의 소생이요, 셋째는 압살롬이라 그술 왕 달매의 딸 마아가의 아들이요, 넷째는 아도니야라 학깃의 아들이요, 다섯째는 스바댜라 아비달의 소생이요, 여섯째는 이드르암이라 다윗의 아내 에글라의 소생이니, 이 여섯은 다윗이 헤브론에서 낳은 자라. 다윗이 거기서 7년 6개월을 치리하였고, 또 예루살렘에서 33년을 치리하였으며 예루살렘에서 낳은 아들들은 이러하니 시므아와 소밥과 나단과 솔로몬 네 사람은 다 암미엘의 딸 밧수아의 소생이요, 또 입할과 엘리사마와 엘리벨렛과 노가와 네벡과 야비야와 엘리사마와 엘랴다와 엘리벨렛 아홉 사람은 다 다윗의 아들이요 저희의 누이는 다말이며 이 외에 또 첩[첩들]의 아들[아들들]이 있었더라.

다윗은 헤브론에서 7년 6개월 유다를 통치했고, 예루살렘에서 33년 온 이스라엘을 통치하였다. 그는 헤브론에서 통치하는 7년 6개월 동안 암논, 다니엘, 압살롬, 아도니야, 스바댜, 이드르암 등 여섯 명의 아들들을 낳았다. 또 예루살렘에서 통치하는 33년 동안, 밧수아(밧세바)를 통해 시므아, 소밥, 나단, 솔로몬 등 네 명의 아들들을 얻었고, 또 그 외에 다른 아내들에게서 아홉 명의 아들들을 더 낳았다. 밧수아의 네 아들들 중 솔로몬 외의 처음 셋은 그가 데려 들어온 아들들인 것 같다(잠 4:3). 그러면 그는 정식으로 결혼한 아내들에게서 모두 16명 내지 19명의 아들들을 낳은 셈이다. 또 그에게는 다말이라는 딸이 있었고, 그 외에도 첩들에게서 아들들이 더 있었다(9절).

〔10-24절〕 솔로몬의 아들은 르호보암이요 그 아들은 아비야요 그 아들은 아사요 그 아들은 여호사밧이요 그 아들은 요람이요 그 아들은 아하시야요 그 아들은 요아스요 그 아들은 아마샤요 그 아들은 아사랴요 그 아들은 요담이요 그 아들은 아하스요 그 아들은 히스기야요 그 아들은 므낫세요 그 아들은 아몬이요 그 아들은 요시야며, 요시야의 아들들은 맏아들 요하난과

둘째 여호야김과 셋째 시드기야와 넷째 살룸이요, 여호야김의 아들들은 그 아들 여고냐, 그 아들 시드기야요, 사로잡혀 간 여고냐의 아들들은 그 아들 스알디엘과 말기람과 브다야와 세낫살과 여가먀와 호사마와 느다뱌요, 브다야의 아들들은 스룹바벨과 시므이요, 스룹바벨의 아들은 므술람과 하나냐와 그 매제 슬로밋과 또 하수바와 오헬과 베레갸와 하사댜와 유삽헤셋 다섯 사람이요, 하나냐의 아들은 블라댜와 여사야요 또 르바야의 아들 아르난의 아들들, 오바댜의 아들들, 스가냐의 아들들이니, 스가냐의 아들은 스마야요 스마야의 아들들은 핫두스와 이갈과 바리야와 느아랴와 사밧 여섯 사람이요, 느아랴의 아들은 에료에내와 히스기야와 아스리감 세 사람이요, 에료에내의 아들들은 호다위야와 엘리아십과 블라야와 악굽과 요하난과 들라야와 아나니 일곱 사람이더라.

본장은 다윗의 자손들의 족보를 증거한다. 본장은 몇 가지 진리를 증거한다. **첫째로**, 본장은 다윗의 집이 없어지지 않고 존속되고 흥왕했음을 증거한다. 악한 자들의 집은 멸망할 것이지만, 경건하고 선한 자들의 집은 흥왕할 것이다. 하나님께서는 십계명의 제2계명에서 "너를 위하여 새긴 우상을 만들지 말고 또 위로 하늘에 있는 것이나 아래로 땅에 있는 것이나 땅 아래 물 속에 있는 것의 아무 형상이든지 만들지 말며 그것들에게 절하지 말며 그것들을 섬기지 말라. 나 여호와 너의 하나님은 질투하는 하나님인즉 나를 미워하는 자의 죄를 갚되 아비로부터 아들에게로 삼사대(三四代)까지 이르게 하거니와 나를 사랑하고 내 계명을 지키는 자에게는 천대(千代)까지 은혜를 베푸느니라"고 말씀하셨다 (출 20:4-6).

예를 들어, 다윗을 집요하게 죽이려 했던 사울의 집은 단지 요나단의 아들 므비보셋 외에 몇 사람이 남았던 것 같다(삼하 21:8). 사무엘하 9:3, "왕[다윗]이 [사울의 종 시바에게] 가로되 사울의 집에 남은 사람이 없느냐? 내가 그 사람에게 하나님의 은총을 베풀고자 하노라. 시바가 왕께 고하되 요나단의 아들 하나가 있는데 절뚝발이니이다."

또 심히 악하고 우상숭배적이었던 아합의 집은 완전히 멸절되었다.

열왕기하 10:11, 17, "예후가 무릇 아합의 집에 속한 이스르엘에 남아 있는 자를 다 죽이고 또 그 존귀한 자와 가까운 친구와 제사장들을 죽이되 저에게 속한 자를 하나도 남기지 아니하였더라," "사마리아에 이르러 거기 남아 있는 바 아합에게 속한 자를 죽여 진멸(殄滅)하였으니 여호와께서 엘리야에게 이르신 말씀과 같이 되었더라."

그러나 경건하고 의로웠던 다윗의 집은, 비록 그의 자손 중에 악한 자들이 있었음에도 불구하고, 끝까지 존속되었고 번창하였다. 그의 아들 솔로몬은 말년에 하나님을 떠나 배교했고 우상숭배에 떨어졌고(왕상 11:9), 아비얌은 그 부친의 이미 행한 모든 죄를 행하였고(왕상 15:3), 아하시야는 아합의 길로 행하여 악을 행하였다(왕하 8:27). 또 아하스는 이스라엘 열왕의 길로 행하였고(왕하 16:3), 므낫세는 심히 악한 우상숭배자이었고(왕하 21장), 또 여호아하스, 여호야김, 여호야긴, 시드기야도 다 하나님 보시기에 악을 행하였다(왕하 23-25장).

그러나 다윗의 집은 환난과 징벌의 날에도 또 바벨론 포로 생활 중에도 존속되었다. 특히 17절 이하에는 바벨론에 포로로 잡혀간 여고냐 즉 여호야긴은 거기에서, 즉 그 포로 생활 중에서 여러 아들들, 즉 스알디엘, 말기람, 브다야, 세낫살, 여가먀, 호사마, 느다뱌 등 일곱 명의 아들을 낳았다. 하나님께서는 다윗의 가문을 끝까지 존속케 하셨고 흥왕케 하셨다. 이것은 하나님의 전적인 긍휼과 은혜이었다.

둘째로, 본장은 하나님의 긍휼 가운데 솔로몬이 다윗을 이어 왕이 되었음을 보인다. 5절은, "시므아와 소밥과 나단과 솔로몬 네 사람은 다 암미엘의 딸 밧수아의 소생이요"라고 말한다. 밧수아는 사무엘하에서는 밧세바라고 기록한다. 밧수아 혹은 밧세바가 누구인가? 그는 다윗의 충성된 용사 중 한 사람이었던 우리아의 아내가 아닌가? 다윗은 그 여자를 범했고 그것을 은폐하기 위해 그 남편 우리아를 전쟁터에 고의적으로 앞세워 죽게 하였었다. 밧수아는 바로 다윗의 간음죄와 살인죄에 관련된 그 여인이었다. 그는 다윗의 치명적 실수와 악하고 부끄러운 범죄의 산 증인이었다. 다윗에게는 그의 생애에 있어서 그 일이 가장 큰 오점(汚點)이었다. 열왕기상 15:5는, "다윗이 헷 사람 우리아의 일 외에는 평생에 여호와 보시기에 정직히 행하고 자기에게 명하신 모든 일을 어기지 아니하였음이라"고 말한다.

그런데 하나님께서는 다윗의 실수와 범죄를 용서하셨고 밧수아의 아들, 아마 그의 넷째 아들(본문 5절; 삼하 5:14) 솔로몬을 그의 후계자가 되게 하셨다. 다윗은 선지자 나단이 그의 잘못을 지적하였을 때 즉시 그 앞에서 죄를 인정하고 회개했었다. 다윗은 밧수아와 솔로몬을 볼 때마다 자신의 과거의 죄를 기억하였을 것이다. 다윗이 밧수아의 아들 솔로몬을 후계자로 택한 것은 그 여인에게 행한 그의 잘못에 대한 보답이었을 것이다. 또 하나님께서는 다윗의 여러 아들들, 즉 그의 여러 형들보다 솔로몬에게 더 많은 지혜를 주셨고 또 그의 아버지의 사랑을 더 많이 받게 하셨고 그의 범죄의 증거가 되는 그 아들이 그의 왕위를 계승케 하셨다. 이것은 하나님의 전적인 긍휼이었다.

셋째로, 본장은 그러나 경건이 혈통으로 이어지지 않는다는 것을 증거한다. 다윗은 일평생 경건했으나 그 아들 솔로몬은 말년에 타락하였다. 그러나 아비야는 악했으나 그 아들 아사는 비교적 경건하였고, 또 아하시야는 악했으나 그 아들 요아스는 대제사장 여호야다의 교훈을 받는 동안 경건했다. 또 아하스는 악했으나 그 아들 히스기야는 매우 경건하고 의로웠다. 그러나 반면에 히스기야는 경건하였으나 그 아들 므낫세는 심히 악하였다. 한편, 므낫세와 그 아들 아몬은 심히 악했으나 아몬의 아들 요시야는 매우 경건하였다.

이것은 무엇을 말하는가? 이것은 믿음과 경건이 혈통으로 이어지지 않는다는 사실을 보인다. 주 예수께서는 "육으로 난 것은 육이요 성령으로 난 것은 영이니"라고 말씀하셨다(요 3:6). 부모가 믿는다고 자녀들이 자동적으로 믿음이 있는 자가 되는 것은 아니다. 또 부모가 악하다고 자녀들이 반드시 다 악한 자가 되는 것도 아니다. 믿음과 경건은 단순히 혈통에 따라 유전되지 않는다는 것이 분명하다. 사람의 믿음과 경건은 오직 하나님의 긍휼과 은혜에 달려 있다.

본장의 교훈을 정리해보자. 첫째로, 우리는 하나님의 긍휼과 은혜만 의지해야 한다. 악한 사울의 집은 거의 멸절되었고, 악한 아합의 집도 멸절되었으나, 다윗의 집은 존속되었고 흥왕하였다. 다윗에게 실수와 부족이 있었음에도 불구하고 하나님께서는 그의 회개를 받으셨고, 또 다윗의 자손들에게 많은 결함이 있었음에도 불구하고 다윗의 가문을 끝까지 붙드셨다. 솔로몬이 왕위를 계승한 것도 다 하나님의 긍휼이었다. 사도 바울은 말하기를, "나의 나된 것은 하나님의 은혜로 된 것이니 내게 주신 그의 은혜가 헛되지 아니하여 내가 모든 사도보다 더 많이 수고하였으나 내가 아니요 오직 나와 함께하신 하나님의 은혜로라"고 하였다(고전 15:10). 우리의 우리된 것도 오직 하나님의 은혜뿐이다. 그러므로 우리는 우리를 구원하신 하나님의 은혜만 의지해야 한다.

둘째로, 우리는 하나님의 은혜에 의지하며 자녀들에게 믿음과 경건의 유산을 남겨주어야 한다. 자녀들이 믿음 있는 자가 되는 것은 오직 하나님의 은혜와 부모들의 부지런한 성경 교훈과 그들을 위한 기도로 된다. 신명기 6:6-7, "오늘날 내가 네게 명하는 이 말씀을 너는 마음에 새기고 네 자녀에게 부지런히 가르치며 집에 앉았을 때에든지 길에 행할 때에든지 누웠을 때에든지 일어날 때에든지 이 말씀을 강론할 것이며." 잠언 22:6, "마땅히 행할 길을 아이에게 가르치라. 그리하면 늙어도 그것을 떠나지 아니하리라." 에베소서 6:4, "아비들아, 너희 자녀를 노엽게 하지 말고 오직 주의 교양과 훈계로 양육하라." 부모가 자녀에게 줄 유산 중에 믿음과 경건의 유산보다 더 귀한 것은 없다. 우리는 하나님의 은혜에 의지하며 교훈과 책망과 기도로 자녀 교육에 힘써야 한다.

4장: 유다와 시므온의 자손

본장은 유다 자손과 시므온 자손에 대해 기록한다. 시므온은 야곱의 둘째 아들이고 유다는 넷째 아들이지만, 유다 자손이 먼저 기록된 것은 유다 자손이 시므온 자손보다 복을 받았기 때문인 것 같다.

〔1-8절〕 유다의 아들들은 베레스와 헤스론과 갈미와 훌과 소발이라. 소발의 아들 르아야는 야핫을 낳았고 야핫은 아후매와 라핫을 낳았으니 이는 소라 사람의 족속이며 에담 조상의 자손들은 이스르엘과 이스마와 잇바스와 저희의 매제 하술렐보니와 그돌의 아비 브누엘과 후사의 아비 에셀이니 이는 다 베들레헴의 아비 에브라다의 맏아들 훌의 소생이며 드고아의 아비 아스훌의 두 아내는 헬라와 나아라라. 나아라는 그로 말미암아 아훗삼과 헤벨과 데므니와 하아하스다리를 낳았으니 이는 나아라의 소생이요 헬라의 아들들은 세렛과 이소할과 에드난이며 고스는 아눕과 소베바와 하룸의 아들 아하헬 족속들을 낳았으며.

1절은 유다의 아들들을 증거하지 않고 유다의 자손들을 증거하는 것 같다. 유다는 다말에게서 베레스를 낳고 베레스는 헤스론을 낳았다(대상 2:4-5). 3절에 '에담 조상의 자손들'은 '에담의 아버지의 자손들'이라는 뜻일 것이다(KJV).

〔9-10절〕 야베스는 그 형제보다 존귀한 자라. 그 어미가 이름하여 야베스라 하였으니 이는 내가 수고로이 낳았다 함이었더라. 야베스가 이스라엘 하나님께 아뢰어 가로되 원컨대 주께서 내게 복에 복을 더하사 나의 지경을 넓히시고 주의 손으로 나를 도우사[주의 손이 나와 함께하사] 나로 환난을 벗어나 근심이 없게 하옵소서 하였더니 하나님이 그 구하는 것을 허락하셨더라.

야베스는 하나님을 경외한 자이었다. 본문은 그의 기도와 그 응답에 대해 기록하여 후대에 교훈을 주었다. 그의 기도는 네 가지 내용을 담고 있다. 첫째로, 그는 하나님의 복을 간절히 소원하였다. "원컨대 주께서 내게 복에 복을 더하소서." 그는 하나님께서 복을 주시는 자임을 믿었고 그것을 간절히 사모하였다. 둘째로, 그는 그의 지경을 넓혀주시기를 소원했다. "나의 지경을 넓히소서." 그것은 그의 자손과 산업의 번창을 구한 것일 것이다. 셋째로, 그는 하나님의 손이 그와 함께하시기를 소원하였다. 넷째로, 그는 하나님께서 그를 환난에서 건지시고 그로 근심이 없게 하시기를 소원하였다. "나를 환난에서 벗어나 근심이 없게 하옵소서." 세상에는 환난과 근심과 걱정이 많다. 그러나 하나님께서 우리를 구원하시고 지키시면 그 모든 것을 이길 수 있다. 야베스의 간절한 기도는 응답을 받았다. 본문은 하나님께서 그의 구하는 것을 허락하셨다고 기록하였다.

[11-23절] [또] 수하의 형 글룹이 므힐을 낳았으니 므힐은 에스돈의 아비요 에스돈은 베드라바와 바세아와 이르나하스의 아비 드힌나를 낳았으니 이는 다 레가 사람이며 그나스의 아들들은 옷니엘과 스라야요 옷니엘의 아들은 하닷이며 므오노대는 오브라를 낳았고 스라야는 요압을 낳았으니 요압은 게하라심의 조상이라. 저희들은 공장(工匠)[기술자들]이었더라. [또] 여분네의 아들 갈렙의 자손은 이루와 엘라와 나암과 엘라의 자손과 그나스요, [또] 여할렐렐의 아들은 십과 시바와 디리아와 아사렐이요. [또] 에스라의 아들들은 예델과 메렛과 에벨과 얄론이며 메렛은 미리암과 삼매와 에스드모아의 조상 이스바를 낳았으니 이는 메렛의 취한 바로의 딸 비디아의 아들들이며 또 그 아내 여후디야는 그돌의 조상 예렛과 소고의 조상 헤벨과 사노아의 조상 여구디엘을 낳았으며 나함의 누이인 호디야의 아내의 아들들은 가미 사람 그일라의 아비와 마아가 사람 에스드모아며 시몬의 아들들은 암논과 린나와 벤하난과 딜론이요 이시의 아들들은 소헷과 벤소헷이더라. 유다의 아들 셀라의 자손은 레가의 아비 에르와 마레사의 아비 라아다와 세마포 짜는 자의 집 곧 아스베아의 집 족속과 또 요김과 고세바 사람들과 요아스와 모압을 다스리던 사람과 야수비네헴이니 이는 다 옛 기록에 의지한 것(핫데바림 앗티킴 עַתִּיקִים הַדְּבָרִים)[이 기록들은 옛것들(옛날부터 전해진 것들)]이라. 이 모든 사람은 옹기장이가 되어 수풀과 산울 가운데 거하는 자로서 거기서 왕과 함께 거하여 왕의 일을 하였더라.

유다 자손들은 번창하였고 유능한 일꾼들이 많이 나왔다. 그 자손들 중에 모세의 동역자 훌이 있었다(4절; 대상 2:19-20; 출 17:10, 12, 31:2). 또 사사 옷니엘이 있었다(13절; 삿 3:9). 그 자손들 중에는 공장(工匠)들, 즉 목공, 철공, 석공 같은 기술자들이 있었다(14절). 그 자손들 중에는 갈렙 같은 믿음의 사람이 있었다(15절; 민 14:6-9, 24, 30). 그들 중에는 세마포 짜는 자들이 있었다(21절). 또 그들 중에는 옹기장이들도 있었는데 그들은 왕과 함께 거하여 왕의 일을 했다(23절). '함께'라는 히브리어 전치사(임 עִם)는 '가까이, 위하여, 보호 속에'라는 뜻도 있다. 그들은 왕궁 가까이에서 왕을 위해(NIV), 왕의 보호 속에 일한 자들이었다고 보인다.

22절은, 이 모든 기록들은 옛날부터 전해오는 자료들에 의한 것임을 증거한다. 글자가 없었을 때에는 입으로 전해 내려왔겠으나, 주전 2천년경 아브라함 시대에 이미 글자가 사용되었던 것 같다. 오늘날 고고학은 아브라함 시대에 이미 상당한 문화가 있었음을 증거한다. 마리 토판은 주전 18세기에 아카드어로 기록된 것으로 나홀(나후르) 성의 존재나 히브리(하비루)에 대한 언급 등을 증거하였다.

〔24-38절〕 시므온의 아들들은 느무엘과 야민과 야립과 세라와 사울이요 사울의 아들은 살룸이요 그 아들은 밉삼이요 그 아들은 미스마요 미스마의 아들은 함무엘이요 그 아들은 삭굴이요 그 아들은 시므이라. 시므이는 아들 열 여섯과 딸 여섯이 있으나 그 형제에게는 자녀가 몇이 못되니 그 온 족속이 유다 자손처럼 번성하지 못하였더라. 시므온 자손의 거한 곳은 브엘세바와 몰라다와 하살수알과 빌하와 에셈과 돌랏과 브두엘과 호르마와 시글락과 벧말가봇과 하살수심과 벧비리와 사아라임이니 다윗 왕 때까지 이 모든 성읍이 저희에게 속하였으며 그 향촌은 에담과 아인과 림몬과 도겐과 아산 다섯 성읍이요 또 그 각 성읍 사면에 촌이 있어 바알까지 미쳤으니 시므온 자손의 주소가 이러하고 각기 보계(譜系)[족보]가 있더라. 또 메소밥과 야믈렉과 아마시야의 아들 요사와 요엘과 아시엘의 증손 스라야의 손자 요시비야의 아들 예후와 또 엘료에내와 야아고바와 여소하야와 아사야와 아디엘과 여시미엘과 브나야와 또 스마야의 5대손 시므리의 현손 여다야의

증손 알론의 손자 시비의 아들 시사니 이 위에 녹명된 자는 다 그 본족의 족장이라. 그 종족이 더욱 번성한지라.

본문은 시므온의 자손들에 대해 증거한다. 비록 유다 자손만큼은 아니었지만, 그들도 번창하였다. 27절, "시므이는 아들 열 여섯과 딸 여섯이 있으나 그 형제에게는 자녀가 몇이 못되니 그 온 족속이 유다 자손처럼 번성하지 못하였더라." 38절, "이 위에 녹명된 자는 다 그 본족의 족장이라. 그 종족이 더욱 번성한지라."

〔39-43절〕저희가 그 양떼를 위하여 목장을 구하고자 하여 골짜기 동편 그돌 지경에 이르러 아름답고 기름진 목장을 발견하였는데 그 땅이 광활하고 안정하니 이는 옛적부터 거기 거한 사람은 함의 자손인 까닭이라. 이 위에 녹명된 자가 유다 왕 히스기야 때에 가서 저희의 장막을 쳐서 파하고 거기 있는 모우님 사람을 쳐서 진멸하고 대신하여 오늘까지 거기 거하였으니 이는 그 양떼를 먹일 목장이 거기 있음이며 또 시므온 자손 중에 5백명이 이시의 아들[아들들] 블라댜와 느아랴와 르바야와 웃시엘로 두목을 삼고 세일산으로 가서 피하여 남아 있는 아말렉 사람을 치고 오늘까지 거기 거하였더라.

시므온의 자손들은 목장을 구하다가 아름답고 기름진 목장을 발견하였다. 그러나 그들은 히스기야 때에 와서야 그 목장을 취하고 거기 거할 수 있었다. 그러나 비록 늦게이지만, 그들은 용감하게 그 곳을 점령하였고 또 그들 자손 중 5백명은 세일산으로 가서 남은 아말렉 사람들을 치고 거기 거하였다.

본장의 교훈을 정리해보자. 첫째로, 성경은 역사적 기록이다. 22절, "이는 다 옛 기록에 의지한 것[즉 옛날부터 전해진 것들]이라." 성경은 일차적으로 역사적 기록이다. 성경의 내용은 아마 절반 이상이 역사일 것이다. 역사는 일차적으로 사건이 중요하다. 역사는 진실성을 요구한다. 거짓된 역사는 역사가 아니다. 그것은 허구이며 속이는 것일 뿐이다. 우리는 성경의 역사적 성격을 알고 성경에 증거된 내용들이 역사적 진실성을 가진 것들임을 알고 성경의 모든 내용들을 믿어야 한다.

둘째로, 유다 자손은 시므온 자손에 비해 분명히 번창하였다. 그것은 분명히 하나님의 복이었다. 창세기 37장에 보면, 유다는 이전에 형제들에게 요셉을 팔자고 제안한 자이었다. 동생을 죽이는 것보다는 나아도, 이방인들에게 자기 동생을 종으로 판다는 것은 매우 악한 일이었다. 그후에 유다는 결혼해서 아들 셋을 낳았으나 첫째와 둘째는 악해서 죽었고 또 얼마 후 그의 아내도 죽었다. 그것들은 다 그에게 내리신 하나님의 징벌이었다고 본다. 그 후, 그의 며느리 다말이 창녀로 위장하고 그를 유혹하여 그를 통해 쌍둥이 아들을 얻는 부끄러운 일을 저질렀다.

그러나 후에 그는 회개하였고 그의 신앙과 인격은 단련된 것 같다. 그는 형제들과 함께 애굽에 다시 양식을 사러 갔을 때에 베냐민 대신 자기가 종이 되겠다고 나섰다. 이전의 유다와는 다른 모습이다. 야곱은 유언에서 유다가 형제의 찬송이 되며 치리자의 홀(笏)이 유다를 떠나지 않을 것이라고 축복하였다(창 49장). 하나님께서는 유다의 자손을 번창케 하셨다. 그 자손들 중에는 훌과 옷니엘과 갈렙 같은 신앙의 인물들이 있었고 기술자들, 세마포 짜는 자들, 옹기장이들 등 유능한 일꾼들이 많았다. 그의 자손들은 복되었다. 오늘 우리가 우리 자녀들이 복 받기를 원한다면, 우리는 부모로서 바르게 살아야 한다. 우리가 믿음으로 살고 의롭고 선하고 거룩하게 산다면, 우리 자손들은 복을 얻을 것이다.

셋째로, 야베스는 하나님의 복 받기를 간절히 사모했고 하나님께서 그의 지경을 넓혀주시기를 구했고 하나님의 손이 그와 함께하시기를 구했고 그로 하여금 환난을 벗어나 근심이 없게 하시기를 구했고 하나님의 응답하심을 얻었다. 주께서는 "구하라 그러면 너희에게 주실 것이요, 찾으라 그러면 찾을 것이요, 문을 두드리라 그러면 너희에게 열릴 것이니, 구하는 이마다 얻을 것이요 찾는 이가 찾을 것이요 두드리는 이에게 열릴 것이니라"고 말씀하셨다(마 7:7-8). 우리는 야베스의 기도를 본받아 우리의 소원을 하나님께 구하여 얻는 자가 되어야 한다.

5장: 르우벤, 갓, 므낫세 반지파

본장은 르우벤과 갓과 므낫세 반지파 자손들의 족보이다. 이것도 옛날로부터 내려오는 자료들에 근거한다(대상 4:22). 17절, "이상은 유다 왕 요담과 이스라엘 왕 여로보암 때에 족보에 기록되었더라."

〔1-2절〕 이스라엘의 장자 르우벤의 아들들은 이러하니라. (르우벤은 장자라도 그 아비의 침상을 더럽게 하였으므로 장자의 명분이 이스라엘의 아들 요셉의 자손에게로 돌아갔으나 족보에는 장자의 명분대로 기록할 것이 아니니라. 유다는 형제보다 뛰어나고 주권자가 유다로 말미암아 났을지라도 장자의 명분은 요셉에게 있으니라.)

본장은 먼저 이스라엘의 장자 르우벤의 자손들에 대해 증거한다. 1절은 특히 르우벤의 실수와 그가 받은 보응에 대해 말한다. 본문은 르우벤이 그 아비의 침상을 더럽게 하였다고 말한다. 그것은, 야곱이 하란에서의 20년간의 고생스런 생활을 끝내고 가족들과 함께 고향으로 돌아와서 벧엘을 지나 베들레헴 부근에 거할 때 르우벤이 그 서모 즉 그의 부친의 첩 빌하와 동침한 사건을 가리킨다. 그것은 빌하의 여주인 라헬이 죽은 지 얼마 되지 않아서 생긴 사건이었던 것 같다. 그때 르우벤의 나이는 아마 15살 전후의 청소년기이었을 것이다.

남녀관계의 실수는 연령에 관계없는 것 같다. 항상 조심하고 시험이 되지 않도록 피하는 것이 최선의 방책이다. 요셉의 경우가 그러하였다. 창세기 39:7-12에 보면, 요셉의 주인 보디발의 처가 요셉에게 눈짓하다가 동침하기를 청하였으나 요셉은 거절했고 여인이 날마다 요셉에게 청하였으나 요셉은 듣지 아니하고 동침하지 아니할 뿐더러 함께 있지도 않았다. 어느 날 요셉이 시무하러 그 집에 들어갔는데 그 집 사람은 하나도 없었다. 그 여인은 그의 옷을 잡고 "나와 동침하자"고 말하였다. 그러나 요셉은 자기 옷을 그 손에 버리고 도망하여 나갔다. 요셉은 그렇게 자신의 거룩함을 지켰고 그런 요셉을 하나님께서는 사랑하셨고 크게 들어 쓰셨다.

그러나, 르우벤은 어릴 때 큰 실수를 함으로 장자의 명분과 권리를 빼앗겼다. 장자의 명분과 권리는 요셉에게 돌아갔다. 야곱은 요셉의 두 아들 에브라임과 므낫세를 자기 아들들과 함께 유업을 받게 하였다. 요셉은 아버지로부터 형제의 두 배의 유업을 얻은 것이다. 창세기 49:4에 보면, 야곱은 열두 아들에게 유언적 예언을 하면서 르우벤에 대해 말하기를, "르우벤아, 너는 내 장자(長子)요 나의 능력이요 나의 기력의 시작이라. 위광(威光)이 초등(超等)하고 권능이 탁월하도다마는 물의 끓음 같았은즉 너는 탁월치 못하리니 네가 아비의 침상에 올라 더럽혔음이로다. 그가 내 침상에 올랐었도다"라고 하였다.

죄는 하나님의 공의의 보응을 받는다. 죄는 사람의 영육의 행복을 빼앗아가며 고생과 불행을 가져다준다. 죄는 사람으로 하여금 하나님께서 주신 영광을 잃어버리게 만들었다. 또 그것은 결국 죽음, 즉 영혼의 죽음과 몸의 죽음과 둘째 사망 곧 영원한 지옥 형벌을 가져온다. 그러나 우리는 구주 예수 그리스도 안에서 의(義)와 행복과, 하나님의 자녀의 특권의 회복과 영생과 영광의 천국의 기업을 얻었다.

[3-10절] 이스라엘의 장자 르우벤의 아들들은 하녹과 발루와 헤스론과 갈미요 요엘의 아들은 스마야요 그 아들은 곡이요 그 아들은 시므이요 그 아들은 미가요 그 아들은 르아야요 그 아들은 바알이요 그 아들은 브에라니 저는 르우벤 자손의 두목으로서 앗수르 왕 디글랏 빌레셀에게 사로잡힌 자라. 저의 형제가 종족과 보계(譜系)[족보]대로 족장된 자는 여이엘과 스가랴와 벨라니 벨라는 아사스의 아들이요 세마의 손자요 요엘의 증손이라. 저가 아로엘에 거하여 느보와 바알므온까지 미쳤고 또 동으로 가서 거하여 유브라데 강에서부터 광야 지경(보 בוא)[입구](KJV, NASB)까지 미쳤으니 이는 길르앗 땅에서 그 생축이 번식함이라. 사울 왕 때에 저희가 하갈 사람으로 더불어 싸워 쳐죽이고 길르앗 동편 온 땅에서 장막에 거하였더라.

'하갈 사람'은 하갈의 자손들을 가리킨다고 본다(NBD).

〔11-17절〕갓 자손은 르우벤 사람을 마주 대하여 바산 땅에 거하여 살르가까지 미쳤으니 족장은 요엘이요 다음은 사밤이요 또 야내와 바산에 거한 사밧이요 그 족속 형제에는 미가엘과 므술람과 세바와 요래와 야간과 시아와 에벨 일곱 명이니 이는 다 아비하일의 아들이라. 아비하일은 후리의 아들이요 야로아의 손자요 길르앗의 증손이요 미가엘의 현손이요 여시새의 5대손이요 야도의 6대손이요 부스의 7대손이며 또 구니의 손자 압디엘의 아들 아히가 족장이 되었고 저희가 바산 길르앗과 그 향촌과 사론의 모든 들에 거하여 그 사방 변경에 미쳤더라. 이상은 유다 왕 요담과 이스라엘 왕 여로보암 때에 족보에 기록되었더라.

〔18-22절〕르우벤 자손과 갓 사람과 므낫세 반 지파의 나가 싸울 만한 용사 곧 능히 방패와 칼을 들며 활을 당기어 싸움에 익숙한 자가 44,760인이라. 저희가 하갈 사람과 여두르와 나비스와 노답과 싸우는 중에 도우심을 입었으므로 하갈 사람과 그 함께한 자들이 다 저희 손에 패하였으니 이는 저희가 싸울 때에 하나님께 의뢰하고 부르짖음을 하나님이 들으셨음이라. 저희가 대적의 짐승 곧 약대 5만과 양 25만과 나귀 2천을 빼앗으며 사람 10만을 사로잡았고 죽임을 당한 자가 많았으니 이 싸움이 하나님께로 말미암았음이라. 저희가 그 땅에 거하여 사로잡힐 때까지 이르렀더라.

이 싸움이 하나님께로 말미암았기(메하엘로힘 מֵהָאֱלֹהִים) 때문이라는 말은 그 전쟁이 하나님의 작정하시고 허락하신 바이며 하나님께서 승리할 수 있도록 섭리하셨음을 말한다. 이스라엘 자손들은 그 전쟁을 통해 하나님께 기도하는 일과 하나님의 응답하심을 체험했다. 기도는 믿음의 표현이다. 하나님을 의지하는 자는 고난 중에 위험한 일이 있을 때 하나님께 부르짖어 기도한다. 시편의 많은 말씀은 고난 중에 하나님께 기도하여 응답받은 것을 말한다. 시편 3편에서 다윗은, "여호와여, 주는 나의 방패시요 나의 영광이시요 나의 머리를 드시는 자니이다. 내가 나의 목소리로 여호와께 부르짖으니 그 성산에서 응답하시는도다"라고 고백하였고(시 3:3-4), 시편 4편에서도, "내 의의 하나님이여, 내가 부를 때에 응답하소서. 곤란 중에 나를 너그럽게 하셨사오니 나를 긍휼히 여기사 나의 기도를 들으소서"라고 말했다(시 4:1). 인생은 고난의 길인데 고난의 현실에서 하나님께서는 그를 의지하고 그의 구원을 간구하는 기도를 잘 들어주신다.

〔23-26절〕 **므낫세 반 지파 자손들이 그 땅에 거하여 번성하여 바산에서부터 바알헤르몬과 스닐과 헤르몬 산까지 미쳤으며 그 족장은 에벨과 이시와 엘리엘과 아스리엘과 예레미야와 호다위야와 야디엘이라. 다 용력이 유명한 족장이었더라. 저희가 그 열조의 하나님께 범죄하여 하나님이 저희 앞에서 멸하신 그 땅 백성의 신들을 간음하듯 섬긴지라. 그러므로 이스라엘 하나님이 앗수르 왕 불**(앗슈르니라리 5세, 주전 753-746년)(ISBE)**의 마음을 일으키시며 앗수르 왕 디글랏 빌레셀**(주전 745-727년)(ISBE)**의 마음을 일으키시매 곧 르우벤과 갓과 므낫세 반 지파를 사로잡아 할라와 하볼과 하라와 고산 하숫가에 옮긴지라. 저희가 오늘날까지 거기 있으니라.**

본장은 르우벤과 갓과 므낫세 반지파가 범죄하여 앗수르 왕에게 사로잡혀간 사실을 여러 번 말한다(6, 22, 25-26절). 열왕기하 15:29, "이스라엘 왕 베가 때에 앗수르 왕 디글랏 빌레셀이 와서 이욘과 아벨벳마아가와 야노아와 게데스와 하솔과 길르앗과 갈릴리와 납달리 온 땅을 취하고 그 백성을 사로잡아 앗수르로 옮겼더라." 북방 이스라엘의 멸망이 시작되었다. 그들은 그 열조의 하나님께 범죄했다. 그들은, 죄가 하나님의 징벌을 가져온다는 많은 역사적 증거들을 가지고 있음에도 불구하고 하나님께 범죄하였다. 그들은 하나님께서 그들 앞에서 멸하신 그 땅 백성의 신들을 간음하듯이 섬겼다. 사람은 하나님만 섬겨야 한다. 그러므로 다른 신을 섬기는 것은 영적인 간음이다. 역사상 천주교회의 마리아 숭배나, 또 오늘날 개신교회의 자유주의 포용과 종교다원주의 포용도 영적인 간음 행위이다.

하나님께서는 앗수르 왕의 마음(루아크 רוח)[영, 심령]을 일으켜 그들을 사로잡아 옮기셨다. 하나님께서는 주권적 섭리자이시며, 사람의 마음을 주장하신다. 그는 세계의 역사와 열국의 통치자들의 마음을 주관하신다(잠 21:1). 이스라엘의 멸망은 하나님께서 모세의 율법에서 경고하신 대로 된 것이었다(신 28:64). "오늘날까지 거기 있으니라"(26절)는 말은 에스라 때까지 단지 일부만 돌아온 것을 보인다.

본장의 교훈을 정리해보자. 첫째로, 르우벤은 아비의 침상을 더럽게 하였고 그의 소년 때의 그 실수는 그의 생에 큰 오점이었고 그의 행복에 걸림돌이었다. 사람이 범죄하면 영광과 존귀, 행복과 특권을 상실할 것이다. 죄는 사람을 불행케 한다. 그러나 감사하게도, 우리는 주 예수 그리스도를 믿음으로 구원을 받아 죄사함과 의롭다 하심과 하나님의 자녀 됨을 얻었다. 이것은 감당할 수 없는 하나님의 큰 은혜이다. 그러므로 우리는 이제는 르우벤처럼 범죄치 않도록 항상 조심해야 한다. 우리는 죄의 낙을 누리지 말고 죄악된 일을 좋아하지 말아야 한다.

둘째로, 르우벤 자손들과 갓 사람들과 므낫세 반지파 사람들이 하갈 사람들과의 전쟁에서 하나님을 의지하고 하나님께 부르짖음으로 그의 도우심을 입었다. 하갈 사람들과의 전쟁은 큰 전쟁이었고 인간적으로 승리를 확신할 수 없는 전쟁이었다. 그러나 이스라엘 자손들은 하나님을 의지하고 그에게 부르짖어 기도했고 그의 응답하심을 얻었다. 세상에는 어렵고 위험한 일이 많지만, 우리는 당황치 말고 하나님을 앙망하고 혹 생각나는 부족을 회개하면서, 하나님의 은혜와 능력, 그의 도우심을 간구해야 한다. 환난 날에 하나님을 진심으로 찾는 자는 구원을 얻을 것이다(시 50:15). 우리는 그 날에 하나님을 의지하며 기도해야 한다.

셋째로, 이스라엘 자손들은 그 열조의 하나님께 범죄하여 하나님께서 그들 앞에서 멸하신 그 땅 백성의 신들을 간음하듯 섬겼다. 그것은 하나님께 대한 변절이며 배신이었다. 그것은 전통적 정통신앙을 저버린 것이었다. 예레미야 6:16에서, 하나님께서는 "너희는 길에 서서 보며 옛적 길 곧 선한 길이 어디인지 알아보고 그리로 행하라. 너희 심령이 평강을 얻으리라"고 말씀하셨다. 우리는 세상적 풍조, 시대적 풍조를 버리고 전통적 정통신앙을 저버리고 우상숭배 떨어지지 말고 전통적 정통신앙, 즉 역사적, 성경적 기독교 신앙, 옛신앙을 지켜야 한다.

6장: 레위의 자손들

본장은 레위 자손들의 족보, 직무, 및 성읍들에 대해 증거한다.

〔1-15절〕레위의 아들들은 게르손과 그핫과 므라리요 그핫의 아들들은 아므람과 이스할과 헤브론과 웃시엘이요 아므람의 자녀는 아론과 모세와 미리암이요 아론의 아들들은 나답과 아비후와 엘르아살과 이다말이며 엘르아살은 비느하스를 낳았고 비느하스는 아비수아를 낳았고 아비수아는 북기를 낳았고 북기는 웃시를 낳았고 웃시는 스라히야를 낳았고 스라히야는 므라욧을 낳았고 므라욧은 아마랴를 낳았고 아마랴는 아히둡을 낳았고 아히둡은 사독을 낳았고 사독은 아히마아스를 낳았고 아히마아스는 아사랴를 낳았고 아사랴는 요하난을 낳았고 요하난은 아사랴를 낳았으니 이 아사랴는 솔로몬이 예루살렘에 세운 전에서 제사장의 직분을 행한 자며 아사랴는 아마랴를 낳았고 아마랴는 아히둡을 낳았고 아히둡은 사독을 낳았고 사독은 살룸을 낳았고 살룸은 힐기야를 낳았고 힐기야는 아사랴를 낳았고 아사랴는 스라야를 낳았고 스라야는 여호사닥을 낳았으며 여호와께서 느부갓네살의 손으로 유다와 예루살렘 백성을 옮기실 때에 여호사닥도 갔었더라.

레위 자손들은 두 부류이었다. 하나는 제사장들이요 다른 하나는 일반 레위인들이다. 1-15절은 레위 자손들 중 제사장들에 대해 증거한다. 아론은 레위의 세 아들들 게르손[7]과 그핫과 므라리 중에 그핫의 손자이었는데, 그 자손들이 이스라엘의 제사장들이었다.

〔16-21절〕레위의 아들들은 게르손[게르솜]과 그핫과 므라리며, 게르손의 아들의 이름은 립니와 시므이요, 그핫의 아들들은 아므람과 이스할과 헤브론과 웃시엘이요, 므라리의 아들들은 말리와 무시라. 이 레위 사람의 집들이 그 종족을 따라 이러하니, 게르손[게르솜]에게서 난 자는 곧 그 아들 립니요 그 아들은 야핫이요 그 아들은 심마요 그 아들은 요아요 그 아들은

---

7) 본장에는 '게르손'이 원문에서 1절에서만 기르숀(גֵּרְשׁוֹן)으로 표기되었고 16, 17, 43, 62, 71절에서는 게르솜(גֵּרְשֹׁם)으로 표기되었다(KJV, NASB). 창세기 46:11; 출애굽기 6:16; 민수기 26:57 등에는 다 기르숀(גֵּרְשׁוֹן)이다.

잇도요 그 아들은 세라요 그 아들은 여아드래며.

〔22-28절〕그핫에게서 난 자는 곧 그 아들 암미나답이요 그 아들은 고 라(시 84편 등 10개를 씀)요 그 아들은 앗실이요 그 아들은 엘가나요 그 아들은 에비아삽이요 그 아들은 앗실이요 그 아들은 다핫이요 그 아들은 우리 엘이요 그 아들은 웃시야요 그 아들은 사울이며 엘가나의 아들들은 아마새와 아히못이라. 엘가나로 말하면 그 자손은 이러하니 그 아들은 소배요 그 아들은 나핫이요 그 아들은 엘리압이요 그 아들은 여로함이요 그 아들은 엘가나며 사무엘의 아들들은 맏아들 요엘이요 다음은 아비야며.

〔29-30절〕므라리에게서 난 자는 말리요 그 아들은 립니요 그 아들은 시므이요 그 아들은 웃사요 그 아들은 시므아요 그 아들은 학기야요 그 아들은 아사야더라.

레위의 세 아들들, 게르손과 그핫과 므라리의 자손들에 대해 증거한다. 그 중에 28절에 사무엘이 나온다. 사무엘은 엘가나의 아들이며 그의 아들들은 맏아들 요엘과 둘째는 아비야이었다. 28절의 원문 (6:13)은 "맏아들 와슈니와 아비야이며"(הַבְּכֹר וַשְׁנִי וַאֲבִיָּה)이다.[8]

〔31-38절〕언약궤가 평안한 곳을 얻은 후에 다윗이 이 아래의 무리를 세워 여호와의 집에서 찬송하는 일을 맡게 하매 솔로몬이 예루살렘에서 여호와의 전을 세울 때까지 저희가 회막 앞에서 찬송하는 일을 행하되 그 반열대로 직무를 행하였더라. 직무를 행하는 자와 그 아들들이 이러하니 그핫의 자손 중에 헤만은 찬송하는 자라. 저는 요엘의 아들이요 요엘은 사무엘의 아들이요 사무엘은 엘가나의 아들이요 엘가나는 여로함의 아들이요 여로함은 엘리엘의 아들이요 엘리엘은 도아의 아들이요 도아는 숩의 아들이요 숩은 엘가나의 아들이요 엘가나는 마핫의 아들이요 마핫은 아마새의 아들이요 아마새는 엘가나의 아들이요 엘가나는 요엘의 아들이요 요엘은 아사랴의 아들이요 아사랴는 스바냐의 아들이요 스바냐는 다핫의 아들이요 다핫은 앗실의 아들이요 앗실은 에비아삽의 아들이요 에비아삽은 고라의

---

8) 헬라어 70인역은 ὁ πρωτότοκος Σανὶ, καὶ 'Αβιά(그 맏아들 사니와 아비아이며)이고, 라틴어 벌게이트역은 filii Samuhel primogenitus Vasseni et Abia(사무엘의 아들들은 맏아들 바세니와 아비야이며)이다.

아들이요 고라는 이스할의 아들이요 이스할은 그핫의 아들이요 그핫은 레위의 아들이요 레위는 이스라엘의 아들이며.

〔39-43절〕 헤만의 형제 아삽(시 73편 등 12개를 씀)은 헤만의 우편에서 직무를 행하였으니, 저는 베레갸의 아들이요 베레갸는 시므아의 아들이요 시므아는 미가엘의 아들이요 미가엘은 바아세야의 아들이요 바아세야는 말기야의 아들이요 말기야는 에드니의 아들이요 에드니는 세라의 아들이요 세라는 아다야의 아들이요 아다야는 에단의 아들이요 에단은 심마의 아들이요 심마는 시므이의 아들이요 시므이는 야핫의 아들이요 야핫은 게르손의 아들이요 게르손은 레위의 아들이며.

〔44-48절〕 저희의 형제 므라리의 자손 중 그 좌편에서 직무를 행하는 자는 에단(=여두둔)이라. 에단은 기시의 아들이요 기시는 압디의 아들이요 압디는 말룩의 아들이요 말룩은 하사뱌의 아들이요 하사뱌는 아마시야의 아들이요 아마시야는 힐기야의 아들이요 힐기야는 암시의 아들이요 암시는 바니의 아들이요 바니는 세멜의 아들이요 세멜은 말리의 아들이요 말리는 무시의 아들이요 무시는 므라리의 아들이요 므라리는 레위의 아들이며 저희의 형제 레위 사람들은 하나님의 집 장막의 모든 일을 맡았더라.

31-48절은 레위 자손들의 직무를 증거한다. 31-47절은 그 직무 중에 찬송의 직무를 증거하며 그 자손들을 자세히 열거하였다. 레위인들의 찬송의 직무를 이렇게 중요하게 다룬 것은 하나님을 찬송하는 것이 매우 중요하기 때문이다. 31절은, "언약궤가 평안한 곳을 얻은 후에 다윗이 이 아래의 무리를 세워 여호와의 집에서 찬송하는 일을 맡게 했다"고 증거한다. 찬송의 일을 관장한 인물들은 그핫 자손 중에 헤만이 대표자이었고, 게르손 자손 아삽과, 므라리 자손 에단이 그의 좌우에서 그를 도왔다(33, 39, 44절). 또 48절은 그들의 형제 레위 사람들은 하나님의 집 장막의 모든 일을 맡았다고 증거한다.

〔49-53절〕 아론과 그 자손들은 번제단과 향단 위에 분향하며 제사를 드리며 지성소의 모든 일을 하여 하나님의 종 모세의 모든 명대로 이스라엘을 위하여 속죄하니 아론의 자손들은 이러하니라. 그 아들은 엘르아살이요 그 아들은 비느하스요 그 아들은 아비수아요 그 아들은 북기요 그 아들은 웃시요 그 아들은 스라히야요 그 아들은 므라욧이요 그 아들은 아마랴요 그 아

들은 아히둡이요 그 아들은 사독이요 그 아들은 아히마아스더라.

49-53절은 아론과 그 자손들의 직무와 그 족보에 대해 증거한다. 49절은, "아론과 그 자손들은 번제단과 향단 위에 분향하며 제사를 드리며 지성소의 모든 일을 하여 하나님의 종 모세의 모든 명대로 이스라엘을 위하여 속죄하니라"고 증거한다. 제사장들의 직무는 분향과 제사이며 특히 이스라엘 백성을 위해 속죄하는 것이었다.

[54-60절] 저희의 거한 곳은 사방 지경 안에 있으니 그 향리는 아래와 같으니라. 아론 자손 곧 그핫 족속이 먼저 제비뽑았으므로[그핫 족속 중에 아론 자손이 먼저 제비뽑았으므로](KJV, NASB, NIV) 저희에게 유다 땅의 헤브론과 그 사방 들을 주었고 그 성의 밭과 향리는 여분네의 아들 갈렙에게 주었으며 아론 자손에게 도피성을 주었으니 헤브론(도피성)과 립나와 그 들과 얏딜과 에스드모아와 그 들과 힐렌과 그 들과 드빌과 그 들과 아산과 그 들과 벧세메스와 그 들이며 또 베냐민 지파 중에서는 게바와 그 들과 알레멧과 그 들과 아나돗과 그 들을 주었으니 그 족속의 얻은 성이 모두 열셋이었더라.

54-81절은 레위 자손들의 성읍들에 대해 증거한다. 레위 자손들의 거처할 성읍들은 모두 제비로 뽑았다(54, 61, 63, 65절). 54-60절은, 우선, 제사장들 즉 아론의 자손들의 거처할 성읍들에 대해 증거한다. 그들은 유다 지파의 땅 헤브론을 비롯하여 베냐민 지파의 땅에서 모두 열세 성읍을 얻었다. 이것은 여호수아 21:13-19의 증거와도 일치한다. 원문에는 '도피성들'이라고 되어 있으나 헤브론만 도피성이다.

[61-65절] 그핫 자손의 남은 자에게는 므낫세 반 지파 족속 중에서 제비뽑아 열 성을 주었고. 게르손 자손에게는 그 족속대로 잇사갈 지파와 아셀 지파와 납달리 지파와 바산에 있는 므낫세 지파 중에서 열세 성을 주었고 므라리 자손에게는 그 족속대로 르우벤 지파와 갓 지파와 스불론 지파 중에서 제비뽑아 열두 성을 주었더라. 이스라엘 자손이 이 모든 성과 그 들을 레위 자손에게 주되 유다 자손의 지파와 시므온 자손의 지파와 베냐민 자손의 지파 중에서 이 위에 기록한 여러 성을 제비뽑아 주었더라.

61-65절은 그핫 자손의 남은 자들과 게르손 자손들과 므라리 자손

들의 거처할 성읍들에 대해 증거한다. 61절은 그 남은 그핫 자손들이 므낫세 반지파에서 열 성읍을 얻었다고 말한다. 또 66-70절은 그들이 에브라임 지파의 땅에서 몇 성읍을 얻었다고 말한다. 그러나 여호수아 21:20-26은, 그들이 에브라임 지파 땅에서 네 성읍, 단 지파의 땅에서 네 성읍, 또 므낫세 반지파의 땅에서 두 성읍, 도합 열 성읍을 얻었다고 자세히 증거했다. 역대상의 본문은 대략적 표현인 것 같다.

또, 게르손 자손들은 잇사갈 지파, 아셀 지파, 납달리 지파, 므낫세 반지파의 땅에서 모두 열 세 성읍을 제비뽑아 얻었고, 므라리 자손들은 르우벤 지파, 갓 지파, 스불론 지파의 땅에서 모두 열두 성읍을 제비뽑아 얻었다. 그러면 레위 자손들이 얻은 성읍은 모두 합쳐 48성읍이며 이것은 여호수아 21장의 증거와도 일치한다(수 21:41).

〔66-70절〕 그핫 자손의 몇 족속은 에브라임 지파 중에서 성을 얻어 영지를 삼았으며 또 저희에게 도피성을 주었으니 에브라임 산중 세겜(도피성)과 그 들과 게셀과 그 들과 욕므암과 그 들과 벧호론과 그 들과 아얄론과 그 들과 가드림몬과 그 들이며 또 그핫 자손의 남은 족속에게는 므낫세 반지파 중에서 아넬과 그 들과 빌르암과 그 들을 주었더라.

〔71-76절〕 게르손[게르솜] 자손에게는 므낫세 반 지파 족속 중에서 바산의 골란(도피성)과 그 들과 아스다롯과 그 들을 주었고 또 잇사갈 지파 중에서 게데스와 그 들과 다브랏과 그 들과 라못과 그 들과 아넴과 그 들을 주었고 아셀 지파 중에서 마살과 그 들과 압돈과 그 들과 후곡과 그 들과 르홉과 그 들을 주었고 납달리 지파 중에서 갈릴리의 게데스(도피성)와 그 들과 함몬과 그 들과 기랴다임과 그 들을 주었더라.

〔77-81절〕 므라리 자손의 남은 자에게는 스불론 지파 중에서 림모노와 그 들과 다볼과 그 들을 주었고 또 요단 건너 동편 곧 여리고 맞은편 르우벤 지파 중에서 광야의 베셀(도피성)과 그 들과 야사와 그 들과 그데못과 그 들과 메바앗과 그 들을 주었고 또 갓 지파 중에서 길르앗의 라못(도피성)과 그 들과 마하나임과 그 들과 헤스본과 그 들과 야셀과 그 들을 주었더라.

66-81절은 그핫 자손들과 게르손 자손들과 므라리 자손들의 거처

할 성읍들에 대해 자세하게 증거한다.

본장의 교훈을 정리해보자. 우리는 레위 지파의 직무와 거처할 성읍에 대한 말씀을 통해 교훈을 얻는다. 첫째로, 신약성도인 우리는 제사장과 레위인으로서 하나님을 섬겨야 한다. 예수 그리스도께서 우리의 크신 대제사장이시지만(히 4:14), 신약성도들은 다 제사장들이다. 베드로전서 2장은 예수님 믿는 자들을 "왕 같은 제사장들"이라고 말하며 또 그들이 "예수 그리스도로 말미암아 하나님이 기쁘게 받으실 신령한 제사를 드릴 거룩한 제사장이 될지니라"고 교훈했다(5, 9절). 우리는 우리의 몸을 하나님께서 기뻐하시는 산 제물로 드려야 하며(롬 12:1) 또 하나님께 늘 찬송의 제사를 드려야 한다. 에베소서 5:19는, "시와 찬미와 신령한 노래들로 서로 화답하며 너희의 마음으로 주께 노래하며 찬송하라"고 말하였고, 히브리서 12:15는, "우리가 예수로 말미암아 항상 찬미의 제사를 하나님께 드리자. 이는 그 이름을 증거하는 입술의 열매니라"고 말했다. 하나님께 드리는 예배와 찬송은 귀하고 아름다운 일이다. 또 우리는 하나님을 섬기는 모든 일들에 힘써야 한다. 로마서 12:11은, "부지런하여 게으르지 말고 열심을 품고 주를 섬기라"고 교훈하였다.

둘째로, 하나님께서는 레위 자손들에게 거처할 성읍들을 주셨고 또 먹을 양식도 주셨다. 민수기 18장에 보면, 하나님께서는 이스라엘 백성의 십일조로 레위인들의 양식이 되게 하셨고 또 레위인들의 십일조로 제사장들의 양식이 되게 하셨다(21, 26-32절). 그것이 제사장들과 레위인들을 위한 하나님의 뜻이었고 하나님의 방법이었다. 하나님께서는 신약성도인 우리 모두들에게도 의식주의 필요를 채우실 것이다. 예수 그리스도께서는, "너희는 먼저 하나님의 나라와 그의 의를 구하라. 그리하면 이 모든 것[먹을 것과 입을 것]을 너희에게 더하시리라. 그러므로 내일 일을 위하여 염려하지 말라"고 말씀하셨다(마 6:33-34). 우리는 의식주의 문제를 하나님께 맡기고 더 가지려는 욕심이나 내일 일에 대한 염려를 버리고 오직 하나님만 의지하며 순종하며 살아야 한다.

7장: 잇사갈, 베냐민, 납달리, 므낫세, 에브라임, 아셀 지파

〔1-5절〕 잇사갈의 아들들은 돌라와 부아와 야숩과 시므론 네 사람이며 돌라의 아들들은 웃시와 르바야와 여리엘과 야매와 입삼과 스므엘이니 다 그 아비 돌라의 집 족장이라. 대대로 용사더니 다윗 때에 이르러는 그 수효가 22,600명이었더라. 웃시의 아들은 이스라히야요 이스라히야의 아들들은 미가엘과 오바댜와 요엘과 잇시야[잇시야이며 그] 다섯 사람이 모두 족장이며 저희와 함께한 자는 그 보계(譜系)[족보]와 종족대로 능히 출전할 만한 군대가 3만 6천인이니 이는 그 처자가 많은 연고며 그 형제 잇사갈의 모든 종족은 다 큰 용사라. 그 보계(譜系)대로 계수하면 8만 7천인이었더라.

1-5절은 잇사갈의 자손들에 대해 증거한다. 잇사갈은 돌라, 부아, 야숩, 시므론, 네 아들을 낳았다. 돌라는 여섯 아들을 낳았고 그 자손들은 대대로 용사(깁보레 카일 חַיִל גִּבּוֹרֵי)이었고, 다윗 때에 이르러 벌써 그 수효가 22,600명이었다. 특히 돌라의 아들 웃시의 손자 넷을 통하여 그 자손들이 많이 번창하였고 전쟁에 출전할 만한 자들이 3만 6천명이었다. 잇사갈 지파의 모든 자손들은 다 큰 용사(깁보레 카얄림 חֲיָלִים גִּבּוֹרֵי)이었고 그 수가 8만 7천명이었다. 옛날에 야곱은 잇사갈을 위하여 예언하기를 그는 "건강한 나귀로다"고 하였는데(창 49:14) 그 예언대로 되었다. 그들에게는 용사들이 많았다.

〔6-12절〕 베냐민의 아들들은 벨라와 베겔과 여디아엘 세 사람이며 벨라의 아들들은 에스본과 우시와 웃시엘과 여리못과 이리 다섯 사람이니 다 그 집의 족장이요 큰 용사라. 그 보계(譜系)대로 계수하면 22,034인이며 베겔의 아들들은 스미라와 요아스와 엘리에셀과 엘료에내와 오므리와 여레못과 아비야와 아나돗과 알레멧이니 베겔의 아들들은 이러하며 저희는 다 그 집의 족장이요 큰 용사라. 그 자손을 보계(譜系)대로 계수하면 2만 2백인이며 여디아엘의 아들은 빌한이요 빌한의 아들들은 여우스와 베냐민과 에훗과 그나아나와 세단과 다시스와 아히사할이니 이 여디아엘의 아들들은

그 집의 족장이요 큰 용사라. 그 자손 중에 능히 출전할 만한 자가 17,200인이며 일의 아들은 숩빔과 훕빔이요 아헬의 아들은 후심이더라.

6-12절은 베냐민의 자손들에 대해 증거한다. 베냐민은 벨라, 베겔, 여디아엘, 세 아들을 낳았는데, 첫째 벨라는 다섯 아들을 낳았고 그들이 다 큰 용사(깁보레 카얄림 גִּבּוֹרֵי חֲיָלִים)이었고 그 자손이 22,034명이었다. 둘째 베겔은 아홉 아들을 낳았고 다 큰 용사(깁보레 카일 גִּבּוֹרֵי חָיִל)이었고 그 자손이 20,200명이었다. 셋째 여디아엘도 한 명의 아들과 일곱 명의 손자를 보았고 그들이 다 큰 용사(깁보레 카얄림 גִּבּוֹרֵי חֲיָלִים)이었고 그 자손 중 전쟁에 나갈 만한 용사가 17,200명이었다. "베냐민은 물어뜯는 이리라"(창 49:27)는 옛날 야곱의 예언대로, 베냐민의 자손들은 다 큰 용사들이 되었다.

〔13절〕 납달리의 아들들은 야시엘과 구니와 예셀과 살룸이니 이는 빌하의 손자더라.

13절은 납달리의 자손에 대해 증거하는데, 납달리의 아들은 네 명이었다는 정도만 기록되었다. 그들은 그렇게 번창한 것 같지 않다. 옛날에 야곱은 그에 대해 "납달리는 놓인 암사슴이라. 아름다운 소리를 발하는도다"라고 예언하였었다(창 49:21).

〔14-19절〕 므낫세의 아들들 그 처의 소생은 아스리엘이요 그 첩 아람 여인의 소생은 길르앗의 아비 마길이니 마길은 훕빔과 숩빔의 누이 마아가라 하는 이에게 장가들었더라. 므낫세의 둘째 아들의 이름은 슬로브핫이니 슬로브핫은 딸들만 낳았으며 마길의 아내 마아가는 아들을 낳아 그 이름을 베레스라 하였으며 그 아우는 이름이 세레스며 세레스의 아들은 울람과 라겜이요 울람의 아들은 브단이니 이는 다 길르앗의 자손이라. 길르앗은 마길의 아들이요 므낫세의 손자며 그 누이 함몰레겟은 이스훗과 아비에셀과 말라를 낳았고 스미다의 아들은 아히안과 세겜과 릭히와 아니암이더라.

14-19절은 므낫세의 자손들에 대해 증거한다. 므낫세는 두 아들을 낳았는데, 첫째는 아스리엘이며 둘째는 슬로브핫이었다. 아스리엘의 자손에 대한 언급은 없고, 슬로브핫은 딸들만 낳았다. 이것은 그 당시

인간적으로 근심거리요 수치거리이었을 것이다. 므낫세는 아람 여인을 첩으로 얻었는데, 그에게서 마길이라는 아들을 얻었고 마길의 아들이 길르앗이며 그의 자손들이 번창하여 길르앗 땅에 거하는 자들이 되었다. 그러면 므낫세는 정식으로 결혼한 아내에게서는 손자들의 출산이 없었던 것 같다. 그것은 그가 결혼한 아내를 두고 하나님의 뜻을 거슬러 이방 여인을 첩으로 취한 까닭이 아닐까 생각된다. 그렇다면 그것은 하나님의 징벌이었을 것이다. 그러나 하나님께서는 은혜를 베푸셔서 첩의 소생을 통해 그 자손의 번창을 허락하셨다.

〔20-27절〕에브라임의 아들은 수델라요 그 아들은 베렛이요 그 아들은 다핫이요 그 아들은 엘르아다요 그 아들은 다핫이요 그 아들은 사밧이요 그 아들은 수델라며 저가 또 에셀과 엘르앗을 낳았더니 저희가 가드 토인에게 죽임을 당하였으니 이는 저희가 내려가서 가드 사람의 짐승을 빼앗고자 하였음이라. 그 아비 에브라임이 위하여 여러 날 슬퍼하므로 그 형제가 와서 위로하였더라. 그 후에 에브라임이 그 아내와 동침하였더니 아내가 잉태하여 아들을 낳으니 그 집이 재앙을 받았으므로 그 이름을 브리아라 하였더라. 에브라임의 딸은 세에라니 저가 아래 윗 벧호론과 우센세에라를 세웠더라. 브리아의 아들들은 레바와 레셉이요 레셉의 아들은 델라요 그 아들은 다한이요 그 아들은 라단이요 그 아들은 암미훗이요 그 아들은 엘리사마요 그 아들은 눈이요 그 아들은 여호수아더라.

20-27절은 에브라임의 자손들에 대해 특히 그가 큰 시련을 경험하였음에 대해 증거한다. 20-21절 원문은 다시 번역하면, "에브라임의 아들들은 스델라와 그 아들 베렛과 그 아들 다핫과 그 아들 엘르아다와 그 아들 다핫과 그 아들 사밧과 그 아들 수델라와 에셀과 엘르앗이었는데, 그들은 가드 토인에게 죽임을 당하였으니 이는 그들이 내려가서 가드 사람의 짐승을 빼앗고자 하였음이라"이다.

그 뜻이 분명하지는 않지만, 22절 이하에 에브라임이 그 아들들을 잃고 여러 날 슬퍼한 것을 볼 때, 또 본문이 그 죽은 아들들 대신 한 아들 브리아를 얻었고 그 아들을 통해 그의 자손이 번창했음을 특별하게 기록하는 것을 볼 때, 20-21절의 이름들은 에브라임의 아들들을 가리키는 것 같다. 그렇다면, 에브라임은 처음에 아홉 명의 아들들을 낳았는데 그들이 가드 토인들의 짐승을 빼앗으려 욕심을 부리다가 그들에게 죽임을 당했던 것 같다. 이것은 아마 이스라엘 백성이 아직 애굽에서 나오기 전의 일이었을 것이다.

므낫세도, 에브라임도, 애굽의 총리가 된 아버지 요셉의 아들로서 자부심이나 자만심이 있었던 것 같다. 에브라임 자손은 기브온 때나 입다 때에 매우 교만한 태도를 보였다(삿 8:1; 12:1). 에브라임은 아들들이 죽는 큰 재앙을 당했다. 그는 그 후에 얻은 아들의 이름을 브리아(בְּרִעָה)라고 지었는데, 그것은 '재앙 가운데서'라는 뜻이다. 그러나 브리아의 자손 가운데는 모세의 수종자이었고 후에 모세를 이어 이스라엘의 지도자가 된 여호수아가 있었다(27절). 그것은 그가 재앙을 통해 얻은 하나님의 크신 은혜이었다.

〔28-29절〕 에브라임 자손의 산업과 거처는 벧엘과 그 향리요 동에는 나아란이요 서에는 게셀과 그 향리며 또 세겜과 그 향리니 아사와 그 향리까지며 또 므낫세 자손의 지경에 가까운 벧스안과 그 향리와 다아낙과 그 향리와 므깃도와 그 향리와 돌과 그 향리라 이스라엘의 아들 요셉의 자손이 이 여러 곳에 거하였더라.

28-29절은 에브라임 자손의 기업과 거처에 대해 증거한다.

〔30-40절〕 아셀의 아들들은 임나와 이스와와 이스위와 브리아요 저희의 매제[자매]는 세라며 브리아의 아들들은 헤벨과 말기엘이니 말기엘은 비르사잇의 아비며 헤벨은 야블렛과 소멜과 호담과 저희의 매제 수아를 낳았으며 야블렛의 아들들은 바삭과 빔할과 아스왓이니 야블렛의 아들은 이러하며 소멜의 아들들은 아히와 로가와 호바와 아람이요 그 아우 헬렘의 아들들은 소바와 임나와 셀레스와 아말이요 소바의 아들들은 수아와 하르네벨과 수알과 베리와 이므라와 베셀과 홋과 사마와 실사와 이드란과 브에라요 예델의 아들들은 여분네와 비스바와 아라요 울라의 아들들은 아라와 한니엘과 리시아니 이는 다 아셀의 자손으로 족장이요 뽑힌 큰 용사요 방백의

두목이라. 출전할 만한 자를 그 보계대로 계수하면 2만 6천인이었더라.

30-40절은 아셀의 자손들에 대해 증거한다. 아셀 자손 족장들도 큰 용사(깁보레 카얄림 גִּבּוֹרֵי חֲיָלִים)이며 그 자손이 2만 6천명이었다.

역대기에는 단 자손들과 스불론 자손들에 대한 증거가 빠져 있다. 사사기 18장에 보면, 단 지파는 우상숭배에 떨어졌다. 아마 그것 때문에 제외된 듯하다. 요한계시록 7장에서도 열두 지파의 명단에서 단 지파의 이름이 빠져 있다. 스불론 자손들에 대한 증거가 빠진 이유도 알 수 없으나, 그들에게 물질적 부요가 있었고 바알 숭배가 왕성했던 시돈 가까이 있었던 지파로 바알 숭배의 영향을 크게 받은 것이 아닌가 보인다. 여하튼, 단과 스불론 그 두 지파에 대한 증거가 없다.

본장의 교훈을 정리해보자. 첫째로, 이스라엘의 각 지파에 많은 큰 용사들이 있었다. 특히 잇사갈과 베냐민과 아셀 자손들 중에서 그러했다. 오늘날 만왕의 왕이시며 만주의 주이신 예수 그리스도와 그의 나라와 복음을 위하여 일할 큰 용사들은 누구인가? 고린도전서 6:19-20은, "너희는 너희의 것이 아니라 값으로 산 것이 되었으니 그런즉 너희 몸으로 하나님께 영광을 돌리라"고 말한다. 우리는 주 예수 그리스도를 위해 우리의 몸을 바치고 그의 교회를 위해 큰 용사들이 되어야 한다.

둘째로, 우리는 므낫세의 탈선과 자녀 없음이나 에브라임의 아들들의 죽음 등을 기억해야 한다. 성도가 범죄하면 징계 받는 것이 성경의 진리이다. 히브리서 12:8은, "징계는 다 받는 것이거늘 너희에게 없으면 사생자요 참 아들이 아니니라"고 말하였다. 우리는 죄를 멀리해야 한다.

셋째로, 에브라임에게 시련이 있었지만, 하나님께서는 그의 자손 중에 여호수아를 주셨다. 우리는 죄인이었고 죄성을 가지고 있는 자들이지만, 우리가 구원받고 하나님의 자녀가 되고 하나님의 일꾼이 된 것이 오직 하나님의 은혜로 된 줄 알고 항상 하나님의 은혜와 하나님의 아들 예수 그리스도의 의만 믿고 의지하며 겸손히 의와 선을 행해야 한다.

8장: 베냐민 자손

〔1-5절〕 베냐민의 낳은 자는 맏아들 벨라와 둘째 아스벨과 셋째 아하라와 넷째 노하와 다섯째 라바며, 벨라에게 아들들이 있으니 곧 앗달과 게라와 아비훗과 아비수아와 나아만과 아호아와 게라와 스부반과 후람이며.

1-5절은 베냐민의 아들들과 맏아들 벨라의 아들들에 대해 증거한다. 베냐민의 아들들은 벨라와 아스벨과 아하라와 노하와 라바, 5명이었다. 야곱과 그의 아들들이 요셉의 초청으로 애굽에 내려갈 당시에 베냐민의 아들들은 열 명이었다. 창세기 46:21에 보면, 그들은 벨라, 베겔, 아스벨, 게라, 나아만, 에히, 로스, 뭅빔, 훕빔, 아릇이었다. 430년이 지나 이스라엘 백성이 애굽에서 나올 당시에는, 민수기 26:38-41에 보면, 베냐민 지파가 벨라, 아스벨, 아히람, 스부밤, 후밤 등 다섯 가족이 되었고 남자 장정만 45,600명이었다. 역대기의 족보는 차이가 있다. 역대상 7:6은 베냐민의 아들들을 벨라, 베겔, 여디아엘, 세 명이라고 말한다. 그러나 오늘 본문 역대상 8:1은 베냐민의 아들들을 벨라, 아스벨, 아하라, 노하, 라바 등 다섯 명이라고 말한다.

역대기의 족보에서 아들들의 이름이 다른 것은 몇 가지 이유 때문일 것이다. 첫째로, 족보에서 아들들의 이름은 선택적인 것 같다. 또 어떤 때는 아들들과 손자들의 구분도 분명치 않다. 히브리어에서는 아들과 손자, 아버지와 할아버지의 단어가 동일하다. 둘째로, 한 사람이 두 개 이상의 이름을 갖는 일도 빈번하였다. 셋째로, 베냐민 지파는 특히, 사사시대에 거의 멸절된 적이 있었다(삿 20장). 그러나 그 지파는 하나님의 긍휼로 다시 많이 번창했고 후에 이스라엘의 초대 왕까지 배출하였다. 넷째로, 역대기의 족보는 바벨론 포로 귀환 후의 자손들을 주로 말한 것일 것이다.

베냐민의 맏아들 벨라는 아홉 명의 아들을 낳았는데, 그들은 앗달,

게라, 아비훗, 아비수아, 나아만, 아호아, 게라, 스부반, 후람이었다.

〔6-7절〕에훗의 아들들은 이러하니라. 저희는 게바 거민의 족장[족장들]으로서 사로잡아 마나핫으로 가되 곧 나아만과 아히야와 게라를 사로잡아 갔고 그가 또 웃사와 아히훗을 낳았으며.

6-7절은 에훗의 아들들을 증거한다. 에훗은 열두 사사들 중에 두 번째인 사사 에훗을 가리키는 것 같다. 사사기 3:15에 보면, 에훗은 게라의 아들이었다. 벨라의 아들들 중에는 게라가 두 명 있는데, 그 중 하나일 것이다.

〔8-13절〕사하라임은 두 아내 후심과 바아라를 내어보낸 후에 모압 땅에서 자녀를 낳았으니 그 아내 호데스에게서 낳은 자는 요밥과 시비야와 메사와 말감과 여우스와 사갸와 미르마라. 이 아들들은 족장이며 또 그 아내 후심에게서 아비둡과 엘바알을 낳았으며 엘바알의 아들들은 에벨과 미삼과 세멧이니 저는 오노와 롯과 그 향리[마을]를 세웠고 또 브리아와 세마니 저희는 아얄론 거민의 족장이 되어 가드 거민을 쫓아내었더라.

8-13절은 사하라임의 자손들에 대해 증거한다. 그가 누구의 아들인지 모르나 베냐민 지파인 것은 분명하다. 그는 아내를 셋이나 취하였다. 그들의 이름은 후심, 바아라, 호데스이었고 그들에게서 여러 명의 자녀들이 출산되었다.

〔14-28절〕아히요와 사삭과 여레못과 스바댜와 아랏과 에델과 미가엘과 이스바와 요하는 다 브리아의 아들들이요, 스바댜와 므술람과 히스기와 헤벨과 이스므래와 이슬리아와 요밥은 다 엘바알의 아들들이요, 야김과 시그리와 삽디와 엘리에내와 실르대와 엘리엘과 아다야와 브라야와 시므랏은 다 시므이의 아들들이요, 이스반과 에벨과 엘리엘과 압돈과 시그리와 하난과 하나냐와 엘람과 안도디야와 이브드야와 브누엘은 다 사삭의 아들들이요, 삼스래와 스하랴와 아달랴와 야아레시야와 엘리야와 시그리는 다 여로함의 아들들이니 이는 다 족장이요 대대로 두목이라. 예루살렘에 거하였더라.

14-28절은 사하라임의 자손들 중 엘바알과 시므이와 사삭의 아들들에 대해 증거하고 또 여로함의 아들들에 대해 증거한다. 여로함에

대해서는 그가 누구의 아들인지 분명치 않다. 그러나 본문에 기록된 이름들은 다 베냐민의 족장들이며 대대로 우두머리들이었다.

〔29-32절〕 **기브온의 조상 여이엘은 기브온에 거하였으니 그 아내의 이름은 마아가며 장자는 압돈이요 다음은 술과 기스와 바알과 나답과 그돌과 아히오와 세겔이며 미글롯은 시므아를 낳았으며 이 무리가 그 형제로 더불어 서로 대하여 예루살렘에 거하였더라.**

29-32절은 기브온의 조상 여이엘의 자손들에 대해 증거한다. 본문에는 여이엘의 이름이 생략되어 있으나 역대상 9:35는 기브온의 조상이 여이엘이라고 언급한다. 그가 누구의 아들인지 분명치 않으나 그의 족보는 중요하다. 왜냐하면 그의 자손 중에서 이스라엘의 초대 왕인 사울이 나왔기 때문이다. 32절의 미글롯과 33절의 넬도 그의 아들이었고, 여이엘은 열 명의 아들을 낳았다(대상 9:36-37).

〔33절〕 **넬은 기스를 낳았고 기스는 사울을 낳았고 사울은 요나단과 말기수아와 아비나답과 에스바알을 낳았으며.**

본절과 9:39에 기스의 아버지로 언급된 넬은 사울의 숙부 넬이 아니고 여이엘(아비엘)의 다른 이름인 것 같다(9:35; 삼상 14:51). 사울의 아들들은 요나단과 말기수아와 아비나답과 에스바알이었다.

〔34-40절〕 **요나단의 아들은 므립바알(=므비보셋)이라. 므립바알이 미가를 낳았고 미가의 아들들은 비돈과 멜렉과 다레아와 아하스며 아하스는 여호앗다를 낳았고 여호앗다는 알레멧과 아스마웻과 시므리를 낳았고 시므리는 모사를 낳았고 모사는 비느아를 낳았으며 비느아의 아들은 라바요 그 아들은 엘르아사요 그 아들은 아셀이며 아셀에게 여섯 아들이 있어 그 이름이 이러하니 아스리감과 보그루와 이스마엘과 스아랴와 오바댜와 하난이라. 아셀의 모든 아들이 이러하며 그 아우 에섹의 아들은 이러하니 그 장자는 울람이요 둘째는 여우스요 셋째는 엘리벨렛이며 울람의 아들은 다 큰 용사요 활을 잘 쏘는 자라. 아들과 손자가 많아 모두 150인이었더라. 베냐민의 자손들은 이러하였더라.**

34-40절은 사울의 아들 요나단의 자손들에 대해 증거한다. 사울은

범죄함으로 그와 그의 아들들이 거의 다 죽었고 그 자손들이 거의 다 망하였으나(삼상 31:6; 삼하 21:8-9), 다윗의 배려로 요나단의 아들 므비보셋(본문의 므립바알)은 후한 대접을 받았고 그 자손들이 번창하였다. 그것은 다윗이 요나단과 맺은 언약을 이룬 것이었다.

요나단은 믿음 있는 사람이었다. 그는 블레셋과의 전투에서 자기 병기 든 소년만 데리고 적 진영에 들어가 싸운 적이 있었다. 그는 그의 병기 든 소년에게 "여호와께서 우리를 위하여 일하실까 하노라. 여호와의 구원은 사람의 많고 적음에 달리지 아니하였느니라"고 말했다(삼상 14:6). 그것은 믿음 있는 자의 말이었다. 그 날에 하나님께서 이스라엘을 도우셨고 크게 승리케 하셨다(삼상 14:23).

요나단은 믿음의 소년 다윗이 블렛셋 장수 골리앗을 쳐서 이겼을 때 그를 즉시 알아보고 다윗을 자기 생명같이 사랑했고 다윗과 언약을 맺었고 그 언약을 지켰다. 사무엘상 18:1, 3은, "다윗이 사울에게 말하기를 마치매 요나단의 마음이 다윗의 마음과 연락되어 요나단이 그를 자기 생명같이 사랑하니라," "요나단은 다윗을 자기 생명같이 사랑하여 더불어 언약을 맺었으며"라고 증거한다.

또 사무엘상 20:42는 다윗과 요나단이 마침내 서로 헤어지게 되었을 때, "요나단이 다윗에게 이르되 평안히 가라. 우리 두 사람이 여호와의 이름으로 맹세하여 이르기를 여호와께서 영원히 나와 너 사이에 계시고 내 자손과 네 자손 사이에 계시리라 하였느니라. 다윗은 일어나 떠나고 요나단은 성으로 들어오니라"고 기록한다.

후에 요나단이 블레셋과의 전쟁에서 죽었을 때, 다윗은 그의 죽음을 심히 가슴 아파하였다. 사무엘하 1:26에 보면, 그는, "내 형 요나단이여, 내가 그대를 애통함은 그대는 내게 심히 아름다움이라. 그대가 나를 사랑함이 기이하여 여인의 사랑보다 승하였도다"라고 말했다.

하나님께서는 이렇게 하나님께 대한 믿음과 형제에 대한 사랑과 신실함이 있었던 요나단의 자손들을 번창케 하셨다. 그것은 분명히 하나님께서 그와 그 자손들에게 주신 복이었다.

본장의 교훈을 정리해보자. 첫째로, 사사기 19-21장에 보면, 아마도 사사시대 말기에, 베냐민 자손들이 심히 악하고 음란하여 이스라엘의 다른 지파 사람들은 연합하여 그들을 응징하였는데, 그때 이스라엘의 군사는 40만명이었고 베냐민 군사는 26,700명이었고, 제1, 2차 전투에서 이스라엘 군사는 40,030명이 전사하였으나, 제3차 전투에서 베냐민 군사들은 600명만 남고 다 죽었다. 한 지파가 거의 멸절된 것이다. 이처럼 심히 악하고 음란한 베냐민 지파는 하나님의 징벌을 받아 거의 멸절되었다. 그러나 오늘 본문은 그 지파가 하나님의 긍휼과 자비로 보존되었고 그 자손들이 번창하였음을 증거한다. 우리의 구원, 우리의 성화, 우리의 강건함, 우리의 평안은 다 하나님의 은혜로 된다. 우리 가정과 우리 교회의 평안도 하나님의 긍휼과 은혜로 된다. 로마서 9:16, 18, "그런즉 원하는 자로 말미암음도 아니요 달음박질하는 자로 말미암음도 아니요 오직 긍휼히 여기시는 하나님으로 말미암음이니라," "그런즉 하나님께서 하고자 하시는 자를 긍휼히 여기시고 하고자 하시는 자를 강퍅케 하시느니라." 그러므로 우리는 우리의 우리된 것이 오직 하나님의 은혜인 줄 알고 하나님의 긍휼과 은혜만 의지하고 사모해야 한다.

둘째로, 악한 사울의 가정은 망했으나 그 중에서도 경건했던 요나단의 자손들은 남겨졌고 번창하였다. 경건한 자의 자손들은 결코 망하지 않고 번창할 것이다. 시편 37:25-26, "내가 어려서부터 늙기까지 의인이 버림을 당하거나 그 자손이 걸식함을 보지 못하였도다. 저는 종일토록 은혜를 베풀고 꾸어주니 그 자손이 복을 받는도다." 디모데전서 4:8, "육체의 연습은 약간의 유익이 있으나 경건은 범사에 유익하니 금생과 내생에 약속이 있느니라." 경건은 이 세상 사는 동안도 몸의 건강, 경제의 안정, 가정적 평안, 사회적 평안을 보장하고 또 영생에 이르게 할 것이다. 그러므로 우리는 오직 경건하게 살고 계명에 순종하며 살아야 한다.

9장: 예루살렘의 원거주자들

많은 주석가들(매튜 풀과 제미슨-포셋-브라운을 포함하여)이 본
장을 바벨론에서 돌아온 자들에 대해 증거하는 것으로 본다. 그러나
전장에 베냐민 자손들의 족보가 나왔고, 본장 35절 이하에도 베냐민
자손 중 사울의 족보에 대해 다시 나오는데, 그것은 바벨론 포로시대
후의 일을 말하는 것 같지 않다. 또 본장의 레위인들의 직무도 사울
이전 시대 즉 성막 시대의 일을 말하고 있다(19, 21, 23절). 그러므로
유명한 주석가 카일-델리취의 주석한 바와 같이, 본장의 내용은 예루
살렘의 원거주자들에 대한 기록이라고 보는 것이 타당한 것 같다.

〔1-2절〕 **온 이스라엘이 그 보계(譜系)[족보]대로 계수되고 이스라엘 열
왕기에 기록되니라. 유다가 범죄함을 인하여 바벨론으로 사로잡혀 갔더니
먼저 그 본성으로 돌아와서 그 기업에 거한 자는 이스라엘 제사장들과 레위
사람과 느디님 사람들이라.**

원문을 직역하면 다음과 같다. "온 이스라엘이 그 족보대로 계수되
고 이스라엘의 열왕기에 기록되었고 유다는 범죄함으로 인해 바벨론
으로 사로잡혀 갔더라. 그들의 성, 그 기업의 최초 거주자들은 이스라
엘 사람들과 제사장들과 레위 사람들과 느디님 사람들이었다." '그들
의 성, 그 기업'은 예루살렘 성을 가리킨다. 역사서들은 후에 에스라
서나 느헤미야서에서도 항상 제사장들과 레위 사람들과 느디님 사람
들을 언급한다. 느디님 사람들은 성전 수종자들로서 아마 이방인들
이었을 것이다(NBD).

〔3-6절〕 **유다 자손과 베냐민 자손과 에브라임과 므낫세 자손 중에서 예
루살렘에 거한 자는 유다의 아들 베레스 자손 중에 우대니 저는 암미훗의
아들이요 오므리의 손자요 이므리의 증손이요 바니의 현손이며 실로 사람
중에서는 장자 아사야와 그 아들들이요 세라 자손 중에서는 여우엘과 그 형
제 690인이요.**

본문은 예루살렘에 원래 거주했던 유다 자손과 베냐민 자손과 에브라임 자손과 므낫세 자손 중 일부를 언급한 것 같다. 그들은 유다 자손들 중에, 베레스 자손 중 우대와, 실로 사람 중 장자 아사야와 그 아들들과, 세라 자손 중 여우엘과 그 형제 690명이었다.

〔7-9절〕 베냐민 자손 중에서는 핫스누아의 증손 호다위아의 손자 므술람의 아들 살루요 여로함의 아들 이브느야와 미그리의 손자 웃시의 아들 엘라요 이브니야의 증손 르우엘의 손자 스바댜의 아들 무술람이요 또 저의 형제들이라. 그 보계대로 계수하면 956인이니 다 그 집의 족장된 자들이더라.

베냐민 자손들 중에는, 살루, 이브느야, 엘라, 무술람, 그리고 그의 형제들이었고 그 수는 956명이었고 다 족장들이었다.

〔10-13절〕 제사장 중에서는 여다야와 여호야립과 야긴과 하나님의 전을 맡은 자 아사랴니 저는 힐기야의 아들이요 므술람의 손자요 사독의 증손이요 므라욧의 현손이요 아히둡의 5대손이며, 또 아다야니 저는 여로함의 아들이요 바스훌의 손자요 말기야의 증손이며, 또 마아새니 저는 아디엘의 아들이요 야세라의 손자요 므술람의 증손이요 므실레밋의 현손이요 임멜의 5대손이며 또 그 형제들이니 그 집의 족장이라. 하나님의 전의 일에 수종들 재능이 있는 자가 모두 1,760인이더라.

제사장들 중에는, 여다야, 여호야립, 야긴, 아사랴, 아다야, 마아새, 또 그 형제들 곧 그 집의 족장들이었다. 특히 아사랴는 하나님의 전을 맡은 자라고 불리었다. '맡은 자'라는 원어(나기드 נָגִיד)는 '이끄는 자, 다스리는 자'라는 뜻이다. 또 하나님의 전의 일에 수종들 재능이 있는 자가 모두 1,760명이었다. '재능이 있는 자'라는 원어(깁보레 카일 גִּבֹּרֵי חַיִל)는 '용사들, 유능한 자들'이라는 뜻이다.

〔14-16절〕 레위 사람 중에서는 므라리 자손 스마야니 저는 핫숩의 아들이요 아스리감의 손자요 하사뱌의 증손이며 또 박박갈과 헤레스와 갈랄과 맛다냐니 저는 미가의 아들이요 시그리의 손자요 아삽의 증손이며 또 오바댜니 저는 스마야의 아들이요 갈랄의 손자요 여두둔의 증손이며 또 베레갸니 저는 아사의 아들이요 엘가나의 손자라. 느도바 사람의 향리[마을]에 거하였더라.

레위 사람들 중에는, 스마야, 박박갈, 헤레스, 갈랄, 맛다냐, 오바댜, 베레갸 등 여러 명이었다.

〔17-27절〕 문지기는 살룸과 악굽과 달몬과 아히만과 그 형제들이니 살룸은 그 두목[우두머리]이라. 이 사람들은 전에 왕의 문 동편 곧 레위 자손의 영의 문지기며 고라의 증손 에비아삽의 손자 고레의 아들 살룸과 그 종족 형제 곧 고라의 자손이 수종드는 일을 맡아 성막 문들을 지켰으니 그 열조도 여호와의 영(營)[진영]을 맡고 그 들어가는 곳을 지켰으며 여호와께서 함께하신 엘르아살의 아들 비느하스가 옛적에 그 무리를 거느렸고 므셀레먀의 아들 스가랴는 회막 문지기가 되었더라. 택함을 입어 문지기된 자가 모두 212이니 이는 그 향리(鄕里)[마을]에서 그 보계(譜系)[족보]대로 계수된 자요 다윗과 선견자 사무엘이 전에 세워서 이 직분을 맡긴 자라. 저희와 그 자손이 그 반열을 좇아 여호와의 전 곧 성막문을 지켰는데 이 문지기가 동, 서, 남, 북 사방에 섰고 그 향리[마을]에 있는 형제들은 이레마다 와서 함께하니 이는 문지기의 두목[우두머리]된 레위 사람 넷이 긴요한 직분을 맡아 하나님의 전 모든 방과 곳간을 지켰음이라. 저희는 하나님의 전을 맡은 직분이 있으므로 전 사면에 유하며 아침마다 문을 여는 책임이 있었더라.

17-27절은 문지기에 대해 자세히 기록한다. 문지기는 살룸을 수장(首長)으로 하여 악굽, 달몬, 아히만, 및 그 형제들이었다. 택함을 입어 문지기가 된 자들이 모두 212명이었다. 본문 22절은 이들이 "다윗과 선견자 사무엘이 세워 이 직분을 맡긴 자"라고 말한다. 또 본문은 이들이 하나님의 전 곧 성막의 문을 지켰고(19, 21, 23절), 또 하나님의 전의 모든 방들과 곳간들을 지켰다고 말한다. 이것은 아직 솔로몬 성전이 세워지기 전의 상황에 대한 것이라고 보인다.

〔28-32절〕 그 중에 어떤 자는 섬기는 데 쓰는 기명[그릇]을 맡아서 그 수효대로 들여가고 수효대로 내어오며 또 어떤 자는 성소의 기구와 모든 기명과 고운 가루와 포도주와 기름과 유향과 향품을 맡았으며 또 제사장의 아들 중에 어떤 자는 향품으로 향기름을 만들었으며 고라 자손 살룸의 장자 맛디댜라 하는 레위 사람은 남비[냄비]에 지지는 것을 맡았으며 또 그 형제 그핫 자손 중에 어떤 자는 진설하는 떡을 맡아 안식일마다 준비하였더라.

28-32절은 레위인들 중에 특별한 봉사의 일들을 몇 가지 언급한다. 그들 중에 어떤 이들은 섬기는 데 쓰는 그릇들을 맡아서 그 수효대로 들여가고 수효대로 내어오게 하였고, 또 어떤 이들은 성소의 기구와 모든 그릇과 고운 가루와 포도주와 기름과 유향과 향품을 책임 맡았으며, 또 제사장의 아들 중 어떤 이들은 향품으로 향기름을 만들었으며, 또 고라 자손 살룸의 장자 맛디댜라 하는 레위인은 냄비에 지지는 것[팬에 굽는 것들](NASB)을 맡았으며, 또 그 형제 그핫 자손 중에 어떤 이들은 진설하는[(성소에) 차려놓는] 떡을 맡아 안식일마다 준비하였다. 레위인들은 이처럼 각자 맡은 일이 있었다.

[33-34절] 또 찬송하는 자가 있으니 곧 레위 족장이라. 저희가 골방에 거하여 주야로 자기 직분에 골몰[전념]하므로 다른 일은 하지 아니하였더라. 이상은 대대로 레위의 족장이요 으뜸이라. 예루살렘에 거하였더라.

33-34절은 찬송하는 자들 곧 찬양대에 대해 말한다. 역대상 6장에는 찬양의 직무를 맡았던 헤만과 아삽과 에단의 자손들에 대한 증거가 있었다(대상 6:31-48). 본문은, 찬송하는 자들 곧 레위 족장들이 다른 일은 하지 않고 오직 골방에 거하여 주야로 자기 직분에 전념하였다고 말한다. 레위인들은 각자 맡은 일에 충성하였다.

[35-44절] 기브온의 조상 여이엘은 기브온에 거하였으니 그 아내의 이름은 마아가라. 그 장자는 압돈이요 다음은 술과 기스와 바알과 넬과 나답과 그돌과 아히오와 스가랴와 미글롯이며 미글롯은 시므암을 낳았으니 이 무리도 그 형제로 더불어 서로 대하여 예루살렘에 거하였더라. 넬은 기스를 낳았고 기스는 사울을 낳았고 사울은 요나단과 말기수아와 아비나답과 에스바알을 낳았으며 요나단의 아들은 므립바알[므비보셋]이라. 므립바알이 미가를 낳았고 미가의 아들들은 비돈과 멜렉과 다레아와 아하스며 아하스는 야라를 낳았고 야라는 알레멧과 아스마웻과 시므리를 낳았고 시므리는 모사를 낳았고 모사는 비느아를 낳았으며 비느아의 아들은 르바야요 그 아들은 엘르아사요 그 아들은 아셀이며 아셀이 여섯 아들이 있으니 그 이름은 아스리감과 보그루와 이스마엘과 스아랴와 오바댜와 하난이라. 아셀의 아

들들이 이러하였더라.

35-44절은 다시 사울의 족보에 대해 증거한다. 역대상의 족보에 대한 이 마지막 언급은 다음 장에 사울의 죽음에 대한 역사로 이어진다.

본장의 교훈을 정리해보자. 첫째로, 1절은 유다 백성들이 범죄함으로 바벨론 나라에 포로로 사로잡혀 간 일을 언급한다. 우리는 죄가 하나님의 징벌을 가져옴을 늘 기억해야 한다. 우리가 하나님의 참 아들이라면 우리는 범죄할 때 하나님의 징계를 받을 것이다(히 12:8-13). 그러므로 우리는 구원받은 자라도 범죄치 말아야 한다. 요한일서 2:1, "나의 자녀들아, 내가 이것을 너희에게 씀은 너희로 죄를 범치 않게 하려 함이라."

둘째로, 본장은 예루살렘의 원거주자들을 언급하였다고 본다. 본장은 특히 제사장들과 레위인들에 대해 증거한다. 이스라엘 백성의 생활의 중심은 예루살렘 성이며 그 성의 중심은 성전이었다. 성전 제사는 하나님께서 정해주신 복된 규례이었다. 하나님께서는 율법을 주실 때 십계명과 함께 성막 제사에 대한 법을 주셨다. 성막은 이스라엘 백성의 종교의 중심이었다. 오늘날 신약성도들도 교회 중심, 예배 중심의 생활을 힘써야 한다. 주께서는 "아버지께 참으로 예배하는 자들은 신령과 진정으로 예배할 때가 오나니 곧 이때라. 아버지께서는 이렇게 자기에게 예배하는 자들을 찾으시느니라"고 말씀하셨다(요 4:23). 초대 예루살렘 교회는 날마다 성전에 모이기를 힘썼다(행 2:46). 히브리서 10:25는 주의 재림의 날이 가까움을 볼수록 모이기를 더욱 힘쓰라고 교훈하였다. 우리는 교회와 예배의 중요성을 기억하고 힘써 모여야 한다.

셋째로, 본장은 하나님의 전의 일에 수종들 제사장들에 대해 말하고 또 레위인들의 여러 직무들, 문지기, 각종 제사의식에 관계된 여러 일들을 수종 들기, 또한 찬송의 직무 등을 말한다. 그들은 자기들의 직무에 충성해야 했다. 하나님께서는 우리에게 여러 가지 은사를 주셔서 그를 섬기며 그의 일들을 받들게 하셨다(롬 12:3-8). 우리는 서로를 존중하며 하나님께서 주시는 힘으로 그가 주신 직무를 행하며 충성해야 한다.

10장: 사울의 죽음

본장은 블레셋과의 전쟁에서 사울이 죽었음을 증거한다. 이 내용은 사무엘상 31장의 증거에 약간의 내용과 설명이 보충되어 있다.

〔1-6절〕 블레셋 사람과 이스라엘이 싸우더니 이스라엘 사람들이 블레셋 사람 앞에서 도망하다가 길보아산에서 죽임을 받고 엎드러지니라. 블레셋 사람이 사울과 그 아들들을 추격하여 사울의 아들 요나단과 아비나답과 말기수아를 죽이고 사울을 맹렬히 치며 활 쏘는 자가 사울에게 따라 미치매 사울이 그 쏘는 자를 인하여 심히 군급(窘急)[다급]하여(와야켈 יַּחֶל)['몸부림쳤고, 심한 고통 중에 있었고'(BDB), '부상을 입었고'(KJV, NASB, NIV)] 자기의 병기 가진 자에게 이르되 너는 칼을 빼어 나를 찌르라. 저 할례 없는 자가 와서 나를 욕되게 할까 두려워하노라. 그러나 그 병기 가진 자가 심히 두려워하여 즐겨 행치 아니하매 사울이 자기 칼을 취하고 그 위에 엎드러지니 병기 가진 자가 사울의 죽음을 보고 자기도 칼에 엎드러져 죽으니라. 이와 같이 사울과 그 세 아들과 그 온 집이 함께 죽으니라.

블레셋 사람들과 이스라엘 사람들이 싸웠는데 이스라엘 사람들이 블레셋 사람들 앞에서 도망하다가 길보아산(이스라엘 북쪽 이스르엘 부근)에서 죽임을 당해 엎드러졌다. 블레셋 사람들은 사울과 그 아들들을 추격해 사울의 아들들 요나단과 아비나답과 말기수아를 죽였다. 그들은 또한 사울을 맹렬히 쳤고 활 쏘는 자는 그에게 따라 붙었다. 사울은 자기의 칼을 취하고 그 위에 엎드러졌다. 이와 같이 사울과 그 세 아들들과 그 온 집이 함께 죽었다. 사울과 그 집은 이렇게 패망하였다. 그의 지은 죄들은 온 나라에 패전과 큰 불행을 가져왔다.

〔7-10절〕 골짜기에 있는 모든 이스라엘 사람이 저희의 도망한 것과 사울과 그 아들들의 다 죽은 것을 보고 그 성읍들을 버리고 도망하매 블레셋 사람이 와서 거기 거하니라. 이튿날에 블레셋 사람이 와서 죽임을 당한 자를 벗기다가 사울과 그 아들들이 길보아산에 엎드러졌음을 보고 곧 사울을 벗기고 그 머리와 갑옷을 취하고 사람을 블레셋 땅 사방에 보내어 모든 우

상과 뭇 백성에게 광포하게 하고 사울의 갑옷을 그 신의 묘[전]에 두고 그 머리를 다곤의 묘[전]에 단지라.

골짜기에 있는 모든 이스라엘 사람들은 사울과 그 아들들이 도망한 것과 그들이 다 죽은 것을 보고 그 성읍들을 버리고 도망하였고, 블레셋 사람들은 와서 거기 거하였다. 이튿날 블레셋 사람들이 와서 죽임당한 자들을 벗기다가 사울과 그 아들들이 길보아산에 엎드러졌음을 보고 곧 사울을 벗기고 그 머리와 갑옷을 취하였다. 또 그들은 그것들을(Amplified Bible)[9] 블레셋 땅 사방에 보내어 모든 우상과 뭇 백성에게 알리게 했고 사울의 갑옷을 그 신(아스다롯)(삼상 31:10)의 전에 두고 그 머리를 다곤의 전에 달았다. 사무엘상 31:10은, 그들이 사울의 시체를 벧산 성벽에 못박았다고 증거하였다.

〔11-12절〕 길르앗 야베스 모든 사람이 블레셋 사람의 사울에게 행한 모든 일을 듣고 용사들이 다 일어나서 사울의 시체와 그 아들들의 시체를 취하여 야베스로 가져다가 그곳 상수리나무 아래 그 해골을 장사하고 7일을 금식하였더라.

길르앗 야베스 모든 사람은 블레셋 사람들이 사울에게 행한 모든 일을 듣고 용사들이 다 일어나서 사울의 시체와 그 아들들의 시체를 취하여 야베스로 가져다가 그곳 상수리나무 아래 그 해골을 장사하였고 7일 동안 금식하였다. 사무엘상 31:12에는, 그들이 그 시체들을 불살랐다고 증거하였다. 길르앗 야베스의 용사들이 사울과 그 아들들의 시체들을 정성껏 장사한 것은 왕에 대한 예우이었을 뿐 아니라, 전에 사울이 자기들을 암몬 사람들로부터 구원해주었던(삼상 11장) 은혜에 대한 보답이기도 하였다. 사울과 그 아들들은 이렇게 죽었다. 그의 죄들은 왕위도, 그 영광과 모든 좋은 것도 다 가져가 버렸다.

〔13-14절〕 사울의 죽은 것은 여호와께 범죄하였음이라. 저가 여호와의

---

9) 어떤 영어번역들은 '사자들'을 보냈다고 번역하였다(NASB, NIV).

말씀을 지키지 아니하고 또 신접한 자에게 가르치기를 청하고 여호와께 묻지 아니하였으므로 여호와께서 저를 죽이시고 그 나라를 이새의 아들 다윗에게 돌리셨더라.

마지막 두 절은 사울의 죽음의 이유를 증거한다. 이것은 사무엘상과 달리 역대기의 보충적 성격을 보인다. 본문은 "사울의 죽은 것은 여호와께 범죄하였음이라"고 증거한다. 역대기는 그 내용은 말하지 않는다. 그것은 사무엘서에 자세히 기록되어 있기 때문일 것이다.

사울은, 죄 없는 다윗을 죽이려 한 죄 외에도, 우선, 제사장이 아닌 데도 하나님께 번제를 드렸다(삼상 13:8-9, 13-14). 그는 또 아말렉 사람들을 남기지 말고 다 죽이라는 하나님의 명령을 지키지 않았다(삼상 15:3, 9, 10-11). 그는 또 신접한 자에게 물었다(삼상 28장). 그것은 하나님께서 분명하게 금하신 일이었다(신 18:9-14).

본장의 교훈을 정리해보자. 첫째로, 이스라엘 왕 사울의 죄들은 마침내 이스라엘의 패전과 그와 그의 아들들의 죽음으로 끝났다. 왕의 범죄는 온 나라에 실패와 큰 불행이 되었다. 책임 맡은 자들의 역할이 중요하다. 우리는 범죄치 말아야 하고 특히 책임자들은 더욱 그러해야 한다.
둘째로, 사울의 죄들은 그의 왕위도, 그 영광도, 또 이스라엘의 승리와 평안도 다 가져갔다. 한때 사울은 모든 좋은 것들을 누렸지만, 그가 범죄하였을 때 그는 모든 좋은 것들을 다 잃어버렸다. 죄는 모든 좋은 것을 다 가져갔다. 우리는 범죄치 말고 정직하고 선하게만 살아야 한다.
셋째로, 사울은 하나님의 명령을 어기고 아말렉 왕과 그 백성의 소와 양의 가장 좋은 것들을 죽이지 않았다. 그것은 하나님의 명령에 대한 불완전한 순종이었고 불완전한 순종은 불순종이었다. 순종은 제사보다 낫고 거역하는 것은 우상숭배의 죄와 같다. 불순종은 교만한 마음에서 나온 자기 숭배의 죄이다. 우리는 하나님의 모든 말씀에 온전히 순종해야 한다. 우리는 자기를 부정하고 겸손히 하나님께 순종해야 한다.

11장: 다윗이 왕이 됨

〔1-3절〕 온 이스라엘이 헤브론에 모여 다윗을 보고 가로되 우리는 왕의 골육이니이다. 전일 곧 사울이 왕이 되었을 때에도 이스라엘을 거느려 출입하게 한 자가 왕이시었고 왕의 하나님 여호와께서도 왕에게 말씀하시기를 네가 내 백성 이스라엘의 목자가 되며 내 백성 이스라엘의 주권자가 되리라 하셨나이다 하니라. 이에 이스라엘 모든 장로가 헤브론에 이르러 왕에게 나아오니 다윗이 헤브론에서 여호와 앞에서 저희와 언약을 세우매 저희가 다윗에게 기름을 부어 이스라엘 왕을 삼으니 여호와께서 사무엘로 전하신 말씀대로 되었더라.

온 이스라엘 백성이 헤브론에 모여 다윗에게 기름을 부어 이스라엘 왕을 삼았다. 사무엘서에 보면, 사울이 블레셋 전쟁에서 죽은 후 유다 장로들은 헤브론에서 다윗을 왕으로 삼았고(삼하 2:4) 다윗은 헤브론에서 7년 6개월간 다스렸다(삼하 5:5). 그 7년 6개월 동안 사울의 군장 아브넬은 사울의 아들 이스보셋을 데리고 요단강 동쪽 마하나임으로 건너가서 길르앗과 이스르엘과 에브라임과 베냐민과 온 이스라엘의 왕을 삼았었다.[10] 그러나 이제 때가 되어 다윗은 온 이스라엘의 왕으로 기름부음을 받은 것이다(삼하 5:1-3).

본문은 다윗이 이스라엘의 왕이 된 것은 여호와께서 사무엘로 전하신 말씀대로 되었다고 증거한다. 하나님께서는 사울이 범죄함으로 더 이상 이스라엘 왕이 되지 못하게 하셨고 그 대신에 다윗에게 기름 부어 왕이 될 것을 예언하셨다(삼상 16:1, 13). 이 예언은 다윗이 사무엘에게 기름 부음을 받고 또 블레셋 장수 골리앗을 물맷돌 다섯 개를 가지고 쳐죽인 지 약 17년 후 완전히 이루어졌다고 보인다.[11] 하나님

---

10) 사무엘하 2:10의 '두 해 동안'이라는 표현은 이스보셋의 총 통치기간을 말하지 않고 그가 통치한 지 2년 되는 때에 그의 신하들과 다윗의 신하들의 싸움이 있었다는 뜻으로 이해된다(Poole).

의 뜻은 비록 더디게 보여도 반드시 이루어진다.

〔4-9절〕 다윗이 온 이스라엘로 더불어 예루살렘 곧 여부스에 이르니 여부스 토인이 거기 거하였더라. 여부스 토인이 다윗에게 이르기를 네가 이리로 들어오지 못하리라 하나 다윗이 시온산 성을 빼앗았으니 이는 다윗성이더라. 다윗이 가로되 먼저 여부스 사람을 치는 자는 두목과 장관을 삼으리라 하였더니 스루야의 아들 요압이 먼저 올라갔으므로 두목이 되었고 다윗이 그 산성에 거한 고로 무리가 다윗성이라 일컬었으며 다윗이 밀로에서부터 두루 성을 쌓았고 그 남은 성은 요압이 중수하였더라. 만군의 여호와께서 함께 계시니 다윗이 점점 강성하여 가니라.

다윗은 시온산 성 곧 다윗성을 빼앗았다. 만군의 여호와께서 함께 계시므로 다윗은 점점 강성하여 갔다.

〔10-14절〕 다윗에게 있는 용사의 두목[우두머리들]은 이러하니라. 이 사람들이 온 이스라엘로 더불어 다윗의 힘을 도와 나라를 얻게 하고 세워 왕을 삼았으니 이는 여호와께서 이스라엘에 대하여 이르신 말씀대로 함이었더라. 다윗에게 있는 용사의 수효가 이러하니라. 학몬 사람의 아들 야소브암은 30인의 두목[우두머리]이라. 저가 창을 들어 한 때에 3백인을 죽였고 그 다음은 아호아 사람 도도의 아들 엘르아살이니 세 용사 중 하나이라. 저가 바스담밈에서 다윗과 함께하였더니 블레셋 사람이 그곳에 모여와서 치니 거기 보리가 많이 난 밭이 있더라. 백성들이 블레셋 사람 앞에서 도망하되 저희가 그 밭 가운데 서서 그 밭을 보호하여 블레셋 사람을 죽였으니 여호와께서 큰 구원으로 구원하심이었더라.

10절 이하는 다윗의 용사들, 특히 그를 도와 왕국을 건립한 자들에 대해 증거한다. 그들은 여호와께서 이스라엘에 대해 말씀하신 것을 이루려 한 자들이었다. 야소브암은 30인의 두목12)이었다. 그 다음은

---

11) 그때가 약 20세 전후라고 가정할 때 다윗은 10년 동안 사울의 칼을 피하여 유랑생활을 하였고, 사울이 죽은 후 유다에서 7년 6개월을 유다의 왕으로 통치하였기 때문이다.

12) 이 구절은 마소라 학자들이 로쉬 핫솰리쉼 הַשָּׁלִישִׁים רֹאשׁ(장교들의 두목)(KJV, NIV)이라고 읽으라고 제안하지만(케레), 원문은 로쉬 핫셸로

엘르아살이었고 그도 세 용사들 중 하나이었다.

〔15-19절〕 30두목 중 세 사람이 바위로 내려가서 아둘람굴 다윗에게 이를 때에 블레셋 군대가 르바임 골짜기에 진 쳤더라. 그때에 다윗은 산성에 있고 블레셋 사람의 영채[진영]는 베들레헴에 있는지라. 다윗이 사모하여 가로되 베들레헴 성문 곁 우물물을 누가 나로 마시게 할꼬 하매 이 세 사람이 블레셋 사람의 군대를 충돌하고 지나가서 베들레헴 성문 곁 우물물을 길어가지고 다윗에게로 왔으나 다윗이 마시기를 기뻐 아니하고 그 물을 여호와께 부어드리고 가로되 내 하나님이여, 내가 결단코 이런 일을 하지 아니하리이다. 생명을 돌아보지 아니하고 갔던 사람들의 피를 어찌 마시리이까 하고 마시기를 즐겨 아니하니라. 세 용사가 이런 일을 행하였더라.

이 세 사람은 뒤에 언급된 아비새와 브나야를 포함하였다.

〔20-25절〕 요압의 아우[아마, 형](대상 2:16) 아비새는 그 3인의 두목[우두머리]이라. 저가 창을 들어 3백인을 죽이고 그 3인 중에 이름을 얻었으니 [그러나 그 3인 중에 이름을 얻지는 못하였더라](MT, 케팁)(본문—케레, LXX, Syr, Vg, Targ, KJV, NASB, NIV) 저는 둘째 3인 중에 가장 존귀하여 저희의 두목이 되었으나 그러나 첫째 3인에게는 미치지 못하니라. 갑스엘 용사의 손자 여호야다의 아들 브나야는 효용한[용감한] 일을 행한 자라. 저가 모압 아리엘의[혹은 '사자 같은'] 아들 둘을 죽였고 또 눈 올 때에 함정에 내려가서 한 사자를 죽였으며 또 장대한 애굽 사람을 죽였는데 그 사람의 키가 다섯 규빗(약 225센티미터)이요 그 손에 든 창이 베틀채 같으나 저가 막대기를 가지고 내려가서 그 애굽 사람의 손에서 창을 빼앗아 그 창으로 죽였더라. 여호야다의 아들 브나야가 이런 일을 행하였으므로 세 용사 중에 이름을 얻고 30인보다 존귀하나 그러나 첫 3인에게는 미치지 못하니라. 다윗이 저를 세워 시위대 장관을 삼았더라.

요압의 형제[아마, 형](대상 2:16) 아비새는 그 3인의 두목이었다. 그는 창을 들어 3백인을 죽이고 그 3인 중에 이름을 얻었다. 그는 둘째 3인 중에 가장 존귀하여 그들의 두목이 되었으나 첫째 3인에게는 미치지 못하였다. 그 첫째 3인 중 둘은 야소브암과 엘르아살이었고

셈 רֹאשׁ הַשְּׁלֹשִׁים(삼십인의 두목)(NASB)이라고 쓰여져 있다(케딥).

하나는 생략되어 있다. 브나야는 세 용사들 중에 이름을 얻고 30인보다 존귀하나 그러나 첫 3인에게는 미치지 못하였다. 다윗은 그를 세워 시위대 장관을 삼았다.

〔26-47절〕또 군중의 큰 용사는 요압의 아우 아사헬과 베들레헴 사람 도도의 아들 엘하난과 하롤 사람 삼훗과 블론 사람 헬레스와 드고아 사람 익게스의 아들 이라와 아나돗 사람 아비에셀과 후사 사람 십브개와 아호아 사람 일래와 느도바 사람 마하래와 느도바 사람 바아나의 아들 헬렛과 베냐민 자손에 속한 기브아 사람 리배의 아들 이대와 비라돈 사람 브나야와 가아스 시냇가에 사는 후래와 아르바 사람 아비엘과 바하룸 사람 아스마웻과 사알본 사람 엘리아바와 기손 사람 하셈의 아들들과 하랄 사람 사게의 아들 요나단과 하랄 사람 사갈의 아들 아히암과 울의 아들 엘리발과 므게랏 사람 헤벨과 블론 사람 아히야와 갈멜 사람 헤스로와 에스배의 아들 나아래와 나단의 아우 요엘과 하그리의 아들 밉할과 암몬 사람 셀렉과 스루야의 아들 요압의 병기 잡은 자 베롯 사람 나하래와 이델 사람 이라와 이델 사람 가렙과 헷 사람 우리아와 알래의 아들 사밧과 르우벤 자손 시사의 아들 곧 르우벤 자손의 두목 아디나와 그 종자 30인과 마아가의 아들 하난과 미덴 사람 요사밧과 아스드랏 사람 웃시야와 아로엘 사람 호담의 아들[들] 사마와 여이엘과 시므리의 아들 여디아엘과 그 아우 디스 사람 요하와 마하위 사람 엘리엘과 엘라암의 아들[들] 여리배와 요사위야와 모압 사람 이드마와 엘리엘과 오벳과 므소바 사람 야아시엘이더라.

26-47절은, 위에 언급한 이들 외에, 마흔 여섯 명의 용사들의 이름을 열거하며, 거기에 '아들들'이라고 기록된 세 곳(34절, '하셈의 아들들'; 44절, '호담의 아들들'; 46절, '엘라임의 아들들')이 있고, 또 42절은 '아디나와 그 종자 30인'이라는 표현도 있다. 그러면 46명에 30여 명이 추가되며, 처음에 언급한 네 명(야소브암, 엘르아살, 아비새, 브나야)을 포함하면, 다윗의 용사들은 모두 80명 이상이 언급된 셈이다. 이들이 다 하나님과 다윗을 위해 헌신하며 충성한 용사들이었다.

본장의 교훈을 정리해보자. 첫째로, 다윗을 향한 하나님의 뜻은 비록 더디게 보여도 이루어졌다. 하나님의 섭리는 인간편에서 볼 때 때때로 더디게 이루어지는 것 같다. 아브라함은 그의 자손이 하늘의 별과 같이 많게 하리라는 약속을 받았지만, 25년 후에야 비로소 아들 이삭을 얻었고, 요셉은 부모와 형제들을 다스리는 위치에 있을 것을 보이는 계시적인 꿈을 꾸었으나 13년이 지난 후에 애굽의 총리가 되어 그 꿈의 실현을 보았다. 하나님의 뜻은 그의 정하신 때에 반드시 이루어질 것이다. 그러므로 우리는 신약교회에 주신 하나님의 약속인 주 예수 그리스도의 재림과 천국과 영생을 굳게 믿고 낙심치 말고 참고 기다려야 한다.

둘째로, 하나님께서는 다윗을 왕으로 세우시고 그와 함께하셨고 그를 점점 강성케 하셨다. 하나님께서 함께하실 때 성도는 강건케 된다. 잠언 4:18-19, "의인의 길은 돋는 햇볕 같아서 점점 빛나서 원만한 광명에 이르거니와 악인의 길은 어둠 같아서 그가 거쳐 넘어져도 그것이 무엇인지 깨닫지 못하느니라." 하나님의 종들은 처음부터 강하지 않았고 하나님의 섭리적 훈련 속에서 점점 더 강해졌다. 우리는 하나님 안에서, 주 예수 그리스도 안에서, 성령 안에서 또 날마다 성경말씀의 묵상과 기도 중에서 하나님의 능력으로 점점 더 강해지기를 원한다.

셋째로, 하나님께서는 하나님의 사람 다윗을 위하여 많은 용사들을 주셨고 그들은 하나님을 위해 그리고 하나님께서 세우신 다윗 왕과 그 왕국을 위해 자기의 목숨을 바쳐 헌신하고 싸운 용사들이었다. 오늘날에도 영적 전쟁터와 같은 세상의 현실, 교계의 현실에서 우리의 위대한 왕이시고 주님이신 예수 그리스도와 그의 교회를 위해 한 목숨을 바쳐 일할 주의 일꾼들, 교회의 봉사자들이 필요하다. 주의 복음을 위해 헌신할 자들이 필요하다. 주의 교회의 크고 작은 일들을 자기의 일들보다 더 중요하게 여기며 일할 자들이 필요하다. 하나님께서는 우리를 위해 자기 독생자를 십자가에 내어주셨고 모든 좋은 것들을 다 주셨다. 이제 우리는 하나님을 위해, 그의 나라를 위해, 예수 그리스도를 위해, 교회를 위해 우리 자신을 온전하게 헌신하는 용사들이 되어야 한다.

12장: 다윗의 용사들

〔1-7절〕 다윗이 기스의 아들 사울을 인하여 시글락에 숨어 있을 때에 그에게 와서 싸움을 돕는 용사 중에 든 자가 있었으니 저희는 활을 가지며 좌우 손을 놀려 물매도 던지며 살도 발하는 자요 베냐민 지파 사울의 동족인데 그 이름은 이러하니라. 그 두목은 아히에셀이요 다음은 요아스니 기브아 사람 스마아의 두 아들이요 또 아스마웻의 아들[아들들] 여시엘과 벨렛과 또 브라가와 아나돗 사람 예후와 기브온 사람 곧 30인 중에 용사요 30인의 두목된 이스마야며 또 예레미야와 야하시엘과 요하난과 그데라 사람 요사밧과 엘루새와 여리못과 브아랴와 스마랴와 하룹 사람 스바댜와 고라 사람들 엘가나와 잇시야와 아사렐과 요에셀과 야소브암이며 그돌 사람 여로함의 아들[아들들] 요엘라와 스바댜더라.

1-22절은 다윗이 사울을 인해 피해 다니는 동안 다윗을 돕기 위해 모여온 용사들을 증거한다. 1-7절에는, 다윗이 사울의 칼을 피하여 시글락에 숨어 있을 때에, 베냐민 지파 사울의 동족 중에서 다윗에게 와서 싸움을 도운 용사들을 증거한다. 그들은 좌우 손을 놀려 물매도 던지며 활도 쏠 줄 아는 자들이었다. 그들은 아히에셀을 우두머리로 한 24명이었다. 그들은 사울의 동족이지만 하나님의 뜻을 아는 바른 판단력을 가졌다. 그들은 참으로 하나님의 은혜를 받은 자들이었다.

〔8-15절〕 갓 사람 중에서 거친 땅 견고한 곳에 이르러 다윗에게 돌아온 자가 있었으니 다 용사요 싸움에 익숙하여 방패와 창을 능히 쓰는 자라. 그 얼굴은 사자 같고 빠르기는 산의 사슴 같으니 그 두목은 에셀이요 둘째는 오바댜요 셋째는 엘리압이요 넷째는 미스만나요 다섯째는 예레미야요 여섯째는 앗대요 일곱째는 엘리엘이요 여덟째는 요하난이요 아홉째는 엘사밧이요 열째는 예레미야요 열한째는 막반내라. 이 갓 자손이 군대장관이 되어 그 작은 자는 1백인을 관할하고 그 큰 자는 1천인을 관할하더니(에카드 레메아 학카톤 웨학가돌 레 알레프 אֶחָד לְמֵאָה הַקָּטֹן וְהַגָּדוֹל לָאֶלֶף)[그 작은 자는 일당백이요 그 큰 자는 일당천이더라](NASB, NIV) 정월에 요단강

물이 모든 언덕에 넘칠 때에 이 무리가 강물을 건너서 골짜기에 있는 모든 자로 동서로 도망하게 하였더라.

8-15절은, 갓 사람들 중에도 다윗이 광야 요새에 있었을 때 그에게 돌아온 용사들이 열한 명 있었음을 말한다. 그들은 다 싸움에 익숙하고 사자같이 사납게 사슴같이 빠른 자들이었다.

〔16-18절〕 베냐민과 유다 자손 중에서 견고한 곳에 이르러 다윗에게 나오매 다윗이 나가서 맞아 저희에게 일러 가로되 만일 너희가 평화로이 와서 나를 돕고자 하면 내 마음이 너희와 연합하려니와 만일 너희가 나를 속여 내 대적에게 붙고자 하면 내 손에 불의함이 없으니 우리 열조의 하나님이 감찰하시고 책망하시기를 원하노라 하매 때에 성신이 30인의 두목 아마새에게 감동하시니 가로되 다윗이여, 우리가 당신에게 속하겠고 이새의 아들이여, 우리가 당신과 함께하리니 원컨대 평강하소서. 당신도 평강하고 당신을 돕는 자에게도 평강이 있을지니 이는 당신의 하나님이 당신을 도우심이니이다 한지라. 다윗이 드디어 접대하여 세워 군대장관[들]을 삼았더라.

베냐민과 유다 자손 중에서 견고한 곳, 곧 앞에서 말한 광야 요새로 다윗에게 나온 자들이 있었음을 증거한다. 다윗은 범사에 의롭게 행하였고 하나님만 의지했고 하나님께서 악한 자들을 책망하시기를 원하였다. 성령께서는 30인의 우두머리 아마새에게 감동하셨고 아마새는 하나님께서 다윗을 세우셨고 그를 도우심을 확신했다. 다윗은 그들을 영접하여 세워 군대장관들을 삼았다.

〔19-22절〕 다윗이 전에 블레셋 사람과 함께 가서 사울을 치려 할 때에 므낫세 지파에서 두어 사람이 다윗에게 돌아왔으나 다윗 등이 블레셋 사람을 돕지 못하였음은 블레셋 사람의 방백이 서로 의논하고 보내며 이르기를 저가 그 주 사울에게로 돌아가리니 우리 머리가 위태할까 하노라 함이라. 다윗이 시글락으로 갈 때에 므낫세 지파에서 그에게로 돌아온 자는 아드나와 요사밧과 여디아엘과 미가엘과 요사밧과 엘리후와 실르대니 다 므낫세의 천부장이라. 이 무리가 다윗을 도와 적당(賊黨)을 쳤으니 저희는 다 큰 용사요 군대장관이 됨이었더라. 그때에 사람이 날마다 다윗에게로 돌아와서 돕고자 하매 큰 군대를 이루어 하나님의 군대와 같았더라.

19-22절은, 다윗이 블레셋 사람과 함께 가서 사울을 치려 할 때에 므낫세 지파 중에서 다윗에게 온 용사들이 있었음을 증거한다. 그들은 일곱 명이었다. 특히 22절은, 그때 사람이 날마다 다윗에게로 돌아와서 돕고자 하매 큰 군대를 이루었다고 말한다. 그것은 하나님의 큰 은혜이었다. 하나님께서는 많은 사람들을 다윗에게 주셨다. 오늘날도 하나님께서 교회에 많은 동역자들과 봉사자들을 주시기를 기도하자.

〔23-37절〕 싸움을 예비한 군대장관들이 헤브론에 이르러 다윗에게로 나아와서 여호와의 말씀대로 사울의 나라를 저에게 돌리고자 하였으니 그 수효가 이러하였더라. 유다 자손 중에서 방패와 창을 들고 싸움을 예비한 자가 6천 8백 명이요, 시므온 자손 중에서 싸움하는 큰 용사가 7천 백 명이요, 레위 자손 중에서 4천 6백 명이요, 아론의 집 족장 여호야다와 그와 함께한 자가 3천 7백 명이요 또 젊은 용사 사독과 그 족속의 장관이 22명이요, 베냐민 자손 곧 사울의 동족은 아직도 태반이나 사울의 집을 좇으나 그 중에서 나아온 자가 3천 명이요, 에브라임 자손 중에서 본 족속의 유명한 큰 용사가 2만 8천 명이요, 므낫세 반 지파 중에 녹명된 자로서 와서 다윗을 세워 왕을 삼으려 하는 자가 1만 8천 명이요, 잇사갈 자손 중에서 시세[시대]를 알고 이스라엘이 마땅히 행할 것을 아는 두목이 2백 명이니 저희는 그 모든 형제를 관할하는 자며, 스불론 중에서 모든 군기[무기]를 가지고 항오를 정제히 하고 두 마음을 품지 아니하고 능히 진에 나아가서 싸움을 잘하는 자가 5만 명이요, 납달리 중에서 장관 1천 명과 방패와 창을 가지고 함께한 자가 3만 7천 명이요, 단 자손 중에서 싸움을 잘하는 자가 2만 8천 6백 명이요, 아셀 중에서 능히 진에 나가서 싸움을 잘하는 자가 4만 명이요, 요단 저편 르우벤 자손과 갓 자손과 므낫세 반 지파 중에서 모든 군기[무기]를 가지고 능히 싸우는 자가 12만 명이었더라.

23-40절은, 각 지파 군대장관들이 헤브론에 모여 여호와의 말씀대로 사울의 나라를 다윗에게 돌려 그를 왕으로 삼고자 한 사실을 증거한다. 각 지파의 용사들을 합한 수효는 340,822명이었다. 특히 32절은 다른 지파와 비교해 매우 작은 수효인 잇사갈 자손 200명은 "시대를 알고 이스라엘이 마땅히 행할 것을 아는 우두머리들"이라고 표현되

었다. 그들은 시대를 분별하고 하나님의 뜻을 이해한 자들이었다. 또 33절은 스불론의 용사들은 "두 마음을 품지 아니하고 능히 진에 나아가서 싸움을 잘하는 자들"이라고 표현되었다. 그들은 유능한 용사들이었을 뿐 아니라 자신들의 직무에 충실한 충성된 용사들이었다.

〔38-40절〕이 모든 군사가 항오를 정제히 하고 다 성심으로 헤브론에 이르러 다윗으로 온 이스라엘 왕을 삼고자 하고 또 이스라엘의 남은 자도 다 일심으로 다윗으로 왕을 삼고자 하여 무리가 거기서 다윗과 함께 사흘을 지내며 먹고 마셨으니 이는 그 형제가 이미 식물을 예비하였음이며 또 근처에 있는 자로부터 잇사갈과 스불론과 납달리까지도 식물을 나귀와 약대와 노새와 소에 무수히 실어왔으니 곧 과자와 무화과병과 건포도와 포도주와 기름이요 소와 양도 많이 가져왔으니 이스라엘 가운데 희락이 있음이었더라.

군대장관들이나 온 백성은 다 성심으로 또 일심으로 다윗을 왕으로 삼고자 하였고 사흘 동안 그 일을 행하며 잔치하고 기뻐하였다.

본장의 교훈을 정리해보자. 첫째로, 다윗은 하나님을 의지하며 약 17년 반을 묵묵히 기다렸다. 교회의 직분자들은 하나님만 의지하고 하나님의 때만 기다려야 할 것이다. 우리는 하나님의 섭리만 의지해야 한다.

둘째로, 하나님께서는 다윗 왕국에 좋은 용사들을 많이 주셨다. 그것은 하나님의 큰 은혜이었다. 다윗의 피신 생활 때부터 다윗이 하나님의 종이며 하나님의 도우심을 받는 자임을 알고 그와 뜻을 같이한 자들이 있었다. 또 후에는 싸움을 잘하는 용사들이 많이 그를 따랐다. 또 시대를 알고 이스라엘이 마땅히 행할 것을 아는 자들, 두 마음을 품지 않고 싸움을 잘하는 자들이 있었다. 우리는 오늘날에 바른 지식과 분별력을 가지고 교회의 맡은 일에 전심전력하고 충성하는 자가 되어야 한다.

셋째로, 이스라엘은 다윗을 중심으로 단합되었고 그들에게는 기쁨이 있었다. 교회는 예수 그리스도와 성경 교훈을 중심하고 또 목사의 성경적 교훈과 당회의 성경적 지도 안에서 일치단합해야 한다. 그것이 이상적 교회의 모습이다. 우리는 이런 교회를 세우기 위해 힘써야 한다.

13장: 법궤를 옮겨오고자 했으나 실패함

본장은 다윗이 법궤를 옮겨오고자 했으나 실패한 일을 기록한다.

〔1-4절〕 다윗이 천부장과 백부장 곧 모든 장수로 더불어 의논하고 이스라엘의 온 회중에게 이르되 만일 너희가 선히 여기고 또 우리의 하나님 여호와께로 말미암았으면 우리가 이스라엘 온 땅에 남아 있는 우리 형제와 또 저희와 함께 들어 있는 성읍에 거하는 제사장과 레위 사람에게 보내어 저희를 우리에게로 모이게 하고 우리가 우리 하나님의 궤를 옮겨오자. 사울 때에는 우리가 궤 앞에서 묻지 아니하였느니라 하매 뭇 백성이 이 일을 선히 여기므로 온 회중이 그대로 행하겠다 한지라.

다윗은 하나님의 궤를 다윗성으로 옮겨오고자 할 때 우선 온 백성의 뜻을 모았다. 그는 모든 장수들과 의논하였고 이스라엘 회중의 뜻을 물었다. 그는 모든 백성이 그 일을 선하게 여기는 가운데 그 일을 행하기를 원하였다. 그는 모든 백성을 모았고 그들의 뜻을 물었다. 그는 백성들의 뜻을 모아 그 일을 진행하였다.

그러나 실상 그 속에는 하나님의 뜻을 앞세우는 마음이 있었다. 그는 그가 이 계획이 "우리의 하나님 여호와께로 말미암았으면" 이루기를 원하였다. 그는 자기의 뜻을 이루기를 원한 것이 아니고 하나님의 뜻을 이루기를 원한 것이다. 그의 계획은 신본주의적이었다.

무엇보다, 이 일에서 우리는 다윗이 하나님의 궤를 어떻게 중시했는지 엿볼 수 있다. 그는 "우리가 우리 하나님의 궤를 옮겨오자. 사울 때에는 우리가 궤 앞에서 묻지 아니하였느니라"고 말했다. 그렇다. 사무엘상 7장에 보면, 블레셋 사람들이 법궤를 빼앗았다가 돌려보내고, 벧세메스 사람들이 그 궤를 들여다보므로 5만 70명이나 죽임을 당한 후, 하나님의 궤는 기럇여아림 사람들이 사는 지역으로 옮겨져 산에 사는 아비나답의 집에 방치되었다. 그 후 사울이 왕이 되었고 약 40년간 통치하였다(행 13:21). 사무엘상 7:2는, "궤가 기럇여아림에 들어간 날부터 20년 동안을 오래 있은지라. 이스라엘 온 족속이 여호와를 사모하니라"고 기록한다. 사울의 때에도 간혹 법궤가 사용되기는 하였으나(삼상 14:18), 그것은 오랫동안 방치되었음이 틀림없었다. 그러나 이제 다윗이 하나님의 법궤를 모셔오려고 하는 것이다.

하나님의 궤는 구약시대의 성막제도에서 가장 중요한 기구이었다. 거기에는 하나님의 율법과 언약의 두 돌판이 들어 있었다(출 34:28). 그것은 법궤이며 언약궤이다. 법궤의 뚜껑은 속죄소라고 불리었다. 이와 같이, 하나님의 궤는 법궤요 언약궤이며 속죄소로서 구약시대의 하나님의 백성에게 가장 중요한 거룩한 기구이었던 것이며, 다윗은 그것의 중요성을 알았고 그래서 그것을 다윗 성으로 모셔 오려고 한 것이다. 그것은 그의 삶이 하나님 중심, 율법 중심, 언약 중심, 속죄의 피 중심임을 보여준다. 그것은 사울의 삶과는 달랐다.

[5-8절] 이에 다윗이 애굽의 시홀 시내에서부터 하맛 어귀까지 온 이스라엘을 불러모으고 기럇여아림에서부터 하나님의 궤를 메어 오고자 할새 다윗이 온 이스라엘을 거느리고 바알라 곧 유다에 속한 기럇여아림에 올라가서 여호와 하나님의 궤를 메어오려 하니 이는 여호와께서 두 그룹 사이에 계시므로 그 이름으로 일컫는 궤라. 하나님의 궤를 새 수레에 싣고 아비나답의 집에서 나오는데 웃사와 아히오는 수레를 몰며 다윗과 이스라엘 온 무리는 하나님 앞에서 힘을 다하여 뛰놀며 노래하며 수금과 비파와 소고와 제금과 나팔로 주악하니라.

회중들의 동의를 얻은 다윗은 애굽의 시홀 시내 곧 유대 땅의 최남단, 가사와 브엘세바 지역에서부터 최북단 유브라데 강 접경지역인 하맛 어귀까지 온 이스라엘을 불러모으고 바알라(혹은 바알레유다) 즉 기럇여아림에서부터 하나님의 궤를 메어 오고자 했다(수 15:9, 60; 삼하 6:2). 그것은 하나님의 이름으로 불리는 궤이었다.

그는 하나님의 궤를 새 수레에 실었다. 그것은 그의 정성어린 행위이었을 것이다. 그는 그 기쁘고 의미있는 일을 위해 새 수레를 준비하였을 것이다. 그가 그 수레에 하나님의 궤를 싣고 아비나답의 집에서 나올 때 웃사와 아히오는 수레를 몰았고 다윗과 이스라엘 온 무리는 하나님 앞에서 힘을 다하여 뛰놀며 노래하며 수금과 비파와 소고와 제금과 나팔로 주악하였다.

〔9-11절〕 기돈의 타작 마당에 이르러서는 소들이 뛰므로 웃사가 손을 펴서 궤를 붙들었더니 웃사가 손을 펴서 궤를 붙듦을 인하여 여호와께서 진노하사 치시매 웃사가 거기 하나님 앞에서 죽으니라. 여호와께서 웃사를 충돌하시므로 다윗이 분하여 그곳을 베레스 웃사라 칭하니 그 이름이 오늘날까지 이르니라.

‘뛰었다’는 원어(솨메투 שָׁמְטוּ)는 ‘그들이 소들을 걸려 넘어지게 하였다’(BDB) 혹은 ‘소들이 넘어졌다’는 뜻이거나(KJV, NIV), ‘소들이 그것[그 법궤]을 떨어지게 하였다’는 뜻이라고 본다(아람어 탈굼역, NASB). 하나님의 법궤가 땅에 떨어지려 했던 것 같다. 그때 웃사는 손을 펴서 그 궤를 붙들었다. 그것은 사람들의 보기에는 정당한 행위처럼 보이지만, 하나님의 보시기에는 달랐다. 하나님께서는 웃사가 손을 펴서 궤를 붙듦을 인해 그를 치셨고 웃사는 거기 하나님 앞에서 죽었다. 여호와께서 웃사를 치셨으므로 다윗은 마음이 상했고 그곳은 베레스 웃사라고 불리었다. ‘베레스 웃사’는 ‘웃사를 치심’이라는 뜻이다. 하나님께서는 참으로 두려우시다. 전에 벳세메스 사람들이 하나님의 궤를 들여다보았을 때 5만 70명이 죽임을 당했었고, 이제 웃사가 궤를 붙들었을 때 그 자리에서 즉사하게 하셨다.

〔12-14절〕 그 날에 다윗이 하나님을 두려워하여 가로되 내가 어찌 하나님의 궤를 내 곳으로 오게 하리요 하고 궤를 옮겨 다윗성 자기에게 메어들이지 못하고 치우쳐 가드 사람 오벧에돔의 집으로 메어가니라. 하나님의 궤가 오벧에돔의 집에서 그 권속과 함께 석달을 있으니라. 여호와께서 오벧에돔의 집과 그 모든 소유에 복을 내리셨더라.

하나님의 궤는 오벧에돔의 집에 석달을 있었다. 그런데 여호와께서는 오벧에돔의 집과 그 모든 소유물에 복을 내리셨다.

본장은 두 가지 교훈을 준다. 첫째로, 다윗은 사울과 달리 하나님의 궤를 귀중하게 여겼고 사모하였고 기뻐했다. 그는 자기 자신뿐 아니라, 온 백성들과 함께 그렇게 하였다. 또 하나님께서는 하나님의 궤를 짧은 3개월간이지만 맡아 섬겼던 오벧에돔의 집과 그의 모든 소유에 복을 내리셨다. 구약시대에 하나님의 궤는 하나님의 임재의 표이었다. 그것은 하나님의 율법, 언약, 속죄를 나타내는 복된 기구이다. 오늘날 하나님의 궤는 신구약성경이다. 시편 1:1-3, "복 있는 사람은 . . . 오직 여호와의 율법을 즐거워하여 그 율법을 주야로 묵상하는 자로다. 저는 시냇가에 심은 나무가 시절을 좇아 과실을 맺으며 그 잎사귀가 마르지 아니함 같으니 그 행사가 다 형통하리로다." 시편 119:1, "행위 완전하여 여호와의 법에 행하는 자가 복이 있음이여." 시편 119:165, "주의 법을 사랑하는 자에게는 큰 평안이 있으니 저희에게 장애물이 없으리이다." 예루살렘 교회는 사도의 가르침을 받고 서로 교제하고 기도하기를 전혀 힘썼다 (행 2:42). 우리는 성경을 귀히 여기며 읽고 듣고 믿고 행해야 한다.

둘째로, 법궤는 메어 옮겨야지 수레에 실어 옮겨서는 안 되었다. 역대상 15:13, "전에는 너희가 메지 아니하였으므로 우리 하나님 여호와께서 우리를 충돌하셨나니 이는 우리가 규례대로 저에게 구하지 아니하였음이니라." 하나님께서는 두려우신 분이시다. 우리가 아무리 선한 의도와 큰 열심을 가지고 좋은 일을 계획하고 행한다 할지라도 하나님의 말씀의 교훈대로 하지 않고 자기 생각과 방법대로 한다면 하나님을 기쁘시게 할 수 없다. 하나님의 일들은 하나님의 방법대로 해야 한다. 우리는 하나님의 일을 하나님의 방법대로 해야 한다. 하나님께서는 우리가 사도들을 통해 받은 바른 교리와 교훈, 즉 성경적 교훈을 지키기를 원하신다(딤후 1:13; 살후 2:15). 오늘날 배교와 타협, 포용주의, 은사주의, 세속주의 풍조가 교회에 심각하지만, 우리의 신앙생활의 기준은 오직 성경뿐이다(딤후 3:16). 우리는 성경의 교훈을 믿고 행해야 한다.

14장: 블레셋을 물리침

〔1-2절〕두로 왕 히람이 다윗에게 사자들과 백향목과 석수와 목수를 보내어 그 궁궐을 건축하게 하였더라. 다윗이 여호와께서 자기로 이스라엘 왕을 삼으신 줄을 깨달았으니 이는 그 백성 이스라엘을 위하여 나라를 진흥하게 하셨음이더라.

본문은 두로 왕 히람이 다윗에게 사자들과 백향목과 석수와 목수를 보내어 그 궁궐을 건축하게 하였음을 증거한다. 히람은 이방 나라 왕이어도 하나님을 경외하였던 것 같고, 다윗을 위하여 도움을 주었다. 열왕기상 5:1은, "솔로몬이 기름부음을 받고 그 부친을 이어 왕이 되었다 함을 두로 왕 히람이 듣고 그 신복을 솔로몬에게 보내었으니 이는 히람이 평일에 다윗을 사랑하였음이라"고 말한다. 또 그때 히람은 솔로몬의 말을 듣고 크게 기뻐하여 말하기를, "오늘날 여호와를 찬양할지로다. 저가 다윗에게 지혜로운 아들을 주사 그 많은 백성을 다스리게 하셨도다"라고 했다(왕상 5:7). 다윗은 히람에게 좋은 영향을 주었던 것 같다. 다윗은 여호와께서 자기로 이스라엘 백성의 왕을 삼으신 줄을 깨달았다. 왜냐하면 그 백성 이스라엘을 위하여 나라가 진흥되었기 때문이었다(KJV). 불안했던 그의 긴 피신 생활은 그쳤다. 그는 왕이 되었고 이제 궁궐도 건축하였다.

〔3-7절〕다윗이 예루살렘에서 또 아내들을 취하여 또 자녀를 낳았으니 예루살렘에서 낳은 아들들의 이름은 삼무아와 소밥과 나단과 솔로몬과 입할과 엘리수아와 엘벨렛과 노가와 네벡과 야비아와 엘리사마와 브엘랴다와 엘리벨렛이었더라.

다윗은 예루살렘에서 또 아내들을 취하여 자녀들을 낳았다. 예루살렘에서 낳은 아들들의 이름은 삼무아와 소밥과 나단과 솔로몬과 입할과 엘리수아와 엘벨렛과 노가와 네벡과 야비아와 엘리사마와 브엘랴다와 엘리벨렛이었다. 여기 13명의 아들들 중 처음 넷은 밧세바에게서 난 아들들이었다(대상 3:5). 헤브론에서 낳은 아들들 여섯 명을 합하면 다윗의 아들들은 모두 19명이었다. 다윗이 여러 명의 아내들을 취한 것은 하나님의 뜻에 어긋나며 다윗의 연약과 부족을 보이며 또 하나님께서 옛 시대에 이런 부족한 일을 일시적으로 허용하셨다고 보이지만, 그러나 다른 한편 이러한 사실은 하나님께서 다윗에게 마음의 안정과 건강을 주셨다는 증거이기도 할 것이다.

〔8-12절〕 **다윗이 기름 부음을 받아 온 이스라엘의 왕이 되었다 함을 블레셋 사람이 듣고 다윗을 찾으러 다 올라오매 다윗이 듣고 방비하러 나갔으나 블레셋 사람이 이미 이르러 르바임 골짜기를 침범하였는지라. 다윗이 하나님께 물어 가로되 내가 블레셋 사람을 치러 올라가리이까? 주께서 저희를 내 손에 붙이시겠나이까? 여호와께서 이르시되 올라가라. 내가 저희를 네 손에 붙이리라 하신지라. 이에 무리가 바알브라심으로 올라갔더니 다윗이 거기서 저희를 치고 가로되 하나님이 물을 흩음같이 내 손으로 내 대적을 흩으셨다 함으로 그곳 이름을 바알브라심이라 칭하니라. 블레셋 사람이 그 우상〔그들의 신들〕을 그곳에 버렸으므로 다윗이 명하여 불에 사르니라.**

다윗이 이스라엘 나라의 왕위에 올랐다는 소식을 듣고 블레셋 사람들이 다윗을 치러 올라왔다. 다윗은 전쟁을 해야 하는 중대한 일을 앞에 두고 자신이 이 일을 해야 할지 여부에 대해 하나님께 물었다. 그는 하나님의 주권을 인정하였고 하나님의 뜻에 복종하고자 했다. 그는 하나님께서 그의 권한으로 블레셋 사람들을 그의 손에 붙이실 수 있음을 인정하고 고백했다. 전쟁은 하나님께 있고 승리도 하나님께 있다(삼상 17:47; 시 3:8). 여호와 하나님께서는 홀로 주권자 하나님이시며 그 외의 모든 신들은 헛된 우상들에 불과하다. 여호와께서는 "올라가라. 내가 저희를 네 손에 붙이리라"고 말씀하셨다. 하나님께서는 다윗의 기도에 응답하셨다. 하나님께서는 기도를 들으시는 하나님이시다. 그러므로 다윗은 시편 65:2에서 "기도를 들으시는 주여, 모든 육체가 주께 나아오리이다"라고 고백했다. 주 예수께서도 "구하라, 그러면 너희에게 주실 것이요"라고 말씀하셨다(마 7:7).

〔13-17절〕블레셋 사람이 다시 골짜기를 침범한지라. 다윗이 또 하나님께 묻자온대 하나님이 이르시되 마주 올라가지 말고 저희 뒤로 돌아 뽕나무 수풀 맞은편에서 저희를 엄습하되 뽕나무 꼭대기에서 걸음 걷는 소리가 들리거든 곧 나가서 싸우라. 하나님이 네 앞서 나아가서 블레셋 사람의 군대를 치리라 하신지라. 이에 다윗이 하나님의 명대로 행하여 블레셋 사람의 군대를 쳐서 기브온에서부터 게셀까지 이르렀더니 다윗의 명성이 열국에 퍼졌고 여호와께서 열국으로 저를 두려워하게 하셨더라.

블레셋 사람들이 다시 골짜기를 침범했다. 어려운 일은 종종 반복하여 찾아온다. 이 세상은 환난이 많은 세상이다. 다윗은 또 하나님께 물었다. 환난은 반복해 오지만, 환난을 대처하는 성도의 방법은 같다. 우리는 기도로 환난들을 대처한다. 그것은 하나님을 믿는 믿음으로 대처하는 것이다. 하나님을 믿고 의지하는 자만 그에게 기도할 수 있다. 우리가 기도할 때마다 하나님께서는 우리와 가까이 계시며 우리를 도우실 것이다. 그러므로 모세는 신명기 4:7에서, "우리 하나님 여호와께서 우리가 그에게 기도할 때마다 우리에게 가까이 하심과 같이 그 신의 가까이 함을 얻은 나라가 어디 있느냐?"고 증거하였다.

다윗의 기도에 대해, 하나님께서는 또 응답하셨다. 이번에 하나님께서 내리신 지시는 지난번과는 달랐다. 하나님의 지시하신 방법은 달랐지만, 그의 주권적 행위는 동일하였다. 하나님께서는 우리 앞서 행하시는 자이시며 우리의 모든 일들을 홀로 섭리하시는 자이시다. 그는 그의 기뻐하시는 일들을 땅 위에서 또 우리의 생활 속에서 다 이루신다. 하나님께서는 우리를 위해 싸우시는 '여호와 닛시'(여호와는 나의 깃발)의 하나님이시다(출 17:15). 이스라엘은 이번에도 블레셋 군대를 다 물리치고 승리했다. 성도가 하나님 앞에서 범죄치 않고 오직 그의 명령대로 행하면 어떤 어려운 일이 와도 그것을 잘 물리치고 항상 승리할 것이다. 다윗의 명성은 주위의 나라들에 퍼졌고 여호와께서 주위의 나라들로 그를 두려워하게 하셨다.

본장의 교훈을 정리해보자. 첫째로, 다윗은 주권적 섭리자 하나님을 믿고 확신하자(2, 10-11, 14, 17절). 신명기 32:39는, "이제는 나 곧 내가 그인 줄 알라. 나와 함께 하는 신이 없도다. 내가 죽이기도 하며 살리기도 하며 상하게도 하며 낫게도 하나니 내 손에서 능히 건질 자 없도다"라고 말하며, 이사야 45:6-7은, "해 뜨는 곳에서든지 지는 곳에서든지 나밖에 다른 이가 없는 줄을 무리로 알게 하리라. 나는 여호와라. 다른 이가 없느니라. 나는 빛도 짓고 어두움도 창조하며 나는 평안도 짓고 환난도 창조하나니 나는 여호와라. 이 모든 일을 행하는 자니라 하였노라"고 말한다. 우리는 창조자, 섭리자 하나님, 우리를 구원하신 하나님께서 살아계신 주권자 하나님이심을 믿고 확신하며 의지해야 한다.

둘째로, 다윗은 어려울 때마다 하나님께 기도했다(10, 14절). 기도는 성도의 특권이다. 하나님께서는 시편 50:15에서 "환난 날에 나를 부르라. 내가 너를 건지리니 네가 나를 영화롭게 하리로다"고 약속하셨다. 주께서는 요한복음 14:13-14에서 "너희가 내 이름으로 무엇을 구하든지 내가 시행하리니 이는 아버지로 하여금 아들을 인하여 영광을 얻으시게 하려 함이라. 내 이름으로 무엇이든지 내게 구하면 내가 시행하리라"고 말씀하셨다. 이 세상에서는 성도에게도 어려운 문제가 종종 있지만, 우리는 하나님을 믿고 기도함으로써 항상 승리할 수 있다.

셋째로, 다윗은 하나님의 뜻에 순종했다(16절). 다윗은 하나님께 기도하였고 하나님의 지시하신 말씀에 순종하였다. 하나님의 주권 신앙과 기도는 곧 하나님께 순종하는 마음으로 나타난다. 오늘날 우리는 하나님의 뜻을 어떻게 알 수 있는가? 오늘날에 우리는 성경말씀의 일반적 교훈을 통해 또 기도 중에 성경말씀의 교훈을 깨달음으로써 하나님의 뜻을 알 수 있다. 그러므로 우리는 성경책을 읽어야 하고 기도하기를 힘써야 하는 것이다. 또 우리는 성경말씀을 열심히 읽고 듣고 기도함으로 하나님의 뜻과 명령을 깨달은 후에, 그 뜻에 즐거이, 온전히, 그리고 인내하며 순종해야 한다. 거기에 승리와 기쁨과 평안의 삶이 있다.

15장: 법궤를 메어 옴

〔1-10절〕다윗이 다윗성에서 자기를 위하여 궁궐을 세우고 또 하나님의 궤를 위하여 처소를 예비하고 위하여 장막을 치고 가로되 레위 사람 외에는 하나님의 궤를 멜 수 없나니 이는 여호와께서 저희를 택하사 하나님의 궤를 메고 영원히 저를 섬기게 하셨음이니라 하고 이스라엘 온 무리를 예루살렘으로 모으고 여호와의 궤를 그 예비한 곳으로 메어 올리고자 하여 아론 자손과 레위 사람을 모으니 그핫 자손 중에 족장 우리엘과 그 형제 120인이요 므라리 자손 중에 족장 아사야와 그 형제 220인이요 게르솜 자손 중에 족장 요엘과 그 형제 130인이요 엘리사반 자손 중에 족장 스마야와 그 형제 2백인이요 헤브론 자손 중에 족장 엘리엘과 그 형제 80인이요 웃시엘 자손 중에 족장 암미나답과 그 형제 110인이라(레위 사람들 862명).

본장에는 '하나님의 궤'라는 말이 5번, '여호와의 궤'라는 말이 3번, '여호와의 언약궤'라는 말이 4번, 그냥 '궤'라는 말이 3번 나온다. 역대상 13장에서 읽은 대로, 다윗은 법궤를 다윗성으로 옮겨오고자 했으나 실패했었다. 법궤 곧 언약궤와 그 뚜껑인 속죄소는 구약 성막제도의 핵심이었다. 다윗은 법궤 중심의 삶을 사모하였다고 본다. 그것은 하나님의 말씀 중심, 하나님의 언약 중심, 속죄 중심의 삶을 상징한다. 신앙생활은 말씀 중심의 삶이며 속죄신앙은 그 핵심이다.

〔11-15절〕다윗이 제사장 사독과 아비아달을 부르고 또 레위 사람 우리엘과 아사야와 요엘과 스마야와 엘리엘과 암미나답을 불러 저희에게 이르되 너희는 레위 사람의 족장이니 너희와 너희 형제는 몸을 성결케 하고 내가 예비한 곳으로 이스라엘 하나님 여호와의 궤를 메어 올리라. 전에는 너희가 메지 아니하였으므로 우리 하나님 여호와께서 우리를 충돌하셨나니 이는 우리가 규례대로 저에게 구하지 아니하였음이니라. 이에 제사장들과 레위 사람들이 이스라엘 하나님 여호와의 궤를 메고 올라가려 하여 몸을 성결케 하고 모세가 여호와의 말씀을 따라 명한 대로 레위 자손이 채[장대]로 하나님의 궤를 꿰어 어깨에 메니라.

다윗은 이전의 실패의 원인을 깨달았다. 그는 실패의 경험을 통해 바른 지식을 얻었다. 하나님의 궤는 소의 수레로 옮겨서는 안 되었다. 그것은 레위인이 어깨에 메어야 하였다. 그것이 하나님께서 모세를 통해 명하신 규례이었다. 민수기 4:15, "행진할 때에 아론과 그 아들들이 성소와 성소의 모든 기구 덮기를 필하거든 고핫 자손이 와서 멜 것이니라. 그러나 성물은 만지지 말지니 죽을까 하노라. 회막 물건 중에서 이것들은 고핫 자손이 멜 것이며." 그러므로 제사장들과 레위 사람들은 이스라엘 하나님 여호와의 궤를 메고 올라가려 하여 몸을 성결케 하고 모세가 여호와의 말씀을 따라 명한 대로 레위 자손들은 장대로 하나님의 궤를 꿰어 어깨에 메었다.

〔16-24절〕 다윗이 레위 사람의 어른들에게 명하여 그 형제 노래하는 자를 세우고 비파와 수금과 제금 등의 악기를 울려서 즐거운 소리를 크게 내라 하매 레위 사람이 요엘의 아들 헤만과 그 형제 중 베레야의 아들 아삽과 그 동종 므라리 자손 중에 구사야의 아들 에단을 세우고 그 다음으로 형제 스가랴와 벤과 야아시엘과 스미라못과 여히엘과 운니와 엘리압과 브나야와 마아세야와 맛디디야와 엘리블레후와 믹네야와 문지기 오벧에돔과 여이엘을 세우니 노래하는 자 헤만과 아삽과 에단은 놋제금을 크게 치는 자요 스가랴와 아시엘과 스미라못과 여히엘과 운니와 엘리압과 마아세야와 브나야는 비파를 타서 여청[여창](女唱)(알라못, 아마 '높은 음')에 맞추는 자요 맛디디야와 엘리블레후와 믹네야와 오벧에돔과 여이엘과 아사시야는 수금을 타서 여덟째 음(쉐미닛, 아마 '낮은 음')에 맞추어 인도하는 자요 레위 사람의 족장 그나냐는 노래에 익숙하므로 노래를 주장하여 사람에게 가르치는 자요 베레갸와 엘가나는 궤 앞에서 문을 지키는 자요 제사장 스바냐와 요사밧과 느다넬과 아미새와 스가랴와 브나야와 엘리에셀은 하나님의 궤 앞에서 나팔을 부는 자요 오벧에돔과 여히야는 궤 앞에서 문을 지키는 자더라.

다윗의 지시대로, 레위 사람들과 제사장들은 각종 악기들, 곧 비파(소형 현악기), 수금(작은 하프), 제금(심벌즈), 나팔 등을 연주하였고 또 노래하는 자들은 찬송을 불렀다. 그들은 찬양대의 목소리와 함께 각종 악기들과 목소리로 하나님께 감사와 영광을 올렸다.

〔25-29절〕 이에 다윗과 이스라엘 장로들과 천부장들이 가서 여호와의 언약궤를 즐거이 메고 오벧에돔의 집에서 올라왔는데 하나님이 여호와의 언약궤를 멘 레위 사람을 도우셨으므로 무리가 수송아지 일곱과 숫양 일곱으로 제사를 드렸더라. 다윗과 궤를 멘 레위 사람과 노래하는 자와 그 두목 그나냐와 모든 노래하는 자도 다 세마포 겉옷을 입었으며 다윗은 또 베 에봇을 입었고 이스라엘 무리는 크게 부르며 각(角)[양의 뿔]과 나팔을 불며 제금을 치며 비파와 수금을 힘있게 타며 여호와의 언약궤를 메어 올렸더라. 여호와의 언약궤가 다윗 성으로 들어올 때에 사울의 딸 미갈이 창으로 내어다보다가 다윗 왕의 춤추며 뛰노는 것을 보고 심중에 업신여겼더라.

다윗의 처 미갈은 다윗이 가진 것 같은 믿음이 없었다.

본장의 교훈을 정리해보자. 첫째로, 다윗은 하나님의 언약궤를 다윗 성으로 모셔오기를 사모하였다. 그것은 그가 언약궤 중심의 삶을 사모하였음을 보인다. 그것은 곧 하나님 중심, 언약 중심, 말씀 중심, 속죄 중심의 삶을 가리킨다. 우리는 속죄의 말씀 중심의 삶을 살아야 한다.

둘째로, 하나님의 언약궤는 레위인들이 어깨에 메어 옮겨야 했고 또 하나님의 언약궤를 멜 레위인들은 그 몸을 성결케 해야 했고 또 하나님을 섬기는 자들은 즐거운 마음으로 그를 섬겨야 했다. 법궤를 어깨에 메어 옮기는 것은 율법의 규례이었다. 또 거룩하신 하나님을 섬기는 자는 자신을 거룩하게 해야 했고 즐거운 마음으로 섬겨야 했다. 시편 96:9, "아름답고 거룩한 것으로 여호와께 경배할지어다." 시편 95:1, "오라, 우리가 여호와께 노래하며 우리 구원의 반석을 향하여 즐거이 부르자."

셋째로, 다윗이 하나님의 규례대로 법궤를 다윗 성으로 모셔왔을 때 하나님께서는 다윗의 일을 도우셨다. 성령께서는 오늘 우리 안에 계셔서 우리의 연약을 아시고 우리가 성경 교훈대로 바로 살고자 힘쓸 때 우리를 위로하시고 도우실 것이다. 우리가 성경에 교훈된 대로 하나님을 섬길 때 하나님께서는 우리와 우리의 하는 일들을 도우실 것이다.

16장: 다윗의 감사의 노래

〔1-6절〕 하나님의 궤를 메고 들어가서 다윗이 위하여 친 장막 가운데 두고 번제와 화목제를 하나님 앞에 드리니 다윗이 번제와 화목제 드리기를 마치고 여호와의 이름으로 백성에게 축복하고 또 이스라엘 무리의 무론 남녀하고 매 명에 떡 한 덩이와 고기 한 조각과 건포도병[떡] 하나씩 나누어주었더라. 또 레위 사람을 세워 여호와의 궤 앞에서 섬기며 이스라엘 하나님 여호와를 칭송하며 감사하며 찬양하게 하였으니 그 두목은 아삽이요 다음은 스가랴와 여이엘과 스미라못과 여히엘과 맛디디아와 엘리압과 브나야와 오벧에돔과 여이엘이라. 비파와 수금을 타고 아삽은 제금을 힘있게 치고 제사장 브나야와 야하시엘은 항상 하나님의 언약궤 앞에서 나팔을 부니라.

〔7-22절〕 그 날에 다윗이 아삽과 그 형제를 세워 위선[우선] 여호와께 감사하게 하여 이르기를 너희는 여호와께 감사하며 그 이름을 불러 아뢰며 그 행사를 만민 중에 알게 할지어다. 그에게 노래하며 그를 찬양하며 그 모든 기사(奇事)를 말할지어다. 그 성호를 자랑하라. 무릇 여호와를 구하는 자는 마음이 즐거울지로다. 여호와와 그 능력을 구할지어다. 그 얼굴을 항상 구할지어다. 그 종 이스라엘의 후손 곧 택하신 야곱의 자손 너희는 그 행하신 기사와 그 이적과 그 입의 판단을 기억할지어다. 그는 여호와 우리 하나님이시라. 그의 판단이 온 땅에 있도다. 너희는 그 언약 곧 천대(千代)에 명하신 말씀을 영원히 기억할지어다. 이것은 아브라함에게 하신 언약이며 이삭에게 하신 맹세며 이는 야곱에게 세우신 율례 곧 이스라엘에게 하신 영원한 언약이라. 이르시기를 내가 가나안 땅을 네게 주어 너희 기업의 지경이 되게 하리라 하셨도다. 때에 너희 인수가 적어서 매우 영성(零星)하며 [너희 인수(人數)가 적고 매우 적으며] 그 땅에 객이 되어 이 족속에게서 저 족속에게로, 이 나라에서 다른 민족에게로 유리하였도다. 사람이 그들을 해하기를 용납지 아니하시고 그들의 연고로 열왕을 꾸짖어 이르시기를 나의 기름 부은 자를 만지지 말며 나의 선지자를 상하지 말라 하셨도다.

8-22절은 시편 105:1-15의 말씀이다. 다윗은 하나님의 이름과 그 행사를 만민 중에 알게 하라고 말한다. 하나님의 이름 속에는 하나님

의 모든 것이 포함된다. 하나님의 행사는 하나님의 창조와 섭리의 일들을 가리킨다. 하나님의 거룩한 이름은 심히 자랑스러운 이름이다. 또 하나님을 구하는 자는 마음이 즐거울 것이다. 경건의 유익은 기쁨과 행복이다. 사람은 하나님으로 말미암아 참 기쁨과 행복을 누린다. 또 다윗은 하나님의 얼굴과 그 능력을 구하라고 말한다. 우리는 하나님을 항상 사모하며 그의 은혜의 얼굴과 그의 능력을 구해야 한다. 하나님께서는 우리의 위로이시며 우리의 힘과 기쁨이시기 때문이다.

하나님께서 세상의 많은 민족들 가운데서 이스라엘 민족을 택하셨고 그들에게 많은 기적을 보이셨고 친히 영원한 언약의 말씀을 주셨다. 비록 그들의 수가 적었으나 하나님께서는 그들을 그의 기름 부은 자로 간주하시고 이방인들이 그들을 함부로 대하지 못하게 하셨다.

〔23-33절〕온 땅이여, 여호와께 노래하며 그 구원을 날마다 선포할지어다. 그 영광을 열방 중에, 그 기이한 행적을 만민 중에 선포할지어다. 여호와는 광대하시니[위대하시니] 극진히 찬양할 것이요 모든 신보다 경외할 것임이여, 만방의 모든 신은 헛것이요 여호와께서는 하늘을 지으셨음이로다. 존귀와 위엄이 그 앞에 있으며 능력과 즐거움이 그 처소에 있도다. 만방의 족속들아, 영광과 권능을 여호와께 돌릴지어다. 여호와께 돌릴지어다. 여호와의 이름에 합당한 영광을 그에게 돌릴지어다. 예물을 가지고 그 앞에 들어갈지어다. 아름답고 거룩한 것으로[거룩의 아름다움으로](KJV) 여호와께 경배할지어다. 온 땅이여, 그 앞에서 떨지어다. 세계가 굳게 서고 흔들리지 못하는도다. 하늘은 기뻐하고 땅은 즐거워하며 열방 중에서는 이르기를 여호와께서 통치하신다 할지로다. 바다와 거기 충만한 것이 외치며 밭과 그 가운데 모든 것은 즐거워할지로다. 그리 할 때에 삼림의 나무들이 여호와 앞에서 즐거이 노래하리니 주께서 땅을 심판하려 오실 것임이로다.

23-33절은 시편 96:1-13의 말씀과 같다. 다윗은 하나님의 이름과 행적을 온 땅에, 모든 민족들에게 날마다 선포하기를 원한다. 하나님께서는 위대하시다. 그는 우리가 극진히 찬양해야 할 자이시다. 세상의 모든 신은 헛것이지만, 여호와 하나님께서는 하늘을 지으신 창조

자이시며 다른 신들과 달리 경외함과 경배함을 받으셔야 마땅하다.

다윗은 또 우리가 하나님을 섬기는 방법과 태도에 대해 증거한다. 존귀와 위엄이 그 앞에 있으며 능력과 즐거움이 그 처소에 있기 때문에, 우리는 마땅히 영광과 권능을 그에게 돌리고 그의 이름에 합당한 영광을 그에게 돌려야 한다. 예물을 가지고 그 앞에 들어가야 하며 '거룩의 아름다움으로'(KJV) 하나님을 섬겨야 한다.

하나님께서는 온 세상을 통치하시는 왕이시다. 또 완전하신 하나님께서 통치하시므로 하늘과 땅과 온 세상은 기뻐하고 즐거워할 것이다. 온 세상은 그의 심판도 기뻐하고 즐거워할 것이다. 그것은 지극히 공의로운 심판일 것이기 때문이다.

〔34-36절〕여호와께 감사하라. 그는 선하시며 그 인자하심이 영원함이로다. 너희는 이르기를 우리의 구원의 하나님이여, 우리를 구원하여 만국 가운데서 건져내시고 모으시사 우리로 주의 성호를 감사하며 주의 영예를 찬양하게 하소서 할지어다. 여호와 이스라엘의 하나님을 영원부터 영원까지 송축할지로다 하매 모든 백성이 아멘 하고 여호와를 찬양하였더라.

34-36절은 시편 106:1, 47-48과 같다. 우리가 하나님을 찬송하는 까닭은 특히 그의 선하시며 인자하심 때문이다. 하나님의 선하심과 인자하심이 이스라엘 백성의 구원이 되었고 또 우리의 구원이 되었다. 하나님께서는 이스라엘 백성을 열국 가운데서 구원하셔서 하나님을 찬송케 하셨다. 이와 같이, 하나님께서는 신약교회를 온 세상에서 구원하셔서 하나님을 찬송케 하신다(엡 1:3-14).

〔37-43절〕다윗이 아삽과 그 형제를 여호와의 언약궤 앞에 머물러 항상 그 궤 앞에서 섬기게 하되 날마다 그 일대로 하게 하였고 오벧에돔과 그 형제 68인과 여두둔의 아들 오벧에돔과 호사로 문지기를 삼았고 제사장 사독과 그 형제 제사장들로 기브온 산당에서 여호와의 성막 앞에 모시게 하여 항상 조석[아침과 저녁]으로 번제단 위에 여호와께 번제를 드리되 여호와의 율법에 기록하여 이스라엘에게 명하신 대로 다 준행하게 하였고 또 저희와 함께 헤만과 여두둔과 그 남아 택함을 받고 녹명(錄名)된 자를 세워 여호와

의 자비하심이 영원함을 인하여 감사하게 하였고 또 저희와 함께 헤만과 여두둔을 세워 나팔과 제금들과 하나님을 찬송하는 악기로 소리를 크게 내게 하였고 또 여두둔의 아들로 문을 지키게 하였더라. 이에 뭇 백성은 각각 그 집으로 돌아가고 다윗도 자기 집을 위하여 축복하려고 돌아갔더라.

다윗은 아삽과 그 형제들을 여호와의 언약궤 앞에 머물러 항상 그 궤 앞에서 날마다 섬기게 하였고, 제사장 사독과 그 형제들로 하여금 기브온 산당에서 여호와의 성막 앞에 모시게 하고 항상 아침 저녁으로 번제를 드리게 하였고 헤만과 여두둔은 거기서 하나님을 찬송하며 섬기게 하였다. 그 이유를 알 수 없으나, 법궤는 다윗성에, 성막은 기브온 산당에 서로 떨어진(약 10킬로미터) 상태로 있게 되었다.

본장의 교훈을 정리해보자. 첫째로, 하나님을 찬송하고 감사할 수 있는 자들은 하나님께서 택하신 이스라엘 백성뿐이다. 오늘 신약교회는 영적인 이스라엘 백성이다. 우리는 하나님의 택하신 백성이며 하나님을 믿고 섬기는 자들이다. 우리는 여호와 하나님께서 천지만물을 창조하신 위대하신 참 신(神)이시며 다른 신들은 헛것임을 알고 그를 칭송하고 감사하고 찬양해야 하며 또 하나님께서 온 세상을 다스리심과 그의 구원하심과 그의 선하시고 인자하심을 감사하며 찬송해야 한다.

둘째로, 우리는 하나님을 극진히 찬양하며 하나님의 이름에 합당한 영광을 그에게 돌리고 예물을 가지고 그 앞에 나아가며 거룩한 아름다움으로 그에게 경배해야 하며 또 날마다 그를 증거하며 선포하며 유일하신 참 하나님과 그의 일들을 온 세상에, 모든 민족들에게 전파해야 한다. 우리는 가장 최상의 방식으로 하나님을 찬송하며 감사해야 한다.

셋째로, 찬송의 유익은 기쁨과 힘이다. 10-11절, "그 성호를 자랑하라. 무릇 여호와를 구하는 자는 마음이 즐거울지로다. 여호와와 그 능력을 구할지어다. 그 얼굴을 항상 구할지어다." 하나님께서는 우리에게 기쁨과 힘이 되신다. 하나님을 아는 것 자체가 그렇지만, 그는 또 우리에게 기쁨과 힘을 주신다. 우리가 그를 찬송할 때 더욱 그러할 것이다.

17장: 다윗에게 주신 하나님의 언약

〔1-2절〕 **다윗이 그 궁실에 거할 때에 선지자 나단에게 이르되 나는 백향목 궁에 거하거늘 여호와의 언약궤는 휘장 밑에 있도다. 나단이 다윗에게 고하되 하나님이 왕과 함께 계시니 무릇 마음에 있는 바를 행하소서.**

다윗은 자신이 백향목 왕궁에 거하면서 하나님의 언약궤는 천막 아래 있는 것을 죄송하게 여겼다. 그것은 경건한 성도가 가져야 할 당연한 마음일 것이다. 우리가 우리 자신의 편안과 행복보다 하나님을 먼저 생각지 않는다면, 우리는 하나님을 바르게 섬기는 자가 아닐 것이다. 다윗은 하나님의 법궤를 가져올 때처럼 지금도 하나님 우선주의, 하나님의 집 곧 성막 우선주의의 생각을 가지고 있다. 그것은 우리가 본받아야 할 복된 마음이다. 다윗의 마음의 소원은 선한 것이었다. 성전 우선주의의 생각은 선한 생각이었다. 하나님께서는 후에 학개 선지자를 통해서도 "이 전(殿)이 황무하였거늘 너희가 이때에 판벽한[벽이 있는] 집에 거하는 것이 가하냐?"고 말씀하셨다(학 1:4).

〔3-8절〕 **그 밤에 하나님의 말씀이 나단에게 임하여 가라사대 가서 내 종 다윗에게 말하기를 여호와의 말씀이 너는 나의 거할 집을 건축하지 말라. 내가 이스라엘을 올라오게 한 날부터 오늘날까지 집에 거하지 아니하고 오직 이 장막과 저 장막에 있으며 이 성막과 저 성막에 있었나니 무릇 이스라엘 무리로 더불어 행하는 곳에서 내가 내 백성을 먹이라고 명한 이스라엘 어느 사사에게 내가 말하기를 너희가 어찌하여 나를 위하여 백향목 집을 건축하지 아니하였느냐고 말하였느냐 하고 연하여 내 종 다윗에게 이처럼 말하라. 만군의 여호와께서 이처럼 말씀하시기를 내가 너를 목장 곧 양을 따르는 데서 취하여 내 백성 이스라엘의 주권자를 삼고 네가 어디를 가든지 내가 너와 함께 있어 네 모든 대적을 네 앞에서 멸하였은즉 세상에서 존귀한 자의 이름 같은 이름을 네게 만들어 주리라.**

하나님께서는 다윗에게 성전 건축을 허락하지 않으셨다. 아무리 선한 일이라도 하나님의 허락이 없으면 이루어지지 못한다. 역대상 28:3에 보면, 하나님께서 그에게 성전 건축을 허락지 않으신 이유에 대해 다윗은 "하나님이 내게 이르시되 너는 군인이라. 피를 흘렸으니 내 이름을 위하여 전을 건축하지 못하리라"고 하셨다고 말했다. 그러나 하나님께서는 양치는 소년인 그를 취해 그 백성 이스라엘의 주권자로 세우셨고 그의 이름을 존귀하게 하실 것이라고 말씀하셨다.

〔9-15절〕 내가 또 내 백성 이스라엘을 위하여 한 곳을 정하여 저희를 심고 저희로 자기 곳에 거하여 다시는 옮기지 않게 하며 악한 유(類)로 전과 같이 저희를 해하지 못하게 하여 전에 내가 사사를 명하여 내 백성 이스라엘을 다스리던 때와 같지 않게 하고 또 네 모든 대적으로 네게 복종하게 하리라. 또 네게 이르노니 여호와가 너를 위하여 집을 세울지라. 네 수한(壽限)이 차서 네가 열조에게로 돌아가면 내가 네 뒤에 네 씨 곧 네 아들 중 하나를 세우고 그 나라를 견고하게 하리니 저는 나를 위하여 집을 건축할 것이요 나는 그 위(位)를 영원히 견고하게 하리라. 나는 그 아비가 되고 그는 나의 아들이 되리니 나의 자비를 그에게서 빼앗지 아니하기를 내가 네 전에 있던 자에게서 빼앗음과 같이 하지 않을 것이며 내가 영영히 그를 내 집과 내 나라에 세우리니 그 위(位)가 영원히 견고하리라 하셨다 하라. 나단이 이 모든 말씀과 이 모든 묵시대로 다윗에게 고하니라.

하나님께서는 이스라엘 백성을 그가 주신 땅에 정착하게 하시고 다시는 옮기지 않게 하시며 그들을 해치려는 악한 자들이 없게 하시고 그 모든 대적자들을 복종케 하실 것이라고 말씀하셨다. 또 그는 다윗을 위해 집을 세우시겠다고 약속하셨고 또 다윗의 자손 중 하나를 세워 그가 하나님을 위해 집을 건축케 하실 것이며 그의 나라가 견고하고 그의 왕위를 영원히 견고케 세울 것이며, 하나님께서 그의 아버지가 되시고 그가 하나님의 아들이 되게 하실 것이라고 말씀하셨다. 또 그는 그 다윗의 자손을 영영히 그의 집과 나라에 세울 것이며 그의 왕위가 영원히 견고케 될 것이라고 말씀하셨다.

다윗에게 주신 하나님의 이 약속은 놀라운 사실을 담고 있다. 그것은 메시아 약속이었다. 다윗의 아들 솔로몬은 이 예언의 예표적 성취에 불과하였다. 참으로 솔로몬과 그의 자손들은 실패자들이었다. 이 예언은 다윗의 자손 예수 그리스도에게서 성취되었다(마 1:1). 예수 그리스도께서 오심으로써 하나님의 나라가 선포되었고 시작되었다. 예수 그리스도께서는 메시아 왕국의 주(主)로 오셨다. 이사야 9:6-7, "이는 한 아기가 우리에게 났고 한 아들을 우리에게 주신 바 되었는데 그 어깨에는 정사(政事)를 메었고 그 이름은 기묘자라, 모사라, 전능하신 하나님이라, 영존하시는 아버지라, 평강의 왕이라 할 것임이라. 그 정사와 평강의 더함이 무궁하며 또 다윗의 위(位)에 앉아서 그 나라를 굳게 세우고 자금 이후[지금부터] 영원토록 공평과 정의로 그것을 보존하실 것이라. 만군의 여호와의 열심이 이를 이루시리라." 누가복음 1:31-33, "보라, 네가 수태하여 아들을 낳으리니 그 이름을 예수라 하라. 저가 큰 자가 되고 지극히 높으신 이의 아들이라 일컬을 것이요 주 하나님께서 그 조상 다윗의 위를 저에게 주시리니 영원히 야곱의 집에 왕노릇하실 것이며 그 나라가 무궁하리라."

〔16-20절〕다윗 왕이 여호와 앞에 들어가 앉아서 가로되 여호와 하나님이여, 나는 누구오며 내 집은 무엇이관대 나로 이에 이르게 하셨나이까? 하나님이여, 주께서 이것을 오히려 작게 여기시고 또 [주의] 종의 집에 대하여 먼 장래까지 말씀하셨사오니 여호와 하나님이여, 나를 존귀한 자같이 여기셨나이다. 주께서 주의 종에게 베푸신 존귀에 대하여 다윗이 다시 무슨 말씀을 하오리이까? 주께서는 주의 종을 아시나이다. 여호와여, 주께서 주의 종을 위하여 주의 뜻대로 이 모든 큰 일을 행하사 이 모든 큰 일을 알게 하셨나이다. 여호와여, 우리 귀로 들은 대로는 주와 같은 이가 없고 주 외에는 참 신이 없나이다.

다윗은 자신을 '주의 종'이라고 부른다. 16-27절에는 '주의 종'이라는 말이 열 번 나온다(17, 25, 27절도 원문에는 '주의 종'임). 그것은 그의 겸손하고 바른 마음가짐을 보인다. 또 다윗은 하나님을 유일하신 하나님으로 고백한다. 20절, "여호와여, 우리 귀로 들은 대로는 주와 같은 이가 없고 주 외에는 참 신이 없나이다."

〔21-24절〕 땅의 어느 한 나라가 주의 백성 이스라엘과 같으리이까? 하나님이 가서 구속(救贖)하사 자기 백성을 삼으시고 크고 두려운 일로 인하여 이름을 얻으시고 애굽에서 구속(救贖)하신 자기 백성 앞에서 열국을 쫓아내셨사오며 주께서 주의 백성 이스라엘로 영원히 주의 백성을 삼으셨사오니 여호와여, 주께서 저희 하나님이 되셨나이다. 여호와여, 이제 주의 종과 그 집에 대하여 말씀하신 것을 영원히 견고케 하시며 말씀하신 대로 행하사 견고케 하시고 사람으로 영원히 주의 이름을 높여 이르기를 만군의 여호와는 이스라엘의 하나님 곧 이스라엘에게 하나님이시라 하게 하시며 주의 종 다윗의 집이 주 앞에서 견고히 서게 하옵소서.

다윗은 이스라엘 백성이 하나님께서 구속(救贖)하신 그의 백성이며 또 하나님께서 그들의 하나님이심을 고백한다. 그는 "만군의 여호와께서는 이스라엘의 하나님 곧 이스라엘에게 하나님이시라"고 말한다. 하나님과 사람과의 바른 관계가 가장 중요하다. 그것은 언약의 관계와 소유의 관계이며 통치의 관계와 순종의 관계이다. 그것은 하나님의 구원계획의 목표이기도 하다. 예레미야 31:33, "그 날 후에 내가 이스라엘 집에 세울 언약은 이러하니 곧 내가 나의 법을 그들의 속에 두며 그 마음에 기록하여 나는 그들의 하나님이 되고 그들은 내 백성이 될 것이라." 요한계시록 21:7, "이기는 자는 이것들을 유업으로 얻으리라. 나는 저의 하나님이 되고 그는 내 아들이 되리라."

〔25-27절〕 나의 하나님이여, 주께서 [주의] 종을 위하여 집을 세우실 것을 이미 듣게 하셨으므로 주의 종이 주 앞에서 이 기도로 구할 마음이 생겼나이다. 여호와여, 오직 주는 하나님이시라. 주께서 이 좋은 것으로 주의 종에게 허락하시고 이제 주께서 [주의] 종의 집에 복을 주사 주 앞에 영원히 두시기를 기뻐하시나이다. 여호와여, 주께서 복을 주셨사오니 이 복을 영원히 누리리이다 하니라.

다윗은 하나님께서 말씀하신 감당할 수 없는 복된 약속을 감사히 받으며 그 약속이 그대로 이루어지기를 소원한다.

본장의 교훈을 정리해보자. 첫째로, 다윗은 하나님을 먼저 생각하는 자이었다. 그것은 주 예수께서 가르쳐주신 '먼저 하나님의 나라와 그의 의를 구하는'(마 6:33) 삶이다. 다윗은 하나님 중심, 하나님의 법궤 중심, 하나님의 성전 중심의 생활을 구하며 실천하였다. 우리도 하나님 중심, 하나님의 말씀인 성경 중심, 또 성경적 교회 중심으로 살아가야 한다.

둘째로, 다윗이 성전을 건축하고자 한 마음은 선한 마음이었고 성전 건축의 일은 선한 일이었으나 하나님께서는 그것을 허락지 않으셨다. 다윗은 그 이유를 역대상 28:3에 말하였다. "오직 하나님이 내게 이르시되 너는 군인이라. 피를 흘렸으니 내 이름을 위하여 전을 건축하지 못하리라 하셨느니라." 우리는 무슨 선한 일이라도 주권적 섭리자 하나님의 허락 속에 행해야 하고 그의 허락이 없으면 어떤 선한 일도 할 수 없음을 알아야 한다. 그러므로 야고보는 교훈하기를, "내일 일을 너희가 알지 못하는도다. 너희 생명이 무엇이뇨? 너희는 잠깐 보이다가 없어지는 안개니라. 너희가 도리어 말하기를 주의 뜻이면 우리가 살기도 하고 이것저것을 하리라 할 것이라"고 하였다(약 4:14-15).

셋째로, 하나님께서는 친히 그의 집을 세우실 것이다. 솔로몬의 성전 낭실 앞의 두 기둥은 야긴(יָכִין)과 보아스(בֹּעַז)라 불렸는데(왕상 7:21-22), 야긴은 '그가 세우리라'는 뜻이며, '보아스'는 '그에게 능력이 있다'는 뜻이다. 성전은 하나님께서 친히 세우시며 그에게 세우시는 능력이 있다. 스가랴 4:6, "만군의 여호와께서 말씀하시되 이는 힘으로 되지 아니하며 능으로 되지 아니하고 오직 나의 신으로 되느니라." 예수께서는 "내가 이 반석 위에 내 교회를 세우리니 음부의 권세가 이기지 못하리라"고 말씀하셨고(마 16:18), 바울은 "심는 이나 물주는 이는 아무것도 아니로되 오직 자라나게 하시는 하나님뿐이니라"고 말했다(고전 3:6-7). 하나님의 나라와 그의 교회와 그의 일은 하나님께서 친히 이루신다. 우리는 겸손히 하나님의 주권을 인정하고 하나님께 구하며 오직 우리의 의무를 다하고 하나님께서 우리에게 주신 직분에 충성하면 된다.

18장: 다윗이 어디로 가든지 승리함

〔1-2절〕 이 후에 다윗이 블레셋 사람을 쳐서 항복받고 블레셋 사람의 손에서 가드와 그 동네를 빼앗고 또 모압을 치매 모압 사람이 다윗의 종이 되어 조공을 바치니라.

본문은 다윗이 블레셋과 모압을 쳐서 복종시켰음을 증거한다. "이후에"라는 말은 앞장에 증거된 대로 "하나님께서 다윗에게 복을 약속하신 후에"라는 뜻이다. 다윗에게는 하나님을 향한 믿음과 헌신이 있었다. 그것은 법궤 중심의 생활, 곧 하나님 중심의 생활이며 하나님의 은혜와 긍휼을 구하는 생활로 나타났다. 하나님께서는 이런 다윗에게 복을 약속하셨고 그것을 주셨다. 그래서 다윗은 승리하였다고 본다. 사람이 범죄하면 고난이 있을 것이지만, 사람이 믿음과 순종으로 살면 하나님께서 함께하시며 어려운 문제에서 그를 도우시며 승리케 하심을 체험할 것이다. 주께서는 "너희는 먼저 그의[하나님의] 나라와 그의 의를 구하라. 그리하면 이 모든 것을 너희에게 더하시리라"고 말씀하셨는데(마 6:33), 그 교훈도 실상 같은 진리이다.

〔3-8절〕 소바 왕 하닷에셀이 유브라데 강가에서 자기 권세를 펴고자 하매 다윗이 저를 쳐서 하맛까지 이르고 그 병거 1천승과 기병 7천과 보병 2만을 빼앗고 그 병거 1백승의 말만 남기고 그 외의 병거의 말은 다 발의 힘줄을 끊었더니 다메섹 아람 사람이 소바 왕 하닷에셀을 도우러 온지라. 다윗이 아람 사람 2만 2천을 죽이고 다메섹 아람에 수비대를 두매 아람 사람이 다윗의 종이 되어 조공을 바치니라. 다윗이 어디로 가든지 여호와께서 이기게 하시니라. 다윗이 하닷에셀의 신복들의 가진 금방패를 빼앗아 예루살렘으로 가져오고 또 하닷에셀의 성읍 디브핫과 군에서 심히 많은 놋[청동]을 취하였더니 솔로몬이 그것으로 놋[청동]바다와 기둥과 놋[청동]그릇들을 만들었더라.

사무엘하 8:4는 동일한 사건을 기록하면서 마병(파라쉼 פָּרָשִׁים)

1,700을 사로잡았다고 말한다. '기병'이나 '마병'은 같은 원어를 번역한 말이다. 숫자의 차이는 포함의 범위의 차이에서 발생한 것일 것이다. 혹은 필사상의 오류에 의한 것일지도 모르나, 우리는 성경 원본의 무오(無誤)를 믿을 뿐 아니라, 전통적 사본들에 대해서도 신임성을 두기를 원한다. 다윗은 이렇게 소바와 다메섹 아람을 복종시켰다.

[9-11절] 하맛 왕 도우가 다윗이 소바 왕 하닷에셀의 온 군대를 쳐서 파하였다 함을 듣고 그 아들 하도람을 보내어 다윗 왕에게 문안하고 축복하게 하니 이는 하닷에셀이 이왕에 도우로 더불어 여러 번 전쟁이 있던 터에 다윗이 하닷에셀을 쳐서 파하였음이라. 하도람이 금과 은과 놋의 여러 가지 그릇을 가져온지라. 다윗 왕이 그것도 여호와께 드리되 에돔과 모압과 암몬 자손과 블레셋 사람과 아말렉 등 여러 족속에게서 취하여 온 은금과 함께하여 드리니라.

다윗은 이웃 나라가 보내온 은금의 선물로 자신을 부요케 하려 하지 않았다. 그는 하나님께서 그로 승리케 하신 줄 아는 고로 하나님께 드렸다. 하나님의 은혜를 아는 자는 하나님께 영광을 돌릴 것이다.

[12-13절] 스루야의 아들 아비새가 염곡에서 에돔 사람 1만 8천을 쳐 죽인지라. 다윗이 에돔에 수비대를 두매 에돔 사람이 다 다윗의 종이 되니라. 다윗이 어디로 가든지 여호와께서 이기게 하셨더라.

본장은 6절, 13절에서 "다윗이 어디로 가든지 여호와께서 이기게 하셨다"고 말한다. 다윗의 모든 승리는 하나님께서 주신 것이었다. 전쟁은 하나님께 속한 것이다. 다윗은 블레셋 장수 골리앗과 싸울 때 "여호와의 구원하심이 칼과 창에 있지 아니함을 이 무리로 알게 하리라. 전쟁은 여호와께 속한 것인즉 그가 너희를 우리 손에 붙이시리라"고 말했었다(삼상 17:47). 그것은 바른 믿음의 말이었다. 하나님께서는 모든 일을 섭리하시는 주권자이시며 전쟁의 승패를 주관하신다. 사도 바울도 그의 전도 사역에서 "항상 우리를 그리스도 안에서 이기게 하시고 우리로 말미암아 각처에서 그리스도를 아는 냄새를 나타내시는 하나님께 감사하노라"고 비슷하게 고백하였다(고후 2:14).

〔14-17절〕 다윗이 온 이스라엘을 다스려 모든 백성에게 공과 의를 행할 새 스루야의 아들 요압은 군대 장관이 되고 아힐룻의 아들 여호사밧은 사관(史官)이 되고 아히둡의 아들 사독과 아비아달의 아들 아비멜렉은 제사장이 되고 사워사는 서기관이 되고 여호야다의 아들 브나야는 그렛 사람과 블렛 사람을 관할하고 다윗의 아들들은 왕을 모셔 대신(大臣)이 되니라.

다윗은 많은 전쟁에서 승리한 후에도 마음이 높아져서 자기 생각과 뜻대로 행하지 않았다. 다윗은 하나님께뿐 아니라, 사람들에게도 바르게 행하였다. 하나님을 사랑하는 자는 사람들도 사랑한다.

본장의 교훈을 정리해보자. 첫째로, 다윗은 하나님 중심, 법궤 중심으로 살았고 그런 다윗에게 하나님께서는 항상 승리를 주셨다(6, 13절). 인생의 삶에 있어서 승리는 오직 하나님께 있다. 그러므로 우리는 세상에서 하나님 중심으로, 성경말씀 중심으로만 살아야 한다. 우리는 하나님의 영광을 위해서만, 하나님의 뜻 행하기 위해서만 살고 예수 그리스도 중심, 속죄신앙 중심으로만 살아야 한다. 이것이 복된 길이다. 세상이 아무리 험할지라도, 우리가 참된 믿음과 순종으로 살면 이 세상에서도 하나님의 복과 평안을 경험하며 누릴 것이고 항상 승리의 삶을 살 것이다. 고린도후서 2:14, "항상 우리를 그리스도 안에서 이기게 하시고 우리로 말미암아 각처에서 그리스도를 아는 냄새를 나타내시는 하나님께 감사하노라." 그러므로 우리는 이 세상 사는 동안 항상 하나님 중심, 성경말씀 중심으로만 살아야 한다. 거기에 참된 평안과 승리가 있다.

둘째로, 다윗은 모든 이스라엘 백성을 다스리되 모든 사람들에게 공과 의를 행하였다. 하나님의 뜻은 우리가 의롭고 선하게 사는 것이다. 미가 6:8, "사람아, 주께서 선한 것이 무엇임을 네게 보이셨나니 여호와께서 네게 구하시는 것이 오직 공의(公義)를 행하며 인자(仁慈)를 사랑하며 겸손히 네 하나님과 함께 행하는 것이 아니냐?" 우리는 경건하게만 살고 인간 관계에서도 범사에 올바르고 선하게만 처신해야 한다.

19장: 암몬 자손들을 물리침

〔1-5절〕 그 후에 암몬 자손의 왕 나하스가 죽고 그 아들이 대신하여 왕이 되니 다윗이 가로되 하눈의 아비 나하스가 전에 내게 은혜를 베풀었으니 이제 내가 그 아들 하눈에게 은혜를 베풀리라 하고 사자를 보내어 그 아비 죽은 것을 조상하게 하니라. 다윗의 신복들이 암몬 자손의 땅에 이르러 하눈에게 나아가 조상하매 암몬 자손의 방백들이 하눈에게 고하되 왕은 다윗이 조문사를 보낸 것이 왕의 부친을 공경함인 줄로 여기시나이까? 그 신복이 왕에게 나아온 것이 이 땅을 엿보고 탐지하여 함락시키고자 함이 아니니이까? 하눈이 이에 다윗의 신복들을 잡아 그 수염을 깎고 그 의복의 중동 볼기까지 자르고 돌려보내매 혹이 다윗에게 가서 그 사람들의 당한 일을 고하니라. 그 사람들이 심히 부끄러워하므로 다윗이 저희를 맞으러 보내어 이르기를 너희는 수염이 자라기까지 여리고에 머물다가 돌아오라 하니라.

"그 후에" 즉 다윗의 나라가 하나님의 은혜로 많이 안정되었을 때에(18장), 암몬 자손의 왕 나하스가 죽고 그 아들 하눈이 왕이 되었다. 다윗은 사자들을 보내어 그 아버지 죽은 것을 조문하게 하였다. 그들은 암몬 자손의 땅에 이르러 하눈에게 나아가 조문하였다.

그런데 암몬 자손의 방백들은 다윗이 그 땅을 탐지하여 함락시키려고 사자들을 보냈다고 잘못 생각했다. 그것은 오해이었다. 그것은 그들의 평소의 교만과 적개심에서 나온 것이었다고 보인다. 하눈은 그의 방백들의 잘못된 조언을 듣고 다윗의 신복들을 잡아 그 수염을 깎고 그 의복의 중동볼기 즉 엉덩이 중간까지 자르고 돌려보내었다. 그것은 이웃 나라의 사신들에 대한 무례하고 모욕적인 행위이었다.

〔6-9절〕 암몬 자손이 자기가 다윗에게 밉게 한 줄 안지라. 하눈이 암몬 자손으로 더불어 은 1천 달란트를 아람 나하라임[북서 메소포타미아]과 아람 마아가와 소바에 보내어 병거와 마병을 삿 내되 곧 병거 3만 2천승과 마아가 왕과 그 백성을 삿 내었더니 저희가 와서 메드바 앞에 진치매 암몬 자손이 그 모든 성읍으로 좇아 모여 와서 싸우려 한지라. 다윗이 듣고 요압

과 용사의 온 무리를 보내었더니 암몬 자손은 나와서 성문 앞에 진치고 도우러 온 여러 왕은 따로 들에 있더라.

하눈과 암몬 자손들은 자신들이 다윗에게 밉게 한 줄 알고 은 1천 달란트(약 34톤)의 막대한 돈으로 아람 군사들을 고용해 전쟁하려 했다. 다윗은 요압과 모든 용사들의 무리를 보내었다.

〔10-15절〕 요압이 앞뒤에 친 적진을 보고 이스라엘 뺀 자 중에서 또 빼서 아람 사람을 대하여 진치고 그 남은 무리는 그 아우[형](대상 2:16) 아비새의 수하에 붙여 암몬 자손을 대하여 진치게 하고 가로되 만일 아람 사람이 나보다 강하면 네가 나를 돕고 만일 암몬 자손이 너보다 강하면 내가 너를 도우리라. 너는 담대하라. 우리가 우리 백성과 우리 하나님의 성읍들을 위하여 담대히 하자. 여호와께서 선히 여기시는 대로 행하시기를 원하노라 하고 요압과 그 종자가 싸우려고 아람 사람 앞에 나아가니 저희가 그 앞에서 도망하고 암몬 자손은 아람 사람의 도망함을 보고 저희도 요압의 아우[형] 아비새 앞에서 도망하여 성으로 들어간지라. 이에 요압이 예루살렘으로 돌아오니라.

그 전쟁은 정당방위의 전쟁, 곧 정당성이 있는 전쟁이었다. 또 요압은 하나님의 선한 처분에 맡기는 믿음과 용기를 가지고 있었다. "여호와께서 선히 여기시는 대로 행하시기를 원하노라." 암몬 사람들은 패전하였다. 그들이 용병을 위해 많은 비용을 들인 것은 헛되게 되었다. 하나님께서는 교만하고 악한 자들에게 공의로 보응하셨다.

〔16-19절〕 아람 사람이 자기가 이스라엘 앞에서 패하였음을 보고 사자를 보내어 강 건너편에 있는 아람 사람을 불러내니 하닷에셀의 군대장관 소박이 저희를 거느린지라. 혹이 다윗에게 고하매 다윗이 온 이스라엘을 모으고 요단을 건너 아람 사람에게 이르러 저희를 향하여 진을 치니라. 다윗이 아람 사람을 향하여 진을 치매 저희가 다윗으로 더불어 싸우더니 아람 사람이 이스라엘 앞에서 도망한지라. 다윗이 아람 병거 7천승의 군사와 보병 4만을 죽이고 또 군대장관 소박을 죽이매 하닷에셀의 신복이 자기가 이스라엘 앞에서 패하였음을 보고 다윗으로 더불어 화친하여 섬기고 이 후로는 아람 사람이 암몬 자손 돕기를 싫어하니라.

아람 사람들은 자신들이 이스라엘 앞에서 패하였음을 보고 사자를 보내어 강 건너편에 있는 아람 사람들을 불러내었으나 그들도 이스라엘 앞에서 도망했다. 다윗은 아람의 병거 7천승의 군사들과 보병 4만명을 죽였다. 사무엘하 10:18은 그가 병거 7백승과 마병 4만명을 죽였다고 말한다. 이 두 자료의 숫자의 차이는 분류상의 차이일 것이다. 아마 사무엘하에서의 마병의 숫자 속에는 역대기에서의 병거의 숫자가 포함되었을 것이다.

20장: 암몬 자손들을 징벌함

〔1-3절〕 해가 돌아와서 왕들의 출전할 때가 되매 요압이 그 군대를 거느리고 나가서 암몬 자손의 땅을 훼파하고 가서 랍바를 에워싸고 다윗은 예루살렘에 그대로 있더니 요압이 랍바를 쳐서 함락시키매 다윗이 그 왕의 머리에서 보석 있는 면류관을 취하여 달아보니 중량이 금 한 달란트라 그 면류관을 자기 머리에 쓰니라. 다윗이 또 그 성에서 노략한 물건을 무수히 내어오고 그 가운데 백성을 끌어내어 톱질과 써레질과 도끼질을 하게 하니래[톱과 써래와 도끼로 켜니래](KJV, NASB). 다윗이 암몬 자손의 모든 성읍을 이 같이 하고 모든 백성과 함께 예루살렘으로 돌아오니라.

해가 돌아와서, 혹은 봄이 되어(NASB, NIV), 왕들의 출전할 때가 되자, 요압은 그 군대를 거느리고 나가서 암몬 자손들의 땅을 파괴하였고 가서 수도 랍바를 에워쌌다. 다윗은 예루살렘에 그대로 있었다. 그 전쟁의 상황에 다윗은 예루살렘에 머물면서 범죄하였다. 그것이 사무엘하 11장에 기록된 다윗의 범죄 사건이다. 그는 암몬과의 전쟁에서 하나님의 큰 은혜를 체험하였음에도 불구하고 실수했다. 요압은 랍바를 함락시켰다. 다윗이 그 왕의 머리에 쓰던 보석 있는 면류관, 금 한 달란트 중량의 면류관을 자기 머리에 썼다. 다윗은 또 그 성에서 셀 수 없이 많은 노략물을 내어왔고, 그 가운데 백성을 끌어내어 톱과 써레와 도끼로 처형하였다(KJV, NASB).

〔4-8절〕 이 후에 블레셋 사람과 게셀에서 전쟁할 때에 후사 사람 십브개가 장대한 자의 아들 중에 십배를 쳐죽이매 저희가 항복하였더라. 다시 블레셋 사람과 전쟁할 때에 야일의 아들 엘하난이 가드 사람 골리앗의 아우 라흐미를 죽였는데 이 사람의 창자루는 베틀채 같았더라. 또 가드에서 전쟁할 때에 그곳에 키 큰 자 하나는 매 손과 매 발에 가락이 여섯씩 모두 스물넷이 있는데 저도 장대한 자의 소생이라. 저가 이스라엘을 능욕하는 고로 다윗의 형 시므아의 아들 요나단이 저를 죽이니라. 가드 장대한 자의 소생이라도 다윗의 손과 그 신복의 손에 다 죽었더라.

"이 후에" 즉 암몬과의 전쟁에서 승리한 일이 있은 후에, 이스라엘 백성이 블레셋 사람들과 게셀에서 전쟁할 때, 십브개는 장대한 자의 아들 중에 십배를 쳐죽이매 그들이 항복했다. 가드 장대한 자의 소생들은 다윗의 손과 그 신복들의 손에 다 죽었다. 하나님께서는 다윗의 왕국에 용사들을 주셨고 그들은 비록 상대방이 장대한 자 즉 거인들의 소생(4, 6, 8절)이었고 어떤 이의 창자루는 베틀채 같았어도(5절) 다 이겼다. 그것은 다 하나님의 은혜이었다.

역대상 19-20장의 교훈을 정리해보자. 첫째로, 암몬 자손들은 교만한 마음으로 다윗의 호의를 오해하고 무례히 행하며 그를 모욕하는 잘못을 범했다. 우리는 그런 교만하고 무례한 일을 행하지 말아야 한다.

둘째로, 암몬 자손들은 악하게 행하다가 결국 큰 패배를 경험하였다. 하나님께서는 의인들의 편에 계신다. 하나님의 공의로운 섭리 때문에, 정의는 궁극적으로 승리한다. 악하게 행하는 자는 결국 실패한다.

셋째로, 다윗은 모욕을 당하고 선전포고까지 당했지만, 하나님께서는 다윗의 군대에게 큰 승리를 주셨고, 또 다윗에게 믿음 있고 용감한 용사들을 주셨다. 비록 다윗에게 연약과 실수와 범죄함이 있었음에도 불구하고, 하나님께서는 죄를 회개하고 하나님을 의지한 다윗과 그의 나라에 승리를 주셨다. 우리는 하나님께서 자기 백성을 지키시고 승리하게 하심을 알고 우리는 하나님만 믿고 순종하고 충성해야 한다.

21장: 다윗의 인구 조사

본장은 사무엘하 24장에도 나와 있는 다윗의 인구 조사 사건이다.

〔1-8절〕사단이 일어나 이스라엘을 대적하고 다윗을 격동하여 이스라엘을 계수하게 하니라. 다윗이 요압과 백성의 두목에게 이르되 너희는 가서 브엘세바[남쪽 끝의 도시]에서부터 단[북쪽 끝의 도시]까지 이스라엘을 계수하고 돌아와서 내게 고하여 그 수효를 알게 하라. 요압이 가로되 여호와께서 그 백성을 지금보다 100배나 더하시기를 원하나이다. 내 주 왕이여, 이 백성이 다 내 주의 종이 아니니이까? 내 주께서 어찌하여 이 일을 명하시나이까? 어찌하여 이스라엘로 죄가 있게 하시나이까 하나 왕의 명령이 요압을 재촉한지라. 드디어 떠나서 이스라엘 땅에 두루 다닌 후에 예루살렘으로 돌아와서 백성의 수효를 다윗에게 고하니 이스라엘 중에 칼을 뺄만한 자가 1백 10만이요 유다 중에 칼을 뺄만한 자가 47만이라. 요압이 왕의 명령을 밉게 여겨 레위와 베냐민 사람은 계수하지 아니하였더라. 하나님이 이 일을 괘씸히 여기사[기뻐하지 않으셔서](KJV, NASB) 이스라엘을 치시매 다윗이 하나님께 아뢰되 내가 이 일을 행함으로 큰 죄를 범하였나이다. 이제 간구하옵나니 종의 죄를 사하여 주옵소서. 내가 심히 미련하게 행하였나이다 하니라.

1절은, "사단이 일어나 이스라엘을 대적하고 다윗을 격동하여 이스라엘을 계수하게 하니라"고 말하지만, 사무엘하 24:1은, "여호와께서 다시 이스라엘을 향하여 진노하사 저희를 치시려고 다윗을 감동시키사 가서 이스라엘과 유다의 인구를 조사하라 하신지라"고 말하였다. 본문의 '격동하다'는 원어와 사무엘하 24:1의 '감동시키다'는 원어는 동일하다(수스 סות). 하나님께서는 다윗이 사탄의 충동을 받아 범죄하게 허용하셨다. 사탄은 존재하며 에덴 동산에서처럼 지금도 사람들을 범죄케 하려고 활동한다. 그는 하나님의 사람도 격동시켜 범죄케 할 수 있다. 그는 욥을 시험하였고(욥 1:12; 2:3, 6-7) 베드로에게 잘못된 생각을 주었으며(마 16:23) 그를 밀 까부르듯하였고(눅 22:31) 지금도 우는 사자같이 두루 다니며 삼킬 자를 찾는다(벧전 5:8). 하나님께서 항상 우리를 지켜주지 않으시면 우리는 넘어지기 쉽다. 우리는 깨어 있어야 하고 항상 주의 은혜에 의지하며 조심해야 한다.

요압은 왕의 명령을 따라 이스라엘 땅에 두루 다니며 인구를 조사하였다. 사무엘하 24:8은 그 기간이 9개월 20일이 걸렸다고 말한다. 그는 예루살렘으로 돌아와 이스라엘 중에 칼을 뺄 만한 자가 110만명이요 유다 중에 칼을 뺄 만한 자가 47만명이라고 다윗에게 보고했다. 그는 왕의 명령을 나쁘게 여겨 레위와 베냐민 사람들은 계수하지 않았다. 사무엘하 24:9는 이스라엘에서 칼을 빼는 담대한 자가 80만명이요 유다 사람이 50만명이라고 기록하였다. 유다의 장정들의 숫자는 대략적인 것일 것이며, 이스라엘의 장정들의 숫자는 110만명 중에 담대한 자(카일 חַיִל)[용사]의 숫자일 것이다.

하나님께서는 다윗의 인구 조사의 일을 불쾌하게 여기셔서 이스라엘을 치셨다. 인구 조사는 군대의 숫자를 세는 것이었다. 이스라엘 나라의 힘은 단지 군인의 수에 있지 않고 하나님의 은혜와 능력에 있었다. 그러나 다윗의 인구 조사는 군대의 수를 자랑하는 교만함을 나타내는 것이었다. 그러므로 그것은 하나님 앞에서 큰 죄이었다. 요압은 처음부터 그것을 느꼈고 다윗에게 그것을 하지 말기를 권하였으나, 다윗은 하나님께서 이스라엘 백성을 치시자 뒤늦게 그것을 깨달았다.

〔9-14절〕 여호와께서 다윗의 선견자 갓에게 이르시되 가서 다윗에게 말하여 이르기를 여호와의 말씀이 내가 네게 세 가지를 보이노니 그 중에서 하나를 택하라. 내가 그것을 네게 행하리라 하셨다 하라. 갓이 다윗에게 나아가 고하되 여호와의 말씀이 너는 마음대로 택하라. 혹 3년 기근일지, 혹 네가 석 달을 대적에게 패하여 대적의 칼에 쫓길 일일지, 혹 여호와의 칼 곧 온역이 사흘 동안 이 땅에 유행하며 여호와의 사자가 이스라엘 온 지경을 멸할 일일지 하셨나니 내가 무슨 말로 나를 보내신 이에게 대답할 것을 결정하소서. 다윗이 갓에게 이르되 내가 곤경에 있도다. 여호와께서는 긍휼이 심히 크시니 내가 그의 손에 빠지고 사람의 손에 빠지지 않기를 원하나이다. 이에 여호와께서 이스라엘 백성에게 온역을 내리시매 이스라엘 백성

의 죽은 자가 7만이었더라.

여호와께서는 다윗의 선견자 갓에게 다윗에게 나아가 세 가지 중 하나를 선택하라고 말씀하셨다. 하나님의 징벌은 구체적이었고 엄중하였다. 3년 기근, 석달 피신, 3일 전염병 중 하나를 선택해야 했다. 죄의 징벌은 엄중하다. 다윗은 약 10여년 동안 사울의 칼을 피하여 고생스런 세월을 보내었기 때문에 그것이 얼마나 힘든 일인가를 잘 알고 있었다. 그는 3년 기근이나 석 달 피신보다 3일 전염병을 원하였다. 여호와께서는 이스라엘 백성에게 전염병을 내리셨고 그로 인해 이스라엘 백성의 죽은 자가 7만명이었다.

〔15-19절〕 하나님이 예루살렘을 멸하러 사자를 보내셨더니 사자가 멸하려 할 때에 여호와께서 보시고 이 재앙 내림을 뉘우치사 멸하는 사자에게 이르시되 족하다. 이제는 네 손을 거두라 하시니 때에 여호와의 사자가 여부스 사람 오르난의 타작 마당 곁에 선지라. 다윗이 눈을 들어 보매 여호와의 사자가 천지 사이에 섰고 칼을 빼어 손에 들고 예루살렘 편을 가리켰는지라. 다윗이 장로들로 더불어 굵은 베를 입고 얼굴을 땅에 대고 엎드려 하나님께 아뢰되 명하여 백성을 계수하게 한 자가 내가 아니니이까? 범죄하고 악을 행한 자는 곧 내니이다. 이 양무리는 무엇을 행하였나이까? 청컨대 나의 하나님 여호와여, 주의 손으로 나와 내 아비의 집을 치시고 주의 백성에게 재앙을 내리지 마옵소서. 여호와의 사자가 갓을 명하여 다윗에게 이르시기를 올라가서 여부스 사람 오르난의 타작마당에서 여호와를 위하여 단을 쌓으라 하신지라. 다윗이 이에 갓이 여호와의 이름으로 이른 말씀대로 올라가니라.

하나님께서 예루살렘을 멸하러 천사를 보내셨는데, 천사가 멸하려 할 때 여호와께서 보시고 이 재앙 내림을 뉘우치시고 멸하는 천사에게 "족하다. 이제는 네 손을 거두라"고 말씀하셨다. 천사는 하나님의 심판과 징벌을 받드는 자이다. 하나님께서는 죄에 대해 진노하시고 범죄한 자들에게 징벌하시지만, 자기 백성을 긍휼히 여기시는 자이시다. '하나님께서 뉘우치셨다'는 말은 인간적인 표현이다.

다윗은 눈을 들어보니 여호와의 천사가 하늘과 땅 사이에 섰고 칼을 빼어 손에 들고 있음을 보았다. 그는 하나님께 아뢰었다. "명하여 백성을 계수하게 한 자가 내가 아니니이까? 범죄하고 악을 행한 자는 곧 내니이다. 이 양무리는 무엇을 행하였나이까? 청컨대 나의 하나님 여호와여, 주의 손으로 나와 내 아비의 집을 치시고 주의 백성에게 재앙을 내리지 마옵소서." 이것이 회개하는 자의 바른 태도이다.

여호와의 천사는 갓을 명하여 다윗에게 말하게 하였다. "올라가서 여부스 사람 오르난의 타작마당에서 여호와를 위하여 단을 쌓으라." 다윗은 갓이 여호와의 이름으로 말한 말씀대로 올라갔다.

〔20-30절〕 때에 오르난이 밀을 타작하다가 돌이켜 천사를 보고 네 아들[아들들]과 함께 숨었더니 다윗이 오르난에게 나아가매 오르난이 내어다보다가 다윗을 보고 타작마당에서 나와서 얼굴을 땅에 대고 절하매 다윗이 오르난에게 이르되 이 타작하는 곳을 내게 붙이라. 너는 상당한 값으로 붙이라. 내가 여호와를 위하여 여기 한 단을 쌓으리니 그리하면 온역이 백성 중에서 그치리라. 오르난이 다윗에게 고하되 왕은 취하소서. 내 주 왕의 좋게 여기시는 대로 행하소서. 보소서, 내가 이것들을 드리나이다. 소들은 번제물로, 곡식 떠는 기계는 화목으로, 밀은 소제물로 삼으시기 위하여 다 드리나이다. 다윗 왕이 오르난에게 이르되 그렇지 아니하다. 내가 결단코 상당한 값으로 사리라. 내가 여호와께 드리려고 네 물건을 취하지 아니하겠고 값 없이는 번제를 드리지도 아니하리라 하고 그 기지 값으로 금 600세겔을 달아 오르난에게 주고 다윗이 거기서 여호와를 위하여 단을 쌓고 번제와 화목제를 드려 여호와께 아뢰었더니 여호와께서 하늘에서부터 번제단 위에 불을 내려 응답하시고 사자를 명하시매 저가 칼을 집에 꽂았더라. 이때에 다윗이 여호와께서 여부스 사람 오르난의 타작마당에서 응답하심을 보고 거기서 제사를 드렸으니 옛적에 모세가 광야에서 지은 여호와의 장막과 번제단이 그때에 기브온 산당에 있으나 다윗이 여호와의 사자의 칼을 두려워하여 감히 그 앞에 가서 하나님께 묻지 못함이라.

오르난은 경건하고 착한 성도였다. 그는 하나님의 뜻을 받들어 왕과 백성을 위해 자신의 소들과 곡식 떠는 기계와 밀을 즐거이 드리려 했다. 사무엘하 24:24는 다윗이 은 50세겔로 타작마당과 소를 샀다고 기록하였다. 두 기록의 차이는 아마 기지 범위의 차이 때문일 것이다. 금 600세겔은 기지 전체의 값일 것이다. 다윗은 거기서 여호와를 위해 단을 쌓았고 번제와 화목제를 드려 여호와께 아뢰었다. 번제는 예수 그리스도의 속죄와 우리의 완전한 헌신을 상징하는 제사이며 화목제는 속죄와 하나님과의 교제 회복을 상징하는 제사이었다. 여호와께서는 하늘에서부터 번제단 위에 불을 내려 응답하셨다.

이 곳은 후에 솔로몬이 성전을 지은 바로 그 곳이었다. 역대하 3:1은, "솔로몬이 예루살렘 모리아산에 여호와의 전 건축하기를 시작하니 그 곳은 전에 여호와께서 그 아비 다윗에게 나타나신 곳이요 여부스 사람 오르난의 타작마당에 다윗이 정한 곳이라"고 증거하였다.

본장의 교훈을 정리해보자. 첫째로, 하나님의 사람 다윗이라도 사탄의 충동에 넘어졌다. 사탄은 누구든지 시험한다. 우리는 사탄의 시험에 떨어지지 않도록 하나님의 은혜를 구하며 늘 깨어 조심해야 한다.

둘째로, 다윗의 인구 조사는 그의 교만한 마음에서 나왔다고 본다. 그는 이스라엘 나라의 힘이 하나님께 있음을 잠시 잊어버린 것 같다. 우리는 사람의 지혜와 힘이나 세상적 수단을 의지하는 안이한 생각을 버리고 오직 하나님만 의지하고 그의 힘과 인도하심을 구해야 한다.

셋째로, 우리는 하나님의 진노와 징벌이 엄위함을 알고 범죄치 말아야 한다. 우리는 주 예수의 대속으로 구원 얻은 신약성도들에게도 범죄하면 하나님의 징계가 있음을 잊지 말아야 한다. 히브리서 12:8, "징계는 다 받는 것이거늘 너희에게 없으면 사생자요 참 아들이 아니니라."

넷째로, 우리는 죄를 깨달았을 때 겸손히, 철저히 통회자복해야 한다. 이것이 회개하는 자의 바른 태도이다. 징벌로부터 구원과 회복을 얻는 길은 오직 하나님의 긍휼밖에 없고, 그의 긍휼을 얻기 위해서는 예수 그리스도의 십자가 공로를 의지하며 철저히 회개하는 길밖에 없다.

22장: 성전 건축의 재료를 준비함

본장은 다윗이 죽기 전에 성전 건축의 재료들을 많이 준비하였고 그 아들 솔로몬과 모든 방백들에게 성전 건축을 부탁한 내용이다.

〔1-5절〕 다윗이 가로되 이는 여호와 하나님의 전이요 이는 이스라엘의 번제단이라 하였더라. 다윗이 명하여 이스라엘 땅에 우거하는 이방 사람을 모으고 석수(石手)를 시켜 하나님의 전을 건축할 돌을 다듬게 하고 다윗이 또 문짝못과 거멀못[죔쇠 혹은 연결장식]에 쓸 철을 한 없이 준비하고 또 심히 많아서 중수(重數)[무게]를 셀 수 없는 놋[청동]을 준비하고 또 백향목을 무수히 준비하였으니 이는 시돈 사람과 두로 사람이 백향목을 다윗에게로 많이 수운(輸運)[운반]하여 왔음이라. 다윗이 가로되 내 아들 솔로몬이 어리고 연약하고 여호와를 위하여 건축할 전은 극히 장려하여 만국에 명성과 영광이 있게 하여야 할지라. 그러므로 내가 이제 위하여 준비하리라 하고 죽기 전에 많이 준비하였더라.

앞장의 내용에 이어서 다윗은 오르난의 타작마당을 가리켜 "이는 여호와 하나님의 전이요 이는 이스라엘의 번제단이라"고 말하였다. 과연 그곳은 후에 솔로몬의 성전이 세워진 곳이 되었다(대하 3:1).

다윗은 젊은 때만 주를 위해 일한 것이 아니고 늙은 때도 믿음이 약해져서 세상으로 기울어지거나 마음이 이기적으로 변하지 않고 끝까지 성전 건축의 마음을 간직하고 재료들을 준비하였다. 사도 바울도 노년에 순교의 죽음을 예견하면서 "내가 선한 싸움을 싸우고 나의 달려갈 길을 마치고 믿음을 지켰다"고 간증하였다(딤후 4:7).

〔6-10절〕 다윗이 그 아들 솔로몬을 불러 이스라엘 하나님 여호와를 위하여 전을 건축하기를 부탁하여 이르되 내 아들아, 나는 내 하나님 여호와의 이름을 위하여 전을 건축할 마음이 있었으나 여호와의 말씀이 내게 임하여 이르시되 너는 피를 심히 많이 흘렸고 크게 전쟁하였느니라. 네가 내 앞에서 땅에 피를 많이 흘렸은즉 내 이름을 위하여 전을 건축하지 못하리라. 한 아들이 네게서 나리니 저는 평강[평안]의 사람이라. 내가 저로 사면 모든

대적에게서 평강하게 하리라. 그 이름을 솔로몬이라 하리니 이는 내가 저의 생전에 평안과 안정을 이스라엘에게 줄 것임이니라. 저가 내 이름을 위하여 전을 건축할지라. 저는 내 아들이 되고 나는 저의 아비가 되어 그 나라 위(位)를 이스라엘 위에 굳게 세워 영원까지 이르게 하리라 하셨나니.

하나님께서는 전쟁으로 피를 많이 흘린 다윗이 성전을 건축하는 것을 허락지 않으셨다. 그 대신, 그는 다윗의 아들 솔로몬을 통하여 성전이 건축되도록 뜻하셨다. 하나님께서는 그를 아들로 삼으시고 그 나라의 왕위를 영원히 굳게 세우실 것을 약속하셨다. 하나님의 일은 하나님의 뜻 가운데서 하나님의 정하신 때에 하나님께서 정하신 사람에 의해 이루어질 것이다.

〔11-16절〕내 아들아, 여호와께서 너와 함께하시기를 원하며 네가 형통하여 여호와께서 네게 대하여 말씀하신 대로 여호와의 전을 건축하며 여호와께서 네게 지혜와 총명을 주사 너로 이스라엘을 다스리게 하시고 너의 하나님 여호와의 율법을 지키게 하시기를 더욱 원하노라. 네가 만일 여호와께서 모세로 이스라엘에게 명하신 모든 율례와 규례를 삼가 행하면 형통하리니 강하고 담대하여 두려워 말고 놀라지 말지어다. 내가 환난 중에 여호와의 전을 위하여 금 10만 달란트와 은 1백만 달란트와 놋[청동]과 철을 그 중수[무게]를 셀 수 없을 만큼 심히 많이 예비하였고 또 재목과 돌을 예비하였으나 너는 더할 것이며 또 공장(工匠)이 네게 많이 있나니 곧 석수와 목수와 온갖 일에 익숙한 모든 사람이니라. 금과 은과 놋[청동]과 철이 무수하니 너는 일어나 일하라. 여호와께서 너와 함께 계실지로다.

다윗은 하나님께서 솔로몬과 함께하셔서 그로 하여금 성전을 형통하게 건축케 하시고, 그에게 지혜와 총명을 주셔서 이스라엘 나라를 잘 다스리게 하시고, 무엇보다 그에게 하나님의 율법을 지키게 하시기를 기원하였다. 이 세 가지 곧 성전 건축과 나라 통치와 율법 준행은 다 중요하며 다 하나님의 은혜로만 가능하다. 그러나 그 중에도 세 번째의 내용인 율법 준행은 가장 중요한 일이다. 그래서 다윗은 또 "네가 만일 여호와께서 모세로 이스라엘에게 명하신 모든 율례와 규례를 삼가 행하면 형통하리니 강하고 담대하여 두려워 말고 놀라지 말지어다"라고 말했다. 성도는 다른 무엇을 염려할 것이 없다. 우리는 오직 하나님의 모든 말씀을 힘써 지키는 것을 조심하면 잘 될 것이다. 그것이 형통의 길이며 승리하는 길이다. 사람이 하나님의 법을 지킬 때 또 담대함을 누릴 것이다. 말씀의 순종이 가장 중요하다. 성전 건축은 하나님의 뜻에 순종하는 삶의 한 과정과 내용일 뿐이다.

다윗이 성전 건축의 재료들을 준비한 것은 평시뿐 아니라 환난 중에도이었다(14절). 그는 항상 하나님을 생각했고 성전 건축을 생각하였다. 성도는 평안할 때만 하나님의 일을 생각할 것이 아니고 환난의 날에도 하나님의 일을 생각해야 한다.

〔17-19절〕다윗이 또 이스라엘 모든 방백에게 명하여 그 아들 솔로몬을 도우라 하여 가로되 너희 하나님 여호와께서 너희와 함께하지 아니하시느냐? 사면으로 너희에게 평강[평안]을 주지 아니하셨느냐? 이 땅 거민을 내 손에 붙이사 이 땅으로 여호와와 그 백성 앞에 복종하게 하셨나니 이제 너희는 마음과 정신을 진정하여 너희 하나님 여호와를 구하고 일어나서 여호와 하나님의 성소를 건축하고 여호와의 언약궤와 하나님의 거룩한 기구를 가져다가 여호와의 이름을 위하여 건축한 전에 드리게 하라 하였더라.

구약시대의 성전 건축은 신약시대의 전도와 교회 건립을 가리킨다. 교회 건립은 예배당 건축을 의미하는 것이 아니다. 교회 건립은 영혼들이 구원받고 구원받은 자들이 모여 하나님께 예배드리며 하나님의 뜻을 행하는 것을 의미한다(고전 3:10-15; 엡 2:20-22).

본장의 교훈을 정리해보자. 첫째로, 다윗은 성전 건축을 사모하고 그 재료들을 준비하였다. 하나님의 일은 하나님께서 만세 전에 택하신 자들을 구원하고 그들로 교회를 세우고 그 교회가 하나님의 말씀 안에서 온전케 되게 하는 것이다. 요한복음 6:39-40, "나를 보내신 이의 뜻은 내게 주신 자 중에 내가 하나도 잃어버리지 아니하고 마지막 날에 다시 살리는 이것이니라. 내 아버지의 뜻은 아들을 보고 믿는 자마다 영생을 얻는 이것이니 마지막 날에 내가 이를 다시 살리리라." 우리는 하나님의 일을 위해 힘써야 한다. 주께서는 "나의 양식은 나를 보내신 이의 뜻을 행하며 그의 일을 온전히 이루는 이것이니라"고 말씀하셨다(요 4:34). 우리는 하나님의 일, 곧 전도와 참된 교회의 건립을 위해 기도하며 헌금하며 봉사해야 한다. 우리는 때를 얻든지 못 얻든지 하나님의 일을 힘쓰고 환난 중에도 또 우리가 죽기까지 이 일을 힘써야 한다.

둘째로, 다윗은 그 아들 솔로몬에게 성전 건축의 일을 부탁하였다. 하나님께서는 택자들의 구원과 전도와 교회 건립의 일을 독생자 예수께 부탁하셨다. 한 명의 영혼을 구원하고 그 영혼을 말씀으로 양육하고 참된 교회를 건립하는 일은 이 세상에서 가장 귀하고 중요한 일이다. 주께서는 이 일을 제자들에게 부탁하셨다. 마가복음 16:15, "너희는 온 천하에 다니며 만민에게 복음을 전파하라." 사도 바울도 "하나님 앞과 산 자와 죽은 자를 심판하실 그리스도 예수 앞에서 그의 나타나실 것과 그의 나라를 두고 엄히 명하노니 너는 말씀을 전파하라. 때를 얻든지 못 얻든지 항상 힘쓰라"고 말했다(딤후 4:1-2). 전도와 참 교회의 건립은 이 세상의 그 어떤 일보다 귀하고 중요하다. 우리는 이 일을 우리 자신이 힘쓸 뿐 아니라 또한 우리 자녀들과 친한 이들에게 부탁해야 한다.

셋째로, 다윗은 그 아들 솔로몬에게 특히 하나님의 모든 계명을 힘써 지키라고 당부하였다. 13절, "네가 만일 여호와께서 모세로 이스라엘에게 명하신 모든 율례와 규례를 삼가 행하면 형통하리니 강하고 담대하여 두려워 말고 놀라지 말지어다." 하나님의 뜻은 사람이 하나님 경외하고 그의 계명을 지키는 것이다. 전도서 12:13, "일의 결국을 다 들었으니 하나님을 경외하고 그 명령을 지킬지어다. 이것이 사람의 본분이니라." 물론 우리가 하나님의 명령을 지키려면, 구약성경과 신약성경을 바르게 해석해야 한다. 특히, 구약의 도덕법은 사람을 구원하는 방법이 되지는 못하나 구원 얻은 성도가 오늘날에도 즐거이 지켜야 할 내용들이다. 우리는 성경을 바르게 해석하고 그 내용을 힘써 지켜야 한다.

23장: 레위 자손의 일

〔1-6절〕 다윗이 나이 많아 늙으매 아들 솔로몬으로 이스라엘 왕을 삼고 이스라엘 모든 방백과 제사장과 레위 사람을 모았더라. 레위 사람은 30세 이상으로 계수하였으니 모든 남자의 명수가 3만 8천인데 그 중에 2만 4천은 여호와의 전 사무를 보살피는 자요 6천은 유사(officers, 관리들, 임원들)와 재판관이요 4천은 문지기요 4천은 다윗의[내가](원문; KJV, NIV) 찬송하기 위하여 지은 악기로 여호와를 찬송하는 자라. 다윗이 레위의 아들 게르손과 그핫과 므라리의 각 족속을 따라 그 반열을 나누었더라.

다윗은 말하기를,13) "그 중에 2만 4천명은 여호와의 성전 사무를 보살피는 자요, 6천명은 임원들과 재판관이요, 4천명은 문지기요, 4천명은 내가 찬송하기 위하여 지은 악기로 여호와를 찬송하는 자라"고 했다. 다윗은 나이가 많아 늙었을 때도 하나님의 성전을 세우고자 하는 마음이 변함이 없었다. 그것은 그가 평소에 얼마나 하나님을 사모하고 사랑하였는가를 보인다. 다윗은 레위인들을 각 족속을 따라 그 반열로 나눌 때 그 재능을 따라 일하게 했다. 그들 중에는 일반 봉사자들도 있었고, 임원들과 재판장들, 문지기들, 또 찬양대원들도 있었다. 그들은 다 하나님께서 주신 재능과 직임을 따라 봉사하였다.

〔7-11절〕 게르손 자손은 라단과 시므이라. 라단의 아들들은 족장 여히엘과 또 세담과 요엘 세 사람이요 시므이의 아들들은 슬로밋과 하시엘과 하란 세 사람이니 이는 라단의 [가족의] 족장들이며 또 시므이의 아들들은 야핫과 시나와 여우스와 브리아니 이 네 사람도 시므이의 아들이라. 그 족장은 야핫이요 그 다음은 시사며 여우스와 브리아는 아들이 많지 아니하므로 저희와 한 족속으로 계수되었더라.

〔12-20절〕 그핫의 아들들은 아므람과 이스할과 헤브론과 웃시엘 네 사

---

13) 원문에서 5절에 "내가 만든"이라는 말(아시시 עָשִׂיתִי)을 보면, 4-5절의 내용은 다윗의 말로 볼 수 있다(NIV; KJV은 5절을 다윗의 말로 번역함).

람이라. 아므람의 아들들은 아론과 모세니 아론은 그 자손들과 함께 구별되어 몸을 성결케 하여 영원토록 지극히 거룩한 자가 되어 여호와 앞에 분향하며 섬기며 영원토록 그 이름을 받들어 축복하게 되었으며 하나님의 사람 모세의 아들들은 레위 지파 중에 기록되었으니 모세의 아들은 게르솜과 엘리에셀이라. 게르솜의 아들 중에 스브엘이 족장이 되었고 엘리에셀의 아들은 족장 르하뱌라. 엘리에셀이 이 외에는 다른 아들이 없고 르하뱌의 아들은 심히 많았으며, 이스할의 아들은 족장 슬로밋이요, 헤브론의 아들들은 족장 여리야와 둘째 아마랴와 셋째 야하시엘과 넷째 여가므암이며, 웃시엘의 아들은 족장 미가와 그 다음 잇시야더라.

〔21-23절〕 므라리의 아들들은 마흘리와 무시요 마흘리의 아들들은 엘르아살과 기스라. 엘르아살이 아들이 없이 죽고 딸만 있더니 그 형제 기스의 아들이 저에게 장가들었으며 무시의 아들들은 마흘리와 에델과 여레못 세 사람이더라.

〔24-27절〕 이는 다 레위 자손이니 그 종가(宗家)[조상의 집]를 따라 계수함을 입어 이름이 기록되고 여호와의 전에서 섬기는 일을 하는 20세 이상된 족장들이라. 다윗이 이르기를 이스라엘 하나님 여호와께서 평강을 그 백성에게 주시고 예루살렘에 영원히 거하시나니 레위 사람이 다시는 성막과 그 가운데서 쓰는 모든 기구를 멜 것이 없다 한지라. 다윗의 유언대로 레위 자손이 20세 이상으로 계수되었으니.

레위 자손은 본래 30세 이상으로 50세까지 회막의 일을 해야 했고 (민 4:3), 25세 이상이 된 자들은 아마 배우는 자들로서 회막에 들어와서 섬기며 일하였으나(민 8:24), 본문은 이제부터 20세 이상된 자들이 봉사할 것을 보인다. 그것은, 이스라엘 백성이 광야를 지날 때에는 기구들을 메거나 들거나 운반하는 힘든 일들이 많았을 것이나, 이제 성전을 지으면 그들의 일이 육체적으로는 쉬워질 것이며 일의 분량만 많아질 것이기 때문이라고 보인다.

〔28-32절〕 그 직분은 아론의 자손에게 수종들어 여호와의 전과 뜰과 골방에서 섬기고 또 모든 성물을 정결케 하는 일 곧 하나님의 전에서 섬기는 일과 또 진설병[차려 놓는 떡]과 고운 가루의 소제물 곧 무교전병이나 남비

[냄비]에 지지는 것이나 반죽하는 것이나 또 모든 저울과 자를 맡고 새벽과 저녁마다 서서 여호와께 축사[감사]하며 찬송하며 또 안식일과 초하루와 절기에 모든 번제를 여호와께 드리되 그 명하신 규례의 정한 수효대로 항상 여호와 앞에 드리며 또 회막의 직무와 성소의 직무와 그 형제 아론 자손의 직무를 지켜 여호와의 전에서 수종드는 것이더라.

레위인들은 제사장들의 성막 제사의 일들을 돕는 자들이었다.

본장의 교훈을 정리해보자. 첫째로, 레위 자손들은 성막 제사의 일들을 돕는 자들이었다. 신약 성도는 영적으로 다 제사장이요 레위인이다. 베드로전서 2:9, "너희는 택하신 족속이요 왕 같은 제사장들이요 거룩한 나라요 그의 소유된 백성이니." 우리는 하나님을 힘써 섬겨야 한다.

둘째로, 이스라엘 백성은 성전 중심의 생활을 해야 했다. 그것은 하나님 중심, 언약 중심, 말씀 중심의 삶을 상징했다. 신약교회와 성도들은 하나님의 성전이며 예수 그리스도의 몸이다. 고린도전서 3:16, "너희가 하나님의 성전인 것[을 알지 못하느뇨?]" 에베소서 2:23, "교회는 그의 몸이니." 그러므로 신약교회 성도들은 하나님 중심, 예수 그리스도 중심의 삶, 성경말씀 중심, 성경적 교회 중심의 삶을 살아야 한다.

셋째로, 레위인들은 각자에게 주어신 직무에 충성해야 했다. 우리는 그리스도의 몸의 지체들로서 서로를 귀히 여기며 각각 하나님께 받은 은사대로 하나님을 섬겨야 한다. 고린도전서 12:27, "너희는 그리스도의 몸이요 지체의 각 부분이라." 로마서 12:6-8, "우리에게 주신 은혜대로 받은 은사가 각각 다르니 혹 예언이면 믿음의 분수대로, 혹 섬기는 일이면 섬기는 일로, 혹 가르치는 자면 가르치는 일로, 혹 권위하는 자면 권위하는 일로, 구제하는 자는 성실함으로, 다스리는 자는 부지런함으로, 긍휼을 베푸는 자는 즐거움으로 할 것이니라." 베드로전서 4:10-11, "각각 은사를 받은 대로 하나님의 각양 은혜를 맡은 선한 청지기같이 서로 봉사하라. 만일 누가 말하려면 하나님의 말씀을 하는 것같이 하고 누가 봉사하려면 하나님의 공급하시는 힘으로 하는 것같이 하라."

24장: 제사장들의 24반

〔1-5절〕 아론 자손의 반차(班次)가 이러하니라. 아론의 아들들은 나답과 아비후와 엘르아살과 이다말이라. 나답과 아비후가 그 아비보다 먼저 죽고 아들이 없으므로 엘르아살과 이다말이 제사장의 직분을 행하였더라. 다윗이 엘르아살의 자손 사독과 이다말의 자손 아히멜렉으로 더불어 저희를 나누어 각각 그 섬기는 직무를 맡겼는데 엘르아살의 자손 중에 족장이 이다말의 자손보다 많으므로 나눈 것이 이러하니 엘르아살 자손의 족장이 16이요 이다말 자손은 그 열조의 집을 따라 여덟이라. 이에 제비뽑아 피차에 차등이 없이 나누었으니 이는 성소의 일을 다스리는 자와 하나님의 일을 다스리는 자가 엘르아살의 자손 중에도 있고 이다말의 자손 중에도 있음이라.

'반차'라는 원어(마클레코삼 מַחְלְקוֹתָם)는 '반(班)들'이라는 뜻이다(KJV, NASB). 본문은 아론의 자손 제사장들의 24반을 말하기 전에 먼저 아론의 네 아들들에 대해 말한다. 그들은 나답과 아비후와 엘르아살과 이다말이었다. 그 중에 첫째와 둘째는, 이스라엘이 애굽에서 나와 광야에서 생활했을 때 여호와의 명하시지 않은 다른 불을 담아 여호와 앞에 분향했다가 불이 여호와 앞에서 나와 그들을 삼켜 여호와 앞에서 즉시 죽었다(레 10:1-2). 그것은 하나님의 두려우심을 나타내었고, 또 하나님의 일이 그의 명령대로 바르게 이루어져야 함을 보이며, 또 하나님의 일을 위해 단지 많은 봉사자들이 필요한 것이 아니고, 하나님의 명령과 법을 지키는 충성된 자들이 필요함을 보인다.

제사장의 직무는 세 가지이었다(대상 23:13). 첫째는 제사를 드리는 것이며 둘째는 분향하는 것이며 셋째는 백성을 축복하는 것이었다. 제사는 일차적으로 예수 그리스도의 속죄사역을 예표하며 분향은 그의 중보 사역을 상징하며 축복은 그가 자기 백성을 위해 하나님의 은혜와 하나님의 평안의 복을 주심을 예표하였다(민 6:24-26).

〔6-19절〕 레위 사람 느다넬의 아들 서기관 스마야가 왕과 방백과 제사

장 사독과 아비아달의 아들 아히멜렉과 및 제사장과 레위 사람의 족장 앞에서 그 이름을 기록하여 엘르아살의 자손 중에서 한 집을 취하고 이다말의 자손 중에서 한 집을 취하였으니 첫째로 제비뽑힌 자는 여호야립이요 둘째는 여다야요 셋째는 하림이요 넷째는 스오림이요 다섯째는 말기야요 여섯째는 미야민이요 일곱째는 학고스요 여덟째는 아비야요 아홉째는 예수아요 열째는 스가냐요 열한째는 엘리아십이요 열둘째[열두째]는 야김이요 열셋째는 훕바요 열넷째는 예세브압이요 열다섯째는 빌가요 열여섯째는 임멜이요 열일곱째는 헤실이요 열여덟째는 합비세스요 열아홉째는 브다히야요 스무째는 여헤스겔이요 스물한째는 야긴이요 스물둘째는 가물이요 스물셋째는 들라야요 스물넷째는 마아시야라. 이와 같은 반차로[순서로](KJV) 여호와의 전에 들어가서 이스라엘 하나님 여호와께서 저희 조상 아론에게 명하신 규례대로 수종들었더라.

　　제사장들은 엘르아살의 자손과 이다말의 자손 중에서 골고루 한 집씩 취하여 모두 24반으로 나누었다. 그들은 순서로 여호와의 전에 들어가서 이스라엘 하나님 여호와께서 그들의 조상 아론에게 명하신 규례대로 섬겼다. 제사장들의 24반은 많은 사람들 앞에서 제비뽑아서 공평하게, 공개적으로, 공명정대하게 편성되었다. 모든 제사장들은 하나님 앞에서 공평하게 봉사의 기회를 얻었다.

　　〔20-31절〕 레위 자손 중에 남은 자는 이러하니 아므람의 아들 중에는 수바엘이요 수바엘의 아들 중에는 예드야며, 르하뱌에게 이르러는 그 아들 중에 족장 잇시야요, 이스할의 아들 중에는 슬로못이요 슬로못의 아들 중에는 야핫이요, 헤브론의 아들들은 장자 여리야와 둘째 아마랴와 셋째 야하시엘과 넷째 여가므암이요, 웃시엘의 아들은 미가요 미가의 아들 중에는 사밀이요 미가의 아우는 잇시야라. 잇시야의 아들 중에는 스가랴며, 므라리의 아들은 마흘리와 무시요 야아시야의 아들은 브노니 므라리의 자손 야아시야에게서 난 자는 브노와 소함과 삭굴과 이브리요 마흘리의 아들 중에는 엘르아살이니 엘르아살은 무자(無子)하며 기스에게 이르러는 그 아들 여라므엘이요 무시의 아들은 마흘리와 에델과 여리못이니 이는 다 그 족속대로 기록한 레위 자손이라. 이 여러 사람도 다윗 왕과 사독과 아히멜렉과 및 제사장과 레위 족장 앞에서 그 형제 아론 자손처럼 제비 뽑혔으니 장자의 종가

와 그 아우의 종가가 다름이 없더라.

레위 자손의 남은 자들도 제비 뽑혀 직무를 분담받았다.

본장의 교훈을 정리해보자. 첫째로, 대제사장 아론과 그 외의 제사장들의 제사 직무는 일차적으로 예수 그리스도와 그의 속죄사역을 예표했다. 예수 그리스도께서는 우리를 위해 아버지께 속죄의 제사를 드리셨고 자신을 번제물, 화목제물, 속죄제물로 드리셨다. 히브리서 9:12는, "[예수께서는] 염소와 송아지의 피로 아니하고 오직 자기 피로 영원한 속죄를 이루사 단번에 성소에 들어가셨느니라." 히브리서 10:12, "그리스도는 죄를 위하여 한 영원한 제사를 드리시고 하나님 우편에 앉으셨느니라." 우리는 대제사장이신 예수 그리스도와 그의 속죄의 피를 믿음으로 죄사함과 의롭다 하심을 얻은 것을 하나님께 감사해야 한다.

둘째로, 신약 성도는 다 왕 같은 제사장이다. 베드로전서 2:9, "너희는 택하신 족속이요 왕 같은 제사장들이요." 히브리서 10:19, "형제들아, 우리가 예수의 피를 힘입어 성소에 들어갈 담력을 얻었노라." 신약 성도는 다 하나님을 섬기는 자들이다. 거기에는 어떤 차별이 없다. 그러므로 로마서 12:1은, "형제들아, 내가 하나님의 모든 자비하심으로 너희를 권하노니 너희 몸을 하나님이 기뻐하시는 거룩한 산 제사로 드리라. 이는 너희의 드릴 영적 예배니라"고 말한다. 우리는 예수 그리스도의 이름으로 하나님께 찬송하며 기도 드리고 하나님의 선한 일들에 힘써야 한다.

셋째로, 그러나 하나님의 일들은 하나님의 방법으로 이루어져야 한다. 이스라엘 백성이 애굽에서 나와 광야에서 지날 때 나답과 아비후는 여호와의 명하지 않은 다른 불로 분향하다가 죽임을 당했다. 하나님의 일은 성경에 계시된 하나님의 방법으로 이루어져야 한다. 교회는 성경 교훈대로 장로들과 집사들을 세워야 하고, 이단자들을 포용해서는 안 된다. 사도 바울은 사도들의 교훈대로 행하지 않는 모든 형제들에게서 떠나라고 말하였다(살후 3:6). 우리는 성경의 교훈대로 행해야 한다.

25장: 노래하는 자들

〔1절〕 다윗이 군대장관들로 더불어 아삽과 헤만과 여두둔의 자손 중에서 구별하여 섬기게 하되 수금과 비파와 제금을 잡아 신령한 노래를 하게[예언하게](KJV, NASB, NIV) 하였으니 그 직무대로 일하는 자의 수효가 이러하니라.

다윗과 군대장관들은 아삽과 헤만과 여두둔의 자손 중에서 구별하여 섬기게 하되 수금과 비파와 제금을 잡아 신령한 노래를 하게 하였다. 본장은 노래하는 직무를 가진 레위인들에 대해 기록한다.

아삽과 헤만과 여두둔은 각각 레위의 아들 게르손과 그핫과 므라리의 자손들이다. 아삽은 게르손의 자손이며, 헤만은 그핫의 자손이며, 여두둔 혹은 에단(대상 6:44)은 므라리의 자손이다(대상 6:33-48). 레위의 세 아들의 자손들이 다윗 시대에 찬양대로 봉사하였다.

그들은 목소리로 찬양하였을 뿐 아니라, 악기들을 사용하여 찬양하였다. 본문에는 수금과 비파와 제금(심벌, cymbal)이 언급되고 5절에는 나팔도 언급된다. 시편 150:3-5에는 나팔, 비파, 수금, 소고(작은북), 현악, 퉁소, 큰 소리나는 제금, 높은 소리나는 제금을 언급한다. 사람들의 목소리를 포함해 각종 악기들이 하나님을 찬양하는 일에 사용되었다. 오늘날 파이프 오르간이나 전자 오르간은 각종 악기의 소리를 재현하는 좋은 악기라고 생각된다. 우리는 우리의 목소리와 더불어 악기들을 사용하여 하나님을 찬양할 수 있다.

본문은 레위인들이 찬양하는 것을 '신령한 노래를 하는 것'이라고 표현하였다. 원문(나바 נָבָא)의 뜻은 영어성경들(KJV, NASB, NIV)의 번역대로 '예언하다'는 뜻이다. 2, 3절은 그들이 '신령한 노래를 한다'고 말했고, 5절은 헤만을 "하나님의 말씀을 받는 왕의 선견자"라고 했다. 성경에서 '선견자'라는 원어(코제 חֹזֶה)는 '선지자'(나비 נָבִיא)와 동의어로 쓰인다(왕하 17:13; 대상 21:9 등). 레위인들의 찬양 사역은 성령의 감동 가운데 이루어진 선지자적 사역이었다.

우리는 성령의 충만함을 얻을 때와 그리스도의 말씀의 충만함을 얻을 때 하나님을 더욱 찬양할 수 있다. 에베소서 5:18-19, "술 취하지 말라. 이는 방탕한 것이니 오직 성령의 충만을 받으라. 시와 찬미와 신령한 노래들로 서로 화답하며 너희의 마음으로 주께 노래하며 찬송하라." 골로새서 3:16, "그리스도의 말씀이 너희 속에 풍성히 거하여 모든 지혜로 피차 가르치며 권면하고 시와 찬미와 신령한 노래를 부르며 마음에 감사함으로 하나님을 찬양하라."

[2-6절] 아삽의 아들 중 삭굴과 요셉과 느다냐와 아사렐라니 이 아삽의 아들들이 아삽의 수하에 속하여 왕의 명령을 좇아 신령한 노래를 하며[예언하며] 여두둔에게 이르러는 그 아들[들] 그달리야와 스리와 여사야와 하사뱌와 맛디디야 여섯 사람이니 그 아비 여두둔의 수하에 속하여 수금을 잡아 신령한 노래를 하며[예언하며] 여호와께 감사하며 찬양하며 헤만에게 이르러는 그 아들[들] 북기야와 맛다냐와 웃시엘과 스브엘과 여리못과 하나냐와 하나니와 엘리아다와 깃달디와 로암디에셀과 요스브가사와 말로디와 호딜과 마하시옷이라. 이는 다 헤만의 아들들이니 나팔을 부는 자며 헤만은 하나님의 말씀을 받드는 왕의 선견자라. 하나님이 헤만에게 열네 아들과 세 딸을 주셨더라. 이들이 다 그 아비의 수하에 속하여 제금과 비파와 수금을 잡아 여호와 하나님의 전에서 노래하여 섬겼으며 아삽과 여두둔과 헤만은 왕의 수하에 속하였으니.

레위인들의 찬양 사역은 매우 질서 있게 이루어졌다. 그들은 각기 그 부친의 수하에 속하였고 또 왕의 수하에 속하여 그의 명령을 좇아 행했다. 하나님께 드리는 찬양 사역은 오늘날 어떤 이들처럼 무질서해서는 안 된다. 무질서와 광란은 옛부터 이방 종교나 샤마니즘의 한 특징이었다. 오늘날 록 음악이나 랩 음악은 그런 특징을 지닌다. 그러나 하나님께서는 어지러움의 하나님이 아니시다(고전 14:33).

[7절] 저희와 모든 형제 곧 여호와 찬송하기를 배워 익숙한 자의 수효가 288인이라.

레위인들 곧 아삽과 헤만과 여두둔의 모든 친족들 곧 여호와 찬송하기를 배워 익숙한 자의 수효가 288인이었다. '배워'라는 원어(멜룸메데 מְלֻמְּדֵי)는 '훈련받아'(trained)(BDB, NASB, NIV)라는 뜻이고, '익숙한'이라는 원어(메빈 מֵבִין)는 '[음악에 대한] 이해가 생긴, 익숙한(NASB), 가르치는 자가 된(BDB)'이라는 뜻이다. 성악이든지 기악이든지 노래나 음악은 재능도 중요하지만, 연습과 훈련이 중요하다. 음정과 발음의 많은 연습을 통해 아름답게 노래를 할 수 있고, 땀흘리는 연습을 통해 좋은 악기 연주를 할 수 있다. 합창은 각 파트의 음정과 발음 연습, 전체적 화음 연습, 반주하는 악기의 소리 조절, 또 찬양대원들의 얼굴 표정까지 잘 다듬어질 때 가장 아름다운 찬양을 부를 수 있을 것이다. 또 많은 연습은 음악을 이해하게 만든다.

〔8-31절〕 이 무리의 큰 자나 작은 자나 스승이나 제자를 무론하고 일례로 제비뽑아 직임을 얻었으니 첫째로 제비뽑힌 자는 아삽의 아들 중 요셉이요 둘째는 그달리야니 저와 그 형제와 아들[아들이] 12인이요 셋째는 삭굴이니 그 아들과 형제와[형제가]14) 12인이요 넷째는 이스리니 그 아들과 형제와 12인이요 다섯째는 느다냐니 그 아들과 형제와 12인이요 여섯째는 북기야니 그 아들과 형제와 12인이요 일곱째는 여사렐라니 그 아들과 형제와 12인이요 여덟째는 여사야니 그 아들과 형제와 12인이요 아홉째는 맛다냐니 그 아들과 형제와 12인이요 열째는 시므이니 그 아들과 형제와 12인이요 열한째는 아사렐이니 그 아들과 형제와 12인이요 열두째는 하사뱌니 그 아들과 형제와 12인이요 열셋째는 수바엘이니 그 아들과 형제와 12인이요 열넷째는 맛디디야니 그 아들과 형제와 12인이요 열다섯째는 여레못이니 그 아들과 형제와 12인이요 열여섯째는 하나냐니 그 아들과 형제와 12인이요 열일곱째는 요스브가사니 그 아들과 형제와 12인이요 열여덟째는 하나니니 그 아들과 형제와 12인이요 열아홉째는 말로디니 그 아들과 형제와 12인이요 스무째는 엘리아다니 그 아들과 형제와 12인이요 스물한

---

14) 10-31절에서, '형제와'라는 구절은 모두 '형제가'로 고쳐야 한다(KJV, NASB, NIV). 각 반은 열두 명씩이며, 모두 합쳐서 288명이다(7절).

째는 호딜이니 그 아들과 형제와 12인이요 스물둘째는 깃달디니 그 아들과
형제와 12인이요 스물셋째는 마하시옷이니 그 아들과 형제와 12인이요 스
물넷째는 로암디에셀이니 그 아들과 형제와 12인이었더라.

8절부터 31절까지는 찬양하는 레위인들이 제비뽑기를 통해 골고루
봉사의 직무를 행했음을 증거한다. 찬양의 직무에 있어서는 어른이
나 아이나 선생이나 제자나 차별 없이 다 제비뽑기를 통해 직무를 행
했다. 찬양대원들은 열두 명을 한 반으로 하여 모두 24반으로 편성되
었다. 그들은 교대로 찬양의 직무를 수행했을 것이다.

본장의 교훈을 정리해보자. 첫째로, 레위인들은 성령의 감동 속에서
노래하는 직무를 잘 수행했다. 3절, "신령한 노래를 하며[예언을 하며]."
하나님께서는 그의 찬송을 위하여 우리를 창조하셨다. 이사야 43:21,
"이 백성은 내가 나를 위하여 지었나니 나의 찬송을 부르게 하려 함이
니라." 찬양은 모든 성도의 의무이며 성경말씀의 지식과 성령의 감동
안에서 해야 할 영적인 일이다. 에베소서 5:18-19, "성령의 충만을 받으
라. 시와 찬미와 신령한 노래들로 서로 화답하며 너희의 마음으로 주께
노래하며 찬송하며." 골로새서 3:16, "그리스도의 말씀이 너희 속에 풍
성히 거하여 모든 지혜로 피차 가르치며 권면하고 시와 찬미와 신령한
노래를 부르며 마음에 감사함으로 하나님을 찬양하고."

둘째로, 레위인들은 목소리와 함께 악기들을 사용해 하나님을 찬송
하였다. 7절, "여호와 찬송하기를 배워 익숙한 자가 288인이라." 역대상
9:33, "찬송하는 자가 있으니 곧 레위 족장이라. 저희가 골방에 거하여
주야로 자기 직분에 골몰하므로 다른 일은 하지 아니하였더라." 우리는
우리의 목소리와 악기를 잘 연습하여 가장 아름답게 찬양해야 한다.

셋째로, 레위인들은 질서 있게 하나님을 찬양하였다. 오늘날 무질서
하고 혼란스런 음악 풍조가 거룩한 교회에까지 들어오고 있다. 우리는
그런 풍조를 배격하고 경건하고 질서 있고 아름답게 하나님을 찬양해
야 한다. 고린도전서 14:33, "하나님은 어지러움의 하나님이 아니시요."

26장: 문지기들의 반

다윗은 성전을 짓기 전에 하나님의 감동과 하나님께 대한 사랑과 열심으로 레위인들에게 성전 봉사의 일들을 조직적이게 분담시켰다.

〔1-11절〕 문지기의 반차(마클레코스 מַחְלְקוֹת)**[반]가 이러하니라. 고라 족속 아삽의 자손 중에 고레의 아들 므셀레먀와 므셀레먀의 아들들 맏아들 스가랴와 둘째 여디야엘과 셋째 스바댜와 넷째 야드니엘과 다섯째 엘람과 여섯째 여호하난과 일곱째 엘여호에내며, 오벧에돔의 아들들 맏아들 스마야와 둘째 여호사밧과 셋째 요아와 넷째 사갈과 다섯째 느다넬과 여섯째 암미엘과 일곱째 잇사갈과 여덟째 브울래대니 이는 하나님이 오벧에돔에게 복을 주셨음이며 그 아들 스마야도 두어 아들을 낳았으니 저희의 족속을 다스리는 자요 큰 용사**(김보레 카일 גִּבּוֹרֵי חָיִל)**[유능한 용사들]라. 스마야의 아들들은 오드니와 르바엘과 오벳과 엘사밧이며 엘사밧의 형제 엘리후와 스마갸는 능력이 있는 자**(이쉬 카일 אִישׁ־חָיִל)**[유능한 사람]니 이는 다 오벧에돔의 자손이라. 저희와 그 아들들과 그 형제들은 다 능력이 있어 그 직무를 잘하는 자니 오벧에돔에게서 난 자가 62명이며, 또 므셀레먀의 아들과 형제 18인은 능력이 있는 자**(베네 카일 בְּנֵי חָיִל)**[유능한 아들들]며, 므라리 자손 중 호사가 아들들이 있으니 그 장자는 시므리라. 시므리는 본래 맏아들이 아니나 그 아비가 장자를 삼았고 둘째는 힐기야요 셋째는 드발리야요 넷째는 스가랴니 호사의 아들과 형제가 13인이더라.**

1-19절은 문지기의 반에 대해 기록한다. 고라는 레위의 아들들 중 그핫의 손자이었다(민 16:1). 그는 유명한 족장 250명과 함께 지도자 모세를 대적하다가 하나님께서 진노하심으로 땅이 갈라져 그와 그에게 속한 모든 사람들이 산 채로 땅 속에 매장되었다(민 16:32). 그런데 하나님께서는 진노 중에서도 그 자손을 남겨두셨고 성전의 문지기를 삼으신 것이다. 고라의 아들들은 죽지 않았다(민 26:11).

또 문지기 중에 오벧에돔이 복을 받았다. 그에게 62명의 자손들이 있었고 그들 중에는 유능한 용사들과 유능한 사람들이 있었다. 그 외에 므셀레먀에게도 유능한 자들이 있었다.

〔12-19절〕이상은 다 문지기의 반장으로서 그 형제처럼 직임을 얻어 여호와의 전에서 섬기는 자라. 각 문을 지키기 위하여 그 종족을 따라 무론 대소하고 다 제비 뽑혔으니 셀레먀[2절의 므셀레먀와 동일인물인 듯함]는 동방에 당첨되었고, 그 아들 스가랴는 명철한 의사(議士)(요에츠 יוֹעֵץ)[조언재]라. 저를 위하여 제비 뽑으니 북방에 당첨되었고, 오벧에돔은 남방에 당첨되었고, 그 아들들은 곳간[창고]에 당첨되었으며, 숩빔과 호사는 서방에 당첨되어 큰 길로 통한 살래겟 문 곁에 있어 서로 대하여 파수하였으니, 동방에 레위 사람이 여섯이요 북방에 매일 네 사람이요 남방에 매일 네 사람이요 곳간[창고]에는 둘씩이며 낭실 서편 큰 길에 네 사람이요 낭실에 두 사람이니 고라와 므라리 자손의 문지기의 반차가 이러하였더라.

문지기의 반장들도 그 형제들처럼 직임을 얻어 여호와의 전에서 섬겼고 성전 문들을 지키기 위해 그 종족을 따라 큰 자나 작은 자나 다 제비로 뽑혔다. 이들은 하나님의 성전을 잘 지켜야 하였다.

〔20-28절〕레위 사람 중에 아히야는 하나님의 전 곳간[창고]과 성물(聖物) 곳간을 맡았으며 라단의 자손은 곧 라단에게 속한 게르손 사람의 자손이니 게르손 사람 라단에게 속한 족장은 여히엘리라. 여히엘리의 아들은 스담과 그 아우 요엘이니 여호와의 전 곳간을 맡았고 아므람 자손과 이스할 자손과 헤브론 자손과 웃시엘 자손 중에 모세의 아들 게르솜의 자손 스브엘은 곳간을 맡았고 그 형제 곧 엘리에셀에게서 난 자는 그 아들 르하뱌와 그 아들 여사야와 그 아들 요람과 그 아들 시그리와 그 아들 슬로못이라. 이 슬로못과 그 형제는 성물의 모든 곳간을 맡았으니 곧 다윗 왕과 족장과 천부장과 백부장과 군대의 모든 장관이 구별하여 드린 성물이라. 저희가 싸울 때에 노략하여 얻은 물건 중에서 구별하여 드려 여호와의 전을 중수(重修)하게 한 것이며 선견자 사무엘과 기스의 아들 사울과 넬의 아들 아브넬과 스루야의 아들 요압이 무론 무엇이든지 구별하여 드린 성물은 다 슬로못과 그 형제의 수하에 있었더라.

레위 사람 중에 아히야, 스담, 스브엘 등은 성전의 창고를 맡았고 특히 슬로못은 하나님께 바쳐진 물건들을 보관하는 창고를 맡았다.

〔29-32절〕이스할 자손 중에 그나냐와 그 아들들은 이스라엘 바깥일을 다스리는 유사(쇼테림 שֹׁטְרִים)[officers, 관리들]와 재판관이 되었고 헤브론 자손 중에 하사뱌와 그 동족 용사 1천 7백인은 요단 서편에서 이스라엘을 주관하여 여호와의 모든 일과 왕을 섬기는 직임을 맡았으며 헤브론 자손 중에 여리야가 그 세계(世系)[족보]와 종족대로 헤브론 자손의 족장이 되었더라. 다윗이 위(位)에 있은 지 40년에 길르앗 야셀에서 그 족속 중에 구하여 큰 용사를 얻었으니 그 형제 중 2천 7백명이 다 용사요 족장이라. 다윗 왕이 저희로 르우벤과 갓과 므낫세 반 지파를 주관하여 하나님의 모든 일과 왕의 일을 다스리게 하였더라.

그나냐와 그 아들들은 관리들과 재판관들로서 이스라엘 바깥일, 즉 성전 봉사의 직무가 아닌 일을 맡았고 하사뱌와 그 동족 용사 1천 7백명과 여리야와 그 형제 용사 2천 7백명은 각각 요단강 서쪽과 동쪽에서 하나님의 모든 일과 왕의 일을 다스렸다.

본장의 교훈을 정리해보자. 첫째로, 문지기들 중에 고라의 자손들이 있었다. 고라의 자손들은 모세를 대적했던 고라의 죄로 죽었어야 했던 자들이었으나 하나님의 은혜로 남겨졌다. 우리의 우리된 것도 하나님의 은혜 때문이다. 우리는 그 은혜에 보답하며 바르게 살아야 한다.

둘째로, 문지기들 중에 오벧에돔은 복을 받았다. 오벧에돔의 가문은 복된 가문이 되었다. 우리가 하나님의 일들에 충성할 때 하나님께서는 우리와 우리 자녀들을 복 주실 것이다. 우리는 하나님을 경외하고 맡겨진 일들에 충성하여 우리와 우리 자손들이 복을 받기를 원한다.

셋째로, 레위인들은 문지기나 창고 지킴이나 바깥일 다스리는 관리나 재판관이나 하나님의 모든 일과 왕의 일을 다스렸다. 그들 중에는 '큰 용사,' '능력이 있는 자,' '용사'도 많았다(6, 7, 8, 9, 30, 31, 32절). 우리가 무슨 일을 맡았는가, 어떤 직분을 가졌는가보다 우리가 맡은 일을 어떻게 잘 수행하였는가가 중요하다. 우리는 우리가 맡은 봉사의 직무가 무엇이든지 간에 각자 맡은 일에 유능한 봉사자가 되어야 한다.

27장: 다윗 정부의 편성

〔1-15절〕 이스라엘 자손의 모든 족장과 천부장과 백부장과 왕을 섬기는 유사들[관리들]이 그 인수대로 반차[반]가 나누이니 각 반열[반]이 2만 4천 명씩이라. 일년 동안 달마다 체번(替番)하여 들어가며 나왔으니 정월 첫반의 반장은 삽디엘의 아들 야소브암이요 그 반열에 2만 4천명이라. 저는 베레스의 자손으로서 정월반의 모든 장관의 두목이 되었고, 2월반의 반장은 아호아 사람 도대요 또 미글롯이 그 반의 주장이 되었으니 그 반열에 2만 4천명이요, 3월 군대의 셋째 장관은 대제사장 여호야다의 아들 브나야요 그 반열에 2만 4천명이라. 이 브나야는 30인 중에 용사요 30인 위에 있으며 그 반열 중에 그 아들 암미사밧이 있으며, 4월 넷째 장관은 요압의 아우 아사헬이요 그 다음은 그 아들 스바댜니 그 반열에 2만 4천명이요, 5월 다섯째 장관은 이스라 사람 삼훗이니 그 반열에 2만 4천명이요, 6월 여섯째 장관은 드고아 사람 익게스의 아들 이라니 그 반열에 2만 4천명이요, 7월 일곱째 장관은 에브라임 자손에 속한 발론 사람 헬레스니 그 반열에 2만 4천명이요, 8월 여덟째 장관은 세라 족속 후사 사람 십브개니 그 반열에 2만 4천명이요, 9월 아홉째 장관은 베냐민 자손 아나돗 사람 아비에셀이니 그 반열에 2만 4천명이요, 10월 열째 장관은 세라 족속 느도바 사람 마하래니 그 반열에 2만 4천명이요, 11월 열 한째 장관은 에브라임 자손에 속한 비라돈 사람 브나야니 그 반열에 2만 4천명이요, 12월 열두째 장관은 옷니엘 자손에 속한 느도바 사람 헬대니 그 반열에 2만 4천명이었더라.

이스라엘 자손의 모든 족장들과 천부장들과 백부장들과 왕을 섬기는 관리들은 그 인수대로 반차가 나누였는데 각 반이 24,000명씩이었고 일년 동안 달마다 순서대로 들어가며 나왔다. 고급 관리들의 열두 반은 권력을 분산시키는 뜻이 있어 보인다. 그것은 다윗 왕국의 안정과 분열 방지를 위해 지혜로운 방법이었고, 또 조직이나 사람들보다 하나님만 의지하는 다윗의 믿음을 반영한다고 보인다. 예비군의 수는 많았겠지만, 상비군의 수는 적었다고 보인다. 또 그것은 부수적으로 몇 가지 의미를 가진다고 본다. 첫째, 많은 사람들이 골고루, 평등하게 봉사에 참여했다. 둘째, 공무원들이 너무 공무(公務)에 치중하여 개인생활이나 가정생활을 소홀히 하지 않게 배려하였다고 보인다. 그들은 1년에 한 달만 공무에 종사하였고 나머지는 자기의 일상생활을 하였다. 셋째로, 고위 공무원과 고급 군장교들로 인한 재정 지출을 최소화하였다. 그것은 국민의 세금 부담을 덜어 주었을 것이다.

〔16-24절〕이스라엘 지파를 관할하는 자는 이러하니라. 르우벤 사람의 관장은 시그리의 아들 엘리에셀이요, 시므온 사람의 관장은 마아가의 아들 스바댜요, 레위 사람의 관장은 그무엘의 아들 하사뱌요, 아론 자손의 관장은 사독이요, 유다의 관장은 다윗의 형 엘리후요, 잇사갈의 관장은 미가엘의 아들 오므리요, 스불론의 관장은 오바댜의 아들 이스마야요, 납달리의 관장은 아스리엘의 아들 여레못이요, 에브라임 자손의 관장은 아사시야의 아들 호세아요, 므낫세 반 지파의 관장은 브다야의 아들 요엘이요, 길르앗에 있는 므낫세 반 지파의 관장은 스가랴의 아들 잇도요, 베냐민의 관장은 아브넬의 아들 야아시엘이요, 단의 관장은 여로함의 아들 아사렐이니, 이스라엘 지파의 관장이 이러하며 이스라엘 사람의 20세 이하의 수효는 다윗이 조사하지 아니하였으니 이는 여호와께서 전에 말씀하시기를 이스라엘 사람을 하늘의 별같이 많게 하리라 하셨음이라. 스루야의 아들 요압이 조사하기를 시작하고 끝내지 못하여서 그 일로 인하여 진노가 이스라엘에게 임한지라. 그 수효를 다윗 왕의 역대지략에 기록하지 아니하였더라.

본문은 이스라엘 지파들을 관할하는 사람들을 열거하였다. 아셀 지파와 갓 지파의 관장이 빠진 이유는 언급되어 있지 않다. 이스라엘 사람의 20세 이하의 수효는 다윗이 조사하지 않았다.

〔25-31절〕아디엘의 아들 아스마윗은 왕의 곳간을 맡았고, 웃시야의 아들 요나단은 밭과 성읍과 촌과 산성의 곳간을 맡았고, 글룹의 아들 에스리는 밭 가는 농부를 거느렸고 라마 사람 시므이는 포도원을 맡았고, 스밤 사람 삽디는 포도원의 소산 포도주 곳간을 맡았고, 게델 사람 바알하난은 평야의 감람나무와 뽕나무를 맡았고, 요아스는 기름 곳간을 맡았고, 사론 사람 시드래는 사론에서 먹이는 소떼를 맡았고, 아들래의 아들 사밧은 골짜기

에 있는 소떼를 맡았고, 이스마엘 사람 오빌은 약대를 맡았고, 메로놋 사람 예드야는 나귀를 맡았고, 하갈 사람 야시스는 양떼를 맡았으니, 다윗 왕의 재산을 맡은 자들이 이러하였더라.

25-31절은 왕의 재산을 맡은 자들 곧 재산 관리자들을 열거한다. 그들은 각기 왕의 창고 담당, 왕의 소유인 밭과 성읍과 촌과 산성의 창고 담당, 밭 가는 농부들 담당, 포도원 농부들 담당, 포도원 소산인 포도주 창고 담당, 평야의 감람나무와 뽕나무 담당, 기름 창고 담당, 사론의 소떼 담당, 골짜기의 소떼 담당, 약대 담당, 나귀 담당, 양떼 담당 등, 각 사람의 지식과 능력에 따라 책임을 부여받았다.

[32-34절] 다윗의 아자비 요나단은 지혜가 있어서 모사[참모, 조언자]가 되며 서기관도 되었고 학모니의 아들 여히엘은 왕의 아들들의 배종[수행원, 선생]이 되었고, 아히도벨은 왕의 모사가 되었고, 아렉 사람 후새는 왕의 벗이 되었고, 브나야의 아들 여호야다와 아비아달은 아히도벨의 다음이 되었고, 요압은 왕의 군대장관이 되었더라.

본장의 교훈을 정리해보자. 첫째로, 다윗 왕은 모든 족장과 천부장과 백부장과 왕의 관리들을 열두 반으로 나누어 1년에 한 달씩 일하게 했다. 그는 사람들과 조직을 의지하지 말고 오직 하나님만 의지했다고 보인다. 우리는 사람이나 조직을 의지하지 말고 하나님만 의지해야 한다.

둘째로, 다윗 왕국은 많은 사람들이 자신이 가진 식견과 기술과 능력을 따라 나라 일에 참여하여 백성들과 왕을 위해 일하며 충성하였다. 예수 그리스도께서는 다윗보다 크신 온 교회의 주님이시요 온 세계의 왕이시다. 우리는 예수 그리스도와 그의 교회를 위해 하나님께서 주신 재능과 은사를 따라 오직 하나님의 영광을 위해 일하며 충성해야 한다.

셋째로, 다윗은 봉사자들이 공무(公務)와 자기의 일상 생활에 균형을 가지게 하였다. 성도는 가정과 직장과 교회의 삶에 균형을 가져야 한다. 정상적 신앙생활은 가정과 직장과 교회 어느 하나에도 소홀함이 없는 생활이다. 우리는 그 셋 중 어느 하나도 소홀치 않도록 조심해야 한다.

28장: 솔로몬에게 성전 건축을 부탁함

〔1-6절〕 다윗이 이스라엘 모든 방백 곧 각 지파의 어른과 체번하여[순번대로] 왕을 섬기는 반장들과 천부장들과 백부장들과 및 왕과 왕자의 산업과 생축의 감독과 환관과 장사와 용사를 예루살렘으로 소집하고 이에 다윗 왕이 일어서서 가로되 나의 형제들, 나의 백성들아, 내 말을 들으라. 나는 여호와의 언약궤 곧 우리 하나님의 발등상을 봉안(奉安)할 전(殿)(베스 메누카 הַמְּנוּחָה בֵּית)[위한 안식의 집](KJV) 건축할 마음이 있어서 건축할 재료[건축]를 준비하였으나 오직 하나님이 내게 이르시되 너는 군인이라. 피를 흘렸으니 내 이름을 위하여 전을 건축하지 못하리라 하셨느니라. 그러나 이스라엘 하나님 여호와께서 전에 나를 내 부친의 온 집에서 택하여 영원히 이스라엘 왕이 되게 하셨나니 곧 하나님이 유다 지파를 택하사 머리를 삼으시고 유다의 족속에서 내 부친의 집을 택하시고 내 부친의 아들들 중에서 나를 기뻐하사 온 이스라엘의 왕을 삼으셨느니라. 여호와께서 내게 여러 아들을 주시고 그 모든 아들 중에서 내 아들 솔로몬을 택하사 여호와의 나라(말쿠스 예호와 יְהוָה מַלְכוּת) 위에 앉혀 이스라엘을 다스리게 하려 하실새 내게 이르시기를 네 아들 솔로몬 그가 내 전을 건축하고 내 여러 뜰을 만들리니 이는 내가 저를 택하여 내 아들을 삼고 나는 그 아비가 될 것임이라.

성전 건축은 하나님의 허락하신 자가 할 수 있었다. 세상의 모든 일들은 다 하나님의 기쁘신 뜻대로 된다. 시편 115:3, "오직 우리 하나님은 하늘에 계셔서 원하시는 모든 것을 행하셨나이다."

〔7-10절〕 저가 만일 나의 계명과 규례를 힘써(예크자크 חָזַק)[항상(KJV), 굳게(BDB, NASB)] 준행하기를 오늘날과 같이 하면 내가 그 나라를 영원히 견고케 하리라 하셨느니라. 이제 너희는 온 이스라엘 곧 여호와의 회중의 보는 데와 우리 하나님의 들으시는 데서 너희 하나님 여호와의 모든 계명을 구하여 지키기로 하라. 그리하면 너희가 이 아름다운 땅을 누리고 너희 후손에게 끼쳐 영원한 기업이 되게 하리라. 내 아들 솔로몬아, 너는 네 아비의 하나님을 알고 온전한 마음과 기쁜 뜻으로 섬길지어다. 여호와께서는 뭇 마음을 감찰하사 모든 사상을 아시나니 네가 저를 찾으면 만날 것이요 버리면

저가 너를 영원히 버리시리라. 그런즉 너는 삼갈지어다. 여호와께서 너를
택하여 성소의 전을 건축하게 하셨으니 힘써(카자크 פֶזָק)[굳세게](KJV, NIV)
[그 일을] 행할지니라.

　다윗은 하나님의 약속에 근거하여 솔로몬에게도 그 아비의 하나님
을 알고 온전한 마음과 기쁜 뜻으로 그를 섬기라고 당부했다. 하나님
을 알고 온전한 마음과 기쁜 뜻으로 하나님을 섬기며 하나님의 모든
말씀을 항상, 굳게 지키는 것은 외적 성전 건축보다 비교할 수 없이
더 중요한 일이다. 외적 성전 건축보다 내면적 인격 건립이 훨씬 더
중요하다. 즉 훌륭한 건물을 짓는 일보다 경건하고 정직하고 선하고
겸손한 인격자가 되는 것이 훨씬 더 중요한 것이다. 다윗은 하나님께
서 솔로몬을 택하셔서 성전을 건축하게 하셨으므로 솔로몬이 강건하
며, 굳세게 성전 건축의 일을 행하라고 당부하였다.

　〔11-19절〕 다윗이 전(殿)의 낭실과 그 집들과 그 곳간과 다락과 골방과
속죄소의 식양[양식, 설계도]을 그 아들 솔로몬에게 주고 또 성신[성령]의 가
르치신 모든[15] 식양 곧 여호와의 전의 뜰과 사면의 모든 방과 하나님의 전
곳간과 성물 곳간의 식양을 주고 또 제사장과 레위 사람의 반열과 여호와의
전에 섬기는 모든 일과 섬기는 데 쓰는 모든 그릇의 식양을 설명하고 또 모
든 섬기는 데 쓰는 금기명[금그릇]을 만들 금의 중량과 모든 섬기는 데 쓰는
은기명[은그릇]을 만들 은의 중량을 정하고 또 금등대들과 그 등잔 곧 각 등
대와 그 등잔을 만들 금의 중량과 은등대와 그 등잔을 만들 은의 중량을 각
기 적당하게 하고 또 진설병의 각 상을 만들 금의 중량을 정하고 은상을 만
들 은도 그렇게 하고 고기 갈고리와 대접(미즈라크 מִזְרָק)[대접 혹은 대
야](BDB)과 종자를 만들 정금과 금잔 곧 각 잔을 만들 금의 중량과 또 은잔
곧 각 잔을 만들 은의 중량을 정하고 또 향단에 쓸 정금과 또 타시는 처소된
[수레 모양의][16] 그룹들의 식양대로 만들 금의 중량을 정하여 주니 이 그룹

---

　15) 콜 아쉐르 하야 바루아크 임모(כֹל אֲשֶׁר הָיָה בָרוּחַ עִמּוֹ)라는 구절
을 어떤 영어성경들(KJV, NASB)은 "심령으로 가진"이라고 번역하지만, 19
절에 비추어 볼 때 "성령의 가르치신 모든"이라는 번역(NIV)이 타당하다.
　16) 그룹 천사를 '수레'(메르카바 מֶרְכָּבָה)라고 표현한 것은 하나님께서

들은 날개를 펴서 여호와의 언약궤를 덮는 것이더라. 다윗이 가로되 **이 위의 모든 것의 식양을 여호와의 손이 내게 임하여 그려 나로 알게 하셨느니라** [내게 임하여 나로 알게 하시고 기록하게 하셨느니라].

〔20-21절〕 또 그 아들 솔로몬에게 이르되 너는 강하고 담대하게 이 일을 행하고 두려워 말며 놀라지 말라. 네가 여호와의 전 역사의 모든 일을 마칠 동안에 여호와 하나님 나의 하나님이 너와 함께하사 네게서 떠나지 아니하시고 너를 버리지 아니하시리라. 제사장과 레위 사람의 반열[반]이 있으니 여호와의 전의 모든 역사를 도울 것이요 또 모든 공역(工役)[공사]에 공교한 공장(工匠)[기술자들]이 기쁜 마음으로 너와 함께 할 것이요 또 모든 장관과 백성이 온전히 네 명령 아래 있으리라.

솔로몬은 하나님의 뜻하신 일, 명하신 일, 맡기신 일은 담대히 행해야 한다. 그것은 여호수아에게 말씀하신 바와 동일하였다(수 1:5-9).

본장의 교훈을 정리해보자. 첫째로, 성전 건축의 일은 하나님의 뜻 안에 있었다. 모든 일은 하나님의 뜻 안에 있다. 하나님께서는 세상의 모든 일을 작정하시고 섭리하시며 오직 그의 뜻만 이루어진다. 그러므로 우리는 모든 일을 하나님께 맡기고 한걸음씩 행해야 한다(잠 16:3).

둘째로, 구약의 성전 건립은 개인적으로는 우리 자신의 구원과 성화를 상징하고 세계적으로는 참 교회의 건립과 성장을 상징한다. 하나님의 뜻은 개인이 구원 얻고 구원 얻은 자들이 모여 세계적 교회를 이루는 것이다. 구원 얻은 우리는 자신의 성화를 위해 또 영혼들의 구원과 참된 교회의 건립, 그리고 전도와 세계복음화를 위해 힘써야 한다.

셋째로, 솔로몬은 하나님께서 명하시고 맡기신 일들을 담대히 행해야 했다. 하나님께서 함께하시고 도우시고 친히 이루실 것이기 때문이다. 개인의 구원도 하나님께서 시작하시고 이루시며(빌 1:6) 교회도 주께서 친히 세우신다(마 16:18). 그러므로 우리는 개인의 성화를 위해 또 참 교회의 건립과 전도와 세계복음화를 위해 담대히 충성해야 한다.

천사들을 사용하셔서 이동하심을 상징적으로 표현한 것이다.

29장: 다윗의 찬송과 기도

〔1-5절〕다윗 왕이 온 회중에게 이르되 내 아들 솔로몬이 홀로 하나님의 택하신 바 되었으나 오히려 어리고 연약하고 이 역사[성전 건축의 일]는 크도다. 이 전(殿)은 사람을 위한 것이 아니요 여호와 하나님을 위한 것이라. 내가 이미 내 하나님의 전을 위하여 힘을 다하여 예비하였나니 곧 기구를 만들 금과 은과 놋[청동]과 철과 나무며 또 마노와 박을 보석과 꾸밀 보석[안티몬석](BDB, NASB)과 채석[다양한 색깔의 돌들]과 다른 보석들과 화반석[대리석]이 매우 많으며 성전을 위하여 예비한 이 모든 것 외에도 내 마음에 내 하나님의 전을 사모하므로(비레초시 בִּרְצוֹתִי)[내가 기뻐함으로](NASB) 나의 사유(私有)의 금, 은으로 내 하나님의 전을 위하여 드렸노니 곧 오빌의 금 3천 달란트[약 90톤]와 천은(天銀) 7천 달란트[약 210톤]라. 모든 전 벽에 입히며 금, 은 그릇을 만들며 공장(工匠)의 손으로 하는 모든 일에 쓰게 하였노니 오늘날 누가 즐거이 손에 채워 여호와께 드리겠느냐?

1달란트는 약 30킬로그램이다. 다윗은 하나님의 성전을 위해 많은 재료들을 준비했을 뿐 아니라, 많은 금과 은을 기쁜 마음으로 바쳤다.

〔6-9절〕이에 모든 족장과 이스라엘 모든 지파 어른과 천부장과 백부장과 왕의 사무감독[왕의 일을 맡은 관리들]이 다 즐거이 드리되 하나님의 전 역사를 위하여 금 5천 달란트[약 150톤]와 금 다릭 1만[약 84킬로그램]과 은 1만 달란트[약 300톤]와 놋[청동] 1만 8천 달란트[약 540톤]와 철 10만 달란트[약 3,000톤]를 드리고 무릇 보석이 있는 자는 게르손 사람 여히엘의 손에 부쳐 여호와의 전 곳간에 드렸더라. 백성이 자기[자기들]의 즐거이 드림으로 기뻐하였으니 곧 저희가 성심으로(베렘 솰렘 בְּלֵב שָׁלֵם)[온전한 마음으로] 여호와께 즐거이 드림이며 다윗 왕도 기쁨을 이기지 못하여 하니라.

다윗의 말을 들은 모든 족장들과 이스라엘 모든 지파들의 어른들과 천부장들과 백부장들과 왕의 일을 맡은 관리들은 감동을 받아 다 즐거이 드렸다. 다릭은 금화(金貨)인데, 1다릭의 무게는 약 8.4그램이라고 한다(NBD). 본장에는 '즐거이 드렸다'는 말(나답 נָדַב의 힛파엘

형[재귀형])이 일곱 번이나 나온다(5, 6, 9, 9, 14, 17, 17절). 또 다윗과 그의 신하들은 즐거이 드림으로 기쁨이 넘쳤다.

[10-19절] 다윗이 온 회중 앞에서 여호와를 송축하여 가로되 우리 조상 이스라엘의 하나님 여호와여, 주는 영원히 송축을 받으시옵소서. 여호와여, 광대하심과 권능과 영광과 이김과 위엄이 다 주께 속하였사오니 천지에 있는 것이 다 주의 것이로소이다. 여호와여, 주권[통치권(NASB), 나라(KJV, NIV)]도 주께 속하였사오니 주는 높으사 만유의 머리심이니이다. 부와 귀(貴)[존귀]가 주께로 말미암고 또 주는 만유의 주재가 되사[만유를 다스리시며] 손에 권세와 능력이 있사오니 모든 자를 크게 하심과 강하게 하심이 주의 손에 있나이다. 우리 하나님이여, 이제 우리가 주께 감사하오며 주의 영화로운 이름을 찬양하나이다. 나와 나의 백성이 무엇이관대 이처럼 즐거운 마음으로 드릴 힘이 있었나이까? 모든 것이 주께로 말미암았사오니 우리가 주의 손에서 받은 것으로 주께 드렸을 뿐이니이다. 주 앞에서는 우리가 우리 열조와 다름이 없이 나그네와 우거한 자라, 세상에 있는 날이 그림자 같아서 머무름이 없나이다. 우리 하나님 여호와여, 우리가 주의 거룩한 이름을 위하여 전을 건축하려고 미리 저축한 이 모든 물건이 다 주의 손에서 왔사오니 다 주의 것이니이다. 나의 하나님이여, 주께서 마음을 감찰하시고 정직을 기뻐하시는 줄 내가 아나이다. 내가 정직한 마음으로 이 모든 것을 즐거이 드렸사오며 이제 내가 또 여기 있는 주의 백성이 주께 즐거이 드리는 것을 보오니 심히 기쁘도소이다. 우리 열조 아브라함과 이삭과 이스라엘의 하나님 여호와여, 주께서 이것을 주의 백성의 심중에 영원히 두어 생각하게 하시고 그 마음을 예비하여 주께로 돌아오게 하옵시며 또 내 아들 솔로몬에게 정성된[온전한] 마음을 주사 주의 계명과 법도와 율례를 지켜 이 모든 일을 행하게 하시고 내가 위하여 예비한 것으로 전을 건축하게 하옵소서.

다윗은 온 회중 앞에서 여호와를 송축했다. 그는 하나님께서 만물의 소유자 되시며 주관자 되심을 고백하였다. 그는 천지에 있는 것이 다 하나님의 것이며 그가 만물을 다스리시며, 권능과 영광과 이김과 위엄, 주권, 부와 존귀, 권세와 능력이 다 그에게 있고 그가 모든 자를 크게 하기도 하시고 강하게 하기도 하신다고 고백했다. 그는 또 모든 것이 다 하나님의 것이며 자신과 자기 백성이 하나님께 바친 것은 다 하나님께 받은 것을 하나님께 드린 것뿐이라고 고백했다. 또 그는 우리는 다 나그네와 우거한 자일 뿐이며 세상에 있는 날이 그림자 같고 머무름이 없다고 말했다. 그는 또 자신이 정직한 마음으로 이 모든 것을 드렸고 또 모든 백성도 즐거이 드리는 것을 보고 심히 기쁘다고 말했다. 그는 또 이렇게 즐거이 하나님을 섬기며 바치는 마음을 백성에게 영원히 주시고 또 솔로몬으로 하여금 온전한 마음으로 하나님의 말씀을 지키며 성전을 건축하게 하시기를 기도하였다.

〔20-25절〕 다윗이 온 회중에게 이르되 너희는 너희 하나님 여호와를 송축하라 하매 회중이 그 열조의 하나님 여호와를 송축하고 머리를 숙여 여호와와 왕에게 절하고 이튿날 여호와께 제사를 드리고 또 번제를 드리니 수송아지가 1천이요 숫양이 1천이요 어린양이 1천이요 또 그 전제(奠祭)라. 온 이스라엘을 위하여 풍성한 제물을 드리고 이 날에 무리가 크게 기뻐하여 여호와 앞에서 먹으며 마셨더라. 무리가 다윗의 아들 솔로몬으로 다시 왕을 삼아 기름을 부어 여호와께 돌려 주권자가 되게 하고 사독에게도 기름을 부어 제사장이 되게 하니라. 솔로몬이 여호와께서 주신 위(位)[왕좌]에 앉아 부친 다윗을 이어 왕이 되어 형통하니 온 이스라엘이 그 명령을 순종하며 모든 방백과 용사와 다윗 왕의 여러 아들이 솔로몬 왕에게 복종하니 여호와께서 솔로몬으로 이스라엘 무리의 목전에 심히 존대케 하시고 또 왕의 위엄을 주사 그 전 이스라엘 모든 왕보다 뛰어나게 하셨더라.

솔로몬은 역대상 23:1에 이어 두 번째로 기름 부음을 받았다. 무리들은 사독에게도 기름을 부어 제사장이 되게 했다. 솔로몬은 여호와께서 주신 위에 앉아 부친 다윗을 이어 왕이 되어 형통하였다.

〔26-30절〕 이새의 아들 다윗이 온 이스라엘의 왕이 되어 이스라엘을 치리한 날짜는 40년이라. 헤브론에서 7년을 치리하였고 예루살렘에서 33년을 치리하였더라. 저가 나이 많아 늙도록 부하고 존귀하다가 죽으매 그 아들 솔로몬이 대신하여 왕이 되니라. 다윗 왕의 시종 행적이 선견자 사무엘의 글과 선지자 나단의 글과 선견자 갓의 글에 다 기록되고 또 저의 왕된 일과 그 권세와 저와 이스라엘과 온 세상 열국의 지난 시사가 다 기록되니라.

역대상 29장: 다윗의 찬송과 기도

구약성경의 역사적 내용들은 선지자들의 글들의 일부분이었다.

본장의 교훈을 정리해보자.. 첫째로, 다윗은 만물이 다 하나님의 것임을 고백하였다. 11절, "천지에 있는 것이 다 주의 것이로소이다." 14절, "모든 것이 주께로 말미암았사오니." 16절, "이 모든 물건이 다 주의 손에서 왔사오니 다 주의 것이니이다." 천지에 있는 모든 것이 다 하나님의 것이다. 욥기 41:11, "온 천하에 있는 것이 다 내 것이니라." 시편 24:1, "땅과 거기 충만한 것과 세계와 그 중에 거하는 자가 다 여호와의 것이로다." 우리는 이 세상에 있는 모든 것, 우리의 재능, 시간, 돈, 생명, 우리가 누리는 모든 것이 다 하나님의 소유요 하나님께로부터 온 것이며, 우리는 단지 그것들을 맡은 관리자 즉 청지기임을 깨달아야 한다.

둘째로, 다윗과 그의 신하들은 하나님께 즐거이 드렸다. 본장은 '즐거이 드렸다'는 말을 일곱 번이나 사용하였다. 6절, "모든 족장과 이스라엘 모든 지파 어른과 천부장과 백부장과 왕의 사무감독이 다 즐거이 드리되." 9절, "백성이 자기의 즐거이 드림으로 기뻐하였으니 곧 저희가 성심으로 여호와께 즐거이 드림이며." 14절, "나와 나의 백성이 무엇이관대 이처럼 즐거운 마음으로 드릴 힘이 있었나이까?" 17절, "내가 정직한 마음으로 이 모든 것을 즐거이 드렸사오며 이제 내가 또 여기 있는 주의 백성이 주께 즐거이 드리는 것을 보오니 심히 기쁘도소이다." 이 세상의 모든 것들, 아니 온 우주의 모든 것들이 다 창조주 하나님의 것임을 아는 자들은 하나님께 우리의 모든 것을 예물로 즐거이 드릴 수 있다. 고린도후서 9:7, "각각 그 마음에 정한 대로 할 것이요 인색함으로나 억지로 하지 말지니 하나님은 즐겨 내는 자를 사랑하시느니라."

셋째로, 다윗은 솔로몬이 온전한 마음으로 하나님의 말씀을 지키기를 기원하고 교훈했다. 19절, "내 아들 솔로몬에게 정성된[온전한] 마음을 주사 주의 계명과 법도와 율례를 지켜 이 모든 일을 행하게 하시고 내가 위하여 예비한 것으로 전을 건축하게 하옵소서." 우리는 온전한 마음으로 하나님 말씀을 지켜야 한다. 이것은 실상 경건의 모든 것이다.

역대하 1장: 솔로몬이 지혜를 구함

〔1절〕 다윗의 아들 솔로몬의 왕위가 견고하여가며 그 하나님 여호와께서 저와 함께하사 심히 창대케 하시니라.

솔로몬의 왕위는 견고해져갔다. 하나님께서는 그와 함께하셨다. 그가 함께하시는 것이 복이며 그가 우리를 떠나시는 것이 화이다.

〔2-6절〕 솔로몬이 온 이스라엘의 천부장과 백부장과 재판관과 온 이스라엘의 각 방백과 족장들을 명하고 온 회중과 함께 기브온 산당으로 갔으니 하나님의 회막 곧 여호와의 종 모세가 광야에서 지은 것이 거기 있음이라. 다윗이 전에 예루살렘에서 하나님의 궤를 위하여 장막을 쳤었으므로 그 궤는 다윗이 이미 기럇여아림에서부터 위하여 예비한 곳으로 메어 올렸고 옛적에 훌의 손자 우리의 아들 브살렐의 지은 놋[청동]단은 여호와의 장막 앞에 있더라. 솔로몬이 회중으로 더불어 나아가서 여호와 앞 곧 회막 앞에 있는 놋[청동]단에 이르러 그 위에 1천 희생으로 번제를 드렸더라.

솔로몬은 회중과 함께 나아가 여호와 앞 곧 회막 앞에 있는 청동단에 이르러 그 위에 1천 마리의 제물로 번제를 드렸다. 번제는 속죄와 함께 헌신의 뜻이 있었다고 본다. 그는 나라가 견고해질 때에도 하나님을 찾았다. 사람은 몸이 건강하고 돈의 여유가 있을 때 교만하고 범죄하기 쉽다. 모세는 신명기 8:12-14에서 "네가 먹어서 배불리고 아름다운 집을 짓고 거하게 되며 또 네 우양이 번성하며 네 은금이 증식되며 네 소유가 다 풍부하게 될 때에 두렵건대 네 마음이 교만하여 네 하나님 여호와를 잊어버릴까 하노라"고 말했다.

〔7-10절〕 이 밤에 하나님이 솔로몬에게 나타나사 이르시되 내가 네게 무엇을 줄꼬? 너는 구하라. 솔로몬이 하나님께 여짜오되 주께서 전에 큰 은혜를 나의 아비 다윗에게 베푸시고 나로 대신하여 왕이 되게 하셨사오니 여호와 하나님이여, 원컨대 주는 내 아비 다윗에게 허[허락]하신 것을 이제 굳게 하옵소서. 주께서 나로 땅의 티끌같이 많은 백성의 왕을 삼으셨사오니 주는 이제 내게 지혜와 지식을 주사 이 백성 앞에서 출입하게 하옵소서. 이

렇게 많은 주의 백성을 누가 능히 재판하리이까?

하나님께서는 솔로몬의 번제를 기쁘게 받으셨고 그에게 나타나셔서 그의 소원을 물으셨다. 우리가 진심으로 하나님을 섬길 때 하나님께서는 우리의 경배를 기억하시고 응답하실 것이다. 솔로몬은 자신을 왕이 되게 하신 하나님의 크신 은혜를 기억하면서 왕의 직무를 잘 감당할 수 있는 지혜와 지식을 주시기를 구하였다. 열왕기상 3:9는 그의 기도 내용을, "지혜로운 마음[듣는 마음]을 종에게 주사 주의 백성을 재판하여 선악을 분별하게 하옵소서"라고 기록했다. 그는 하나님께 자신이 왕의 직무를 잘 감당하게 해주시기를 간구한 것이었다.

〔11-13절〕 하나님이 솔로몬에게 이르시되 이런 마음이 네게 있어서 부나 재물이나 존영이나 원수의 생명 멸하기를 구하지 아니하며 장수(長壽)도 구하지 아니하고 오직 내가 너로 치리하게 한 내 백성을 재판하기 위하여 지혜와 지식을 구하였으니 그러므로 내가 네게 지혜와 지식을 주고 부와 재물과 존영도 주리니 너의 전의 왕들이 이 같음이 없었거니와 너의 후에도 이 같음이 없으리라. 이에 솔로몬이 기브온 산당 회막 앞에서부터 예루살렘으로 돌아와서 이스라엘을 치리하였더라.

하나님께서는 솔로몬의 소원을 칭찬하셨다. 그는 솔로몬이 재물이나 부, 존영, 원수의 생명, 장수(長壽) 등을 소원하지 않았다고 칭찬하셨다. 재물이나 부, 존영, 원수의 생명, 장수(長壽) 등은 많은 사람들이 그것들을 크게 여기고 하나님께 소원하는 내용일 것이다. 그러나 솔로몬은 그런 것을 구하지 않았고 하나님께서 자기에게 주신 직무 즉 왕의 직무를 위하여 지혜와 지식을 구하였다. 그것은 하나님께서 기뻐하신 바르고 충성된 소원이었다. 우리는 하나님께서 주신 성도의 직무와 직분자의 직무를 감당할 지혜와 지식을 간구해야 할 것이다. 주께서는 "너희는 먼저 하나님의 나라와 그의 의를 구하라. 그리하면 이 모든 것을 너희에게 더하시리라"고 말씀하셨다(마 6:33).

하나님께서는 솔로몬의 소원을 기뻐하셨고 그에게 지혜와 지식뿐 아니라, 또한 부와 재물과 존영도 주겠으며 그가 이전의 왕들이나 이후의 왕들과 비교할 수 없는 복을 누리리라고 말씀하셨다.

〔14-17절〕 **솔로몬이 병거와 마병을 모으매 병거가 1천 4백이요 마병이 1만 2천이라. 병거성에도 두고 예루살렘 왕에게도 두었으며 왕이 예루살렘에서 은금을 돌같이 흔하게 하고 백향목을 평지의 뽕나무같이 많게 하였더라. 솔로몬의 말들은 애굽에서 내어 왔으니 왕의 상고[상인]들이 떼로[미크웨 מִקְוֵא][혹은 '크웨(Kue)로부터'](BDB, Vg, NASB) 정가(定價)하여 산 것이며 애굽에서 내어 올린 병거는 하나에 은 6백 세겔이요 말은 1백 50세겔이라. 이와 같이 헷 사람의 모든 왕과 아람 왕들을 위하여도 그 손으로 내어 왔었더라.**

솔로몬의 말들은 애굽에서 내어왔는데, 왕의 상인들이 떼로 혹은 크웨(Kue)로부터 값을 정해 산 것이다. 크웨는 소아시아 길리기아이거나(KB) 그 지역의 도시이다(BDB).

본장의 교훈을 정리해보자. 첫째로, 솔로몬 왕은 평안하고 강성할 때도 하나님을 찾았다. 사람은 평안할 때 교만해지고 하나님을 잊고 범죄하기 쉽다. 우리는 평소에, 즉 평안하고 건강하고 물질적 여유가 있을 때 하나님을 찾고 성경 읽고 기도하고 열심히 모이고 봉사해야 한다.

둘째로, 솔로몬은 부요나 세상적 영광이나 건강이나 장수를 구하지 않고 왕의 직분을 감당할 지혜와 지식을 구하였다. 우리는 기도 제목을 바르게 가져야 한다. 우리는 썩을 양식을 위해 일하지 말고 썩지 않을 양식을 위해 일하고(요 6:27) 먼저 하나님의 나라와 그의 의를 구해야 한다(마 6:33). 우리는 자신의 믿음의 성장과 성화를 위해, 교회의 직분과 하나님의 선한 일을 위해 우리의 생을 드리기를 기도해야 한다.

셋째로, 하나님께서는 솔로몬의 소원대로 지혜를 주셨고 또 그 외의 다른 좋은 것들도 주셨다. 하나님께서는 좋은 것들을 주시는 분이시다. 사도 바울은 디모데전서 4:8에서 경건은 금생과 내생에 약속이 있다고 말하였다. 그것은 천국과 영생뿐 아니라 현세의 평안도 포함된다.

2장: 성전 건축을 준비함

〔1-10절〕 솔로몬이 여호와의 이름을 위하여 전을 건축하고 자기 권영(權榮 말쿠스 מַלְכֻתוֹ)[왕권, 왕국](BDB)을 위하여 궁궐 건축하기를 결심하니라. 솔로몬이 이에 담군(擔軍)[짊어 나르는 자들] 7만과 산에 올라 작벌할 [혹은 '채석하는'] 자 8만과 일을 감독할 자 3천 6백을 뽑고 사자를 두로 왕 후람에게 보내어 이르되 당신이 전에 내 부친 다윗에게 백향목을 보내어 그 거할 궁궐을 건축하게 한 것같이 내게도 그리하소서. 이제 내가 나의 하나님 여호와의 이름을 위하여 전을 건축하여 구별하여 드리고 주 앞에서 향 재료를 사르며 항상 떡을 진설하며 안식일과 초하루와 우리 하나님 여호와의 절기에 조석으로 번제를 드리려 하니 이는 이스라엘의 영원한 규례니이다. 내가 건축하고자 하는 전은 크니 우리 하나님은 모든 신보다 크심이라. 누가 능히 하나님을 위하여 전을 건축하리요. 하늘과 하늘들의 하늘이라도 주를 용납지 못하겠거든 내가 누구관대 어찌 능히 위하여 전을 건축하리요? 그 앞에 분향하려(레하크티르 לְהַקְטִיר)[제물을 태우려(KJV, NIV) 혹은 '분향하려'(NASB)] 할 따름이니이다. 이제 청컨대 당신은 금, 은, 동, 철로 제조하며 자색 홍색 청색실로 직조하며 또 아로새길 줄 아는 공교한 공장(工匠)[기술자] 하나를 내게 보내어 내 부친 다윗이 유다와 예루살렘에서 예비한 나의 공교한 공장[기술자들]과 함께 일하게 하고 또 레바논에서 백향목과 잣나무와 백단목을 내게로 보내소서. 내가 알거니와 당신의 종은 레바논에서 벌목을 잘하나니 내 종이 당신의 종을 도울지라. 이와 같이 나를 위하여 재목을 많이 예비하게 하소서. 내가 건축하려 하는 전은 크고 화려할 것이니이다. 내가 당신의 벌목하는 종에게 용정한[찧은] 밀 2만 석과 보리 2만 석과 포도주 2만 말과 기름 2만 말을 주리이다 하였더라.

'작벌할 자'라는 원어(코체브 חֹצֵב)는 '나무를 작벌하는 자'(KJV), 혹은 '채석(採石)하는 자'(왕상 5:17; 6:7)(BDB, NASB, NIV)라는 뜻이라고 한다. 솔로몬은 또 그가 지으려는 성전의 의미와 그가 섬기는 하나님에 대한 믿음의 지식을 두로 왕에게 증거하였다. 솔로몬은 또 두로 왕에게 기술자 한 사람과 건축자재인 나무들을 요청했고 벌목하는 자들을 위한 상당한 비용을 드릴 것을 약속하였다.

〔11-16절〕 두로 왕 후람이 솔로몬에게 답장하여 가로되 여호와께서 그 백성을 사랑하시므로 당신을 세워 그 왕을 삼으셨도다. 또 가로되 천지를 지으신 이스라엘 하나님 여호와는 송축을 받으실지로다. 다윗 왕에게 지혜로운 아들을 주시고 명철과 총명을 품부하시사 능히 여호와를 위하여 전을 건축하고 자기 권영[왕국]을 위하여 궁궐을 건축하게 하시도다. 내가 이제 공교하고 총명한 사람을 보내오니 전에 내 부친 후람에게 속하였던 자라[후람 아비(Huram-abi)라는 사람이라](NASB, NIV)(대하 4:16). 이 사람은 단의 여자 중 한 여인의 아들이요 그 아비는 두로 사람이라. 능히 금, 은, 동, 철과 돌과 나무와 자색 청색 홍색실과 가는 베로 일을 잘하며 또 모든 아로새기는 일에 익숙하고 모든 기묘한 식양에 능한 자니 당신의 공교한 공장(工匠)[기술자]과 당신의 부친 내 주 다윗의 공교한 공장[기술자]과 함께 일하게 하소서. 내 주의 말씀하신 밀과 보리와 기름과 포도주는 주의 종들에게 보내소서. 우리가 레바논에서 당신의 쓰실 만큼 벌목하여 떼를 엮어 바다에 띄워 욥바로 보내리니 당신은 수운하여 예루살렘으로 올리소서 하였더라.

〔17-18절〕 전에 솔로몬의 부친 다윗이 이스라엘 땅에 거한 이방 사람을 조사하였더니 이제 솔로몬이 다시 조사하매 모두 15만 3천 6백인이라. 그 중에 7만인은 담군[짊어 나르는 자]이 되게 하였고 8만인은 산에서 벌목하게[혹은 '채석하게'(NASB, NIV)](왕상 5:15, 17; 6:7, 36) 하였고 3천 6백인은 감독을 삼아 백성들에게 일을 시키게 하였더라.

솔로몬이 두로 왕 후람에게 보낸 편지 내용은 우리에게 교훈이 된다. 첫째로, 여호와 하나님께서는 모든 신들보다 크시다(5절). 여호와 하나님께서는 세상의 모든 신들과 비교할 수 없이 위대하신 하나님이시다. 세상의 모든 신들은 사람의 머리로 고안한 것들이다. 그것은 우상들이며 실상 참 신이 아니다. 그러나 여호와 하나님께서는 천지만물을 지으신 참 신이시다. 그러므로 시편 96:5는, "만방의 모든 신은 헛것이요 여호와께서는 하늘을 지으셨음이로다"라고 고백한다. 예레미야 10:10-11에서 선지자 예레미야도, "여호와는 참 하나님이시요 사시는 하나님이시요 영원한 왕이시라. 그 진노하심에 땅이 진동하며 그 분노하심을 열방이 능히 당치 못하느니라. 너희는 이같이 그들에게 이르기를 천지를 짓지 아니한 신들은 땅 위에서, 이 하늘 아래서 망하리라 하라"고 말했다. 사도 바울은 고린도전서 8:5-6에서, "비록 하늘에나 땅에나 신이라 칭하는 자가 있어 많은 신과 많은 주가 있으내(있는 것 같으내) 그러나 우리에게는 한 하나님 곧 아버지가 계시니 만물이 그에게서 났고 우리도 그를 위하며, 또한 한 주 예수 그리스도께서 계시니 만물이 그로 말미암고 우리도 그로 말미암았느니라"고 증거하였다.

둘째로, 하늘과 하늘들의 하늘이라도 하나님을 용납지 못한다(6절). 하늘은 얼마나 광대한 것인가. 과학자들조차도 그 끝을 알 수 없다고 말한다. 그러나 하늘을 만드신 하나님께서는 그보다 더 크시다. 창조자 하나님께서는 창조된 세계보다 더 크시다. 그러므로 시편 145:3은, "여호와는 광대하시니 크게 찬양할 것이라. 그의 광대하심을 측량치 못하리로다"라고 말한다. 또 이사야 66:1에 보면, 여호와께서는 "하늘은 나의 보좌요 땅은 나의 발등상이니 너희가 나를 위하여 무슨 집을 지을꼬? 나의 안식할 처소가 어디랴"라고 말씀하셨다. 온 우주를 창조하신 영원하신 여호와 하나님께서는 우주보다 크신 위대하신 하나님이시다.

셋째로, 성전을 짓는 목적은 하나님께 제사드리고 분향하기 위함이었다(4, 6절). 구약시대의 성전 제도는 성도들이 하나님을 섬기는 방식이었다. 특히 제사는 장차 오실 메시아의 속죄사역과 성도들의 하나님께 대한 온전한 헌신, 순종, 교제, 감사를 상징한다. 또 분향은 메시아의 중보(仲保) 사역과 성도들의 기도를 상징한다. 신약성도 개인은 성령을 모신 작은 성전이며 또 신약성도들의 모임인 교회도 성전이다. 우리는 예수 그리스도의 속죄의 피를 힘입어 그의 이름으로 하나님의 은혜의 보좌에 담대하게 나아가며(히 4:16; 10:19) 그의 이름으로 하나님께 경배하고 찬송하고 그를 의지하며 사랑하고 기뻐하며 또 세상에서 어려운 일을 당할 때라도 그의 이름으로 기도하여 응답을 받는다.

3장: 성소와 지성소를 만듦

〔1-3절〕솔로몬이 예루살렘 모리아산에 여호와의 전 건축하기를 시작하니 그곳은 전에 여호와께서 그 아비 다윗에게 나타나신 곳이요 여부스 사람 오르난의 타작마당에 다윗이 정한 곳이라. 솔로몬이 왕위에 나아간 지 4년 2월 초2일에 건축하기를 시작하였더라. 솔로몬이 하나님의 전을 위하여 놓은 지대는 이러하니 옛적 재는 법대로 장이 60규빗[약 27미터]이요 광이 20규빗[약 9미터]이며.

솔로몬 성전의 길이와 너비는 성막보다 각각 2배이었다. 높이는 30규빗, 즉 약 13.5미터이었다(왕상 6:2). 솔로몬의 성전은 하나님께서 예정하신 장소와 설계대로 건축되었다. 그곳은 옛날에 아브라함이 하나님의 명령을 따라 외아들 이삭을 번제로 드리려 했던 곳이다(창 22:2). 그의 외아들 이삭을 번제로 드리라고 명하신 일은 장차 하나님의 외아들 예수 그리스도의 십자가 희생을 예표했다. 또 성전의 설계도는 하나님께서 다윗을 통해 지시하신 것이었다(대상 28:12, 19).

〔4-7절〕그 전 앞 낭실[전실, 로비]의 장이 전의 광과 같이 20규빗[약 9미터]이요 고가 120규빗[약 54미터]이니 안에는 정금으로 입혔으며 그 대전(大殿)[본당] 천장(원문에는 천장이라는 말은 없음)은 잣나무로 만들고 또 정금으로 입히고 그 위에 종려나무와 사슬 형상을 새겼고 또 보석으로 전을 꾸며 화려하게 하였으니 그 금은 바르와임 금이며 또 금으로 전과 그 들보와 문지방과 벽과 문짝에 입히고 벽에 그룹들을 아로새겼더라.

솔로몬의 성전 낭실은 일종의 탑과 같은 형태이었다. 역대하 7:21에 "이 전이 비록 높을지라도 무릇 그리로 지나가는 자가 놀라 가로되 여호와께서 무슨 까닭으로 이 땅과 이 전에 이같이 행하셨는고"라는 표현을 보면 그것이 매우 높았음을 알 수 있다.

〔8-13절〕또 지성소를 지었으니 전 넓이대로 장이 20규빗[약 9미터]이요 광도 20규빗[약 9미터]이라. 정금 6백 달란트[약 18톤]로 입혔으니 못 중

수가 50 금세겔[약 550그램]이요 다락들도 금으로 입혔더라. 지성소 안에 두 그룹의 형상을 새겨 만들어 금으로 입혔으니 두 그룹의 날개 길이가 모두 20규빗[약 9미터]이라. 좌편 그룹의 한 날개는 다섯 규빗[약 225센티미터]이니 전 벽에 닿았고 그 한 날개도 다섯 규빗이니 우편 그룹의 날개에 닿았으며 우편 그룹의 한 날개도 다섯 규빗[약 225센티미터]이니 전 벽에 닿았고 그 한 날개도 다섯 규빗이니 좌편 그룹의 날개에 닿았으니 이 두 그룹의 편 날개가 모두 20규빗이라. 그 얼굴을 외소(外所)로 향하고 서 있으며.

속죄소의 그룹들은 그 얼굴을 외소로 향하였다. 그것은 모세 시대 성막의 속죄소의 그룹들이 서로를 바라본 것과 달랐다(출 25:20).

성전의 내부를 금과 보석으로 꾸민 것은 두 가지 의미가 있다고 본다. 첫째는 예수 그리스도의 신성(神性)의 영광을 상징한다. 주 예수 그리스도께서는 하나님의 아들이시며 영광의 주이시다. 요한복음 1:14, "우리가 그 영광을 보니 아버지의 독생자의 영광이요." 고린도전서 2:8, "영광의 주[예수님]를 십자가에 못박지 아니하였으니라."

둘째는 교회의 영광을 암시한다. 교회의 영광은 대제사장의 의복인 에봇의 견대에 붙여진 호마노 보석 2개에 새겨진 이스라엘 열두 아들들의 이름과, 또 가슴에 착용한 판결 흉패에 네 줄로 보석 열두 개의 보석에 새겨진 이스라엘 열두 아들들의 이름에서도 증거되었다(출 28:9-21). 성전 내부의 영광도 부분적으로 그것을 보인다. 예수께서는 신약교회를 밭에 감추인 보화와 극히 값진 진주로 비유하셨다(마 13:44-46). 하나님께서는 거룩하고 영광스러운 교회를 원하셨다. 에베소서 5:26-27, "이는[교회는] 곧 물로 씻어 말씀으로 깨끗하게 하사 거룩하게 하시고 자기 앞에 영광스러운 교회로 세우사 티나 주름잡힌 것이나 이런 것들이 없이 거룩하고 흠이 없게 하려 하심이니라." 신약교회의 영광은 천국에서 완전히 이루어질 것이다(계 21장).,

[14절] 청색 자색 홍색실과 고운 베로 문장(門帳)[휘장]을 짓고 그 위에 그룹의 형상을 수놓았더라.

'문장(門帳)'은 성소와 지성소를 가르는 휘장을 가리킨다. 모세의 성막은 성소의 문에도 휘장이 있었고 지성소의 문에도 휘장이 있었다(출 26:31-33). 그러나 후에 솔로몬의 성전에는, 열왕기서에 의하면, 외소(外所) 문은 잣나무로 만들었고(왕상 6:34), 내소(內所) 문은 감람목으로 만들었다(왕상 6:31). 그러나 역대기서는 열왕기를 보충하기를 내소 문에 휘장이 있다고 하였다.

성소와 지성소를 구분하는 이 휘장이 바로 주 예수께서 십자가 위에서 운명하실 때 위로부터 아래로 둘로 찢어진 휘장이다. 마태복음 27:51, "이에 성소 휘장이 위로부터 아래까지 찢어져 둘이 되고." 마가복음 15:38, "이에 성소 휘장이 위로부터 아래까지 찢어져 둘이 되니라." 누가복음 23:45, "성소의 휘장이 한가운데가 찢어지더라." 또 이 사건은 우리가 예수 그리스도의 대속 사역 때문에 하나님의 은혜의 보좌 앞에 담대히 나아갈 수 있는 길이 열렸음을 보인다. 히브리서 10:19-20, "그러므로 형제들아, 우리가 예수님의 피를 힘입어 성소[지성소](KJV)에 들어갈 담력을 얻었나니 그 길은 우리를 위하여 휘장 가운데로 열어 놓으신 새롭고 산 길이요 휘장은 곧 저의 육체니라." 히브리서 4:16, "그러므로 우리가 긍휼하심을 받고 때를 따라 돕는 은혜를 얻기 위하여 은혜의 보좌 앞에 담대히 나아갈 것이니라."

〔15-17절〕 전 앞에 기둥 둘을 만들었으니 고가 35규빗[약 16미터]이요 각 기둥 꼭대기의 머리가 다섯 규빗[약 225센티미터]이라. 성소같이 사슬을 만들어 그 기둥 머리에 두르고 석류 1백개를 만들어 사슬에 달았으며 그 두 기둥을 외소 앞에 세웠으니 좌편에 하나요 우편에 하나라. 우편 것은 야긴이라 칭하고 좌편 것은 보아스라 칭하였더라.

'야긴'(יָכִין)은 '그가 세우시리라'는 뜻이고, '보아스'(בֹּעַז)는 '그에게 능력이 있다'는 뜻이다. 그것은 성전을 하나님께서 친히 세우신다는 것과 하나님께 그런 능력이 있다는 것을 보인다. 사람에게는 성전을 세울 능력이 없지만, 하나님께는 그렇게 하실 능력이 있으시다. 스가랴 4:6, "만군의 여호와께서 말씀하시되 이는[성전 건축은] 힘으로 되지 아니하며 능으로 되지 아니하고 오직 나의 신으로 되느니라." 성전은 예수 그리스도와 신약교회를 상징한다. 그리스도의 속죄사역은 하나님께서 친히 이루신 사역이며 또 주께서는 친히 교회를 세우실 것이다. 마태복음 16:18, "내가 이 반석 위에 내 교회를 세우리니."

본장의 교훈을 정리해보자. 첫째로, 솔로몬의 성전 건축은 하나님께서 다윗을 통해 계시하신 설계대로 이루어졌다. 역대상 28:19, "여호와의 손이 내게 임하여 그려 나로 알게 하셨느니라." 성전은 신약교회를 상징한다. 하나님의 구원 사역은 하나님의 계획과 뜻대로 이루어진다. 신약교회는 하나님의 계획과 뜻대로 시작되었고 성장하고 완성된다. 우리는 하나님께서 친히 교회 건립의 일을 주관하심을 인정해야 한다.

둘째로, 솔로몬은 성전을 금과 보석으로 장식하며 아름답고 영광스럽게 건축하였다. 성전의 영광은 예수 그리스도와 신약 교회의 영광을 상징한다. 예수 그리스도께서는 영광의 주님이시다. 또 예수 그리스도를 믿음으로 구원 얻은 성도들 개개인이 거룩하고 온전한 자가 되는 것과 그들의 모임인 신약교회가 거룩하고 영광스러운 교회가 되는 것이 하나님의 뜻이며 구원 계획의 목표이다(엡 5:26-27). 즉 하나님의 뜻은 우리 개개인의 온전한 성화와 순결한 교회의 건립이다. 그러므로 우리는 우리 자신의 온전함과 우리 교회의 온전함을 위해 힘써야 한다.

셋째로, 성전 낭실 앞 두 기둥의 이름은 진리를 보인다. 하나님께서는 친히 죄인을 구원하시고 교회를 세우시며 또 영혼 구원과 교회 건립의 능력은 오직 하나님께 있다. 그는 창세 전에 우리를 택하셨고 그리스도의 피로 우리를 구속(救贖)하셨고 우리를 중생시키셨고 성화시키시고 영광에 이르게 하신다. 또 전도와 교회의 건립도 그러하다. 한 명의 영혼을 구원함과 참된 교회를 세울 힘은 오직 하나님께 있다. 우리는 하나님만 의지하고 오직 하나님께 쓰임 받는 도구들이 되어야 한다.

4장: 성전 기구들을 만듦

〔1-6절〕 솔로몬이 또 놋[청동]으로 단을 만들었으니 장이 20규빗[약 9미터]이요 광이 20규빗이요 고가 10규빗[약 4.5미터]이며 또 바다를 부어만들었으니 직경이 10규빗이요 그 모양이 둥글며 그 고는 5규빗[약 2.3미터]이요 주위는 30규빗[약 14미터] 줄을 두를 만하며 그 가장자리 아래에는 돌아가며 소 형상이 있는데 매 규빗에 소가 열씩 있어서 바다 주위에 둘렸으니 그 소는 바다를 부어만들 때에 두 줄로 부어만들었으며 그 바다를 열두 소가 받쳤으니 셋은 북을 향하였고 셋은 서를 향하였고 셋은 남을 향하였고 셋은 동을 향하였으며 바다를 그 위에 놓았고 소의 뒤는 다 안으로 두었으며 바다의 두께는 한 손넓이[약 8센티미터] 만하고 그 가는 백합화의 식양으로 잔 가와 같이 만들었으니 그 바다에는 3천 밧[약 66킬로리터]을 담겠으며 또 물두멍 열을 만들어 다섯은 우편에 두고 다섯은 좌편에 두어 씻게 하되 번제에 속한 물건을 거기 씻게 하였으며 그 바다는 제사장들의 씻기를 위한 것이더라.

청동 번제단은 상당히 큰 단이었다. 그것은 제사의 필요성을 보인다. 죄인이 하나님께 나아가려면 반드시 제사장의 제사를 통하여야 함을 보이는 것이다. 제물은 죄인의 죄책과 죄의 형벌을 대신 담당하여 피흘려 죽고 그 몸이 불태워진다. 번제단의 불은 지옥불을 상징할 것이다. 번제단은 예수 그리스도를 예표한다. 예수께서는 십자가에 죽음으로 우리를 위한 대속제물이 되셨다. 오늘 우리는 예수 그리스도의 이름으로, 그의 십자가 대속 공로로 담대히 하나님께 나아갈 수 있고 하나님을 섬기며 경배하며 찬송과 기도를 올릴 수 있다.

바다는 둥근모양의 큰 목욕통이다. 그 가장자리 아래에는 돌아가며 소 형상이 있었다. 열왕기상 7:24에는 '박 형상'이라고 되어 있다. '박'이라는 원어(페카임 פְּקָעִים)는 '공, 마디 혹은 손잡이, 박 등의 모양'(BDB)을 의미할 수 있다. 역대기는 그 모양이 소(바카르 בָּקָר)의 모양이라고 구체적으로 말한다. 매 규빗에 소가 열씩, 두 줄로 바다 주위에 둘렸고, 열두 소가 사방으로 셋씩 그 바다를 받쳤다. 그 바다에는 3,000밧 곧 약 66킬로리터를 담을 수 있었다. 열왕기상 7:26은 2,000밧을 담을 수 있다고 말하는데, 그것은 일반적 용량을 말하고 3,000밧은 최대용량을 말할 것이다. 바다는 성전 우편 동남방에 두었다(10절). 바다는 제사장들이 몸을 씻는 용도로 쓰였다.

바다는 제사장이 거룩해야 함을 보인다. 하나님께 나아가 섬기는 제사장은 성결해야 한다. 바다는 예수 그리스도를 예표한다. 예수 그리스도께서는 지극히 거룩한 대제사장이시다. 히브리서 7:26, "이러한 대제사장은 우리에게 합당하니 거룩하고 악이 없고 더러움이 없고 죄인에게서 떠나 계시고 하늘보다 높이 되신 자라." 예수께서는 거룩하시고 죄가 없으시다(히 4:16; 요일 3:5). 오늘날 우리는 예수 그리스도의 피로 죄씻음받고 하나님을 섬기는 거룩한 제사장이 될 수 있다. 그러므로 베드로전서 2:5는, "너희도 산 돌같이 신령한 집으로 세워지고 예수 그리스도로 말미암아 하나님이 기쁘게 받으실 신령한 제사를 드릴 거룩한 제사장이 될지니라"고 말했다. 바다를 받치고 있는 열두 마리의 소(4절)는 충만한 수의 충성된 종들을 상징한 것 같다. 그것들이 동서남북을 향한 것은 예수 그리스도의 죄씻음의 복음이 그 충성된 종들을 통해 온 세계에 전파될 것을 암시한 것 같다.

솔로몬은 또 물두멍 곧 물대야를 열 개 만들어, 다섯은 우편에 곧 성소 남쪽에 두고 다섯은 좌편에 곧 성소 북쪽에 두어 씻게 하였다. 열왕기상 7:38에 보면, 물두멍의 용량은 각각 40밧 곧 약 880리터이었다. 번제에 속한 물건들은 물두멍에서 씻게 하였다.

물두멍은 제물이 거룩해야 함을 보인다. 물두멍도 예수 그리스도를 예표한다. 예수 그리스도께서는 지극히 거룩하고 깨끗한 제물인 자신을 하나님께 드리셨다. 고린도후서 5:21, "하나님이 죄를 알지도 못하신 자로 우리를 대신하여 죄를 삼으신 것은 우리로 하여금 저의

안에서 하나님의 의가 되게 하려 하심이니라." 주 예수 그리스도를
믿는 우리도 우리 자신을 하나님께 거룩한 산 제물로 드려야 한다.
로마서 12:1, "그러므로 형제들아, 내가 하나님의 모든 자비하심으로
너희를 권하노니 너희 몸을 하나님이 기뻐하시는 거룩한 산 제사로
드리라. 이는 너희의 드릴 영적 예배니라."

**〔7-10절〕 또 정식을 따라 금으로 등대 열을 만들어 외소 안에 두었으니
좌편에 다섯이요 우편에 다섯이며 또 상 열을 만들어 외소 안에 두었으니
좌편에 다섯이요 우편에 다섯이며 또 금으로 대접 1백을 만들었고 또 제사
장의 뜰과 큰 뜰과 뜰 문을 만들고 놋[청동]으로 그 문짝에 입혔고 그 바다는
전 우편 동남방에 두었더라.**

솔로몬은 또 정식(定式) 곧 그의 부친 다윗이 그려준 대로 금으로
등대 열을 만들어 외소 안에 두었는데, 좌편에 다섯이며 우편에 다섯
이었다. 등대는 진리의 빛을 상징한다. 그것은 의의 빛이요 생명의 빛
이다. 등대도 예수 그리스도를 예표한다. 예수 그리스도께서는 "나는
세상의 빛이라"고 말씀하셨다(요 8:12). 그는 참 빛으로 세상에 오셨
다(요 1:9). 그것은 진리의 빛이며 의의 빛이요 또한 생명의 빛이다.
등대는 또한 성령의 깨닫게 하시는 사역을 상징하는 뜻도 있어 보인
다. 요한계시록 4:5는, "[하늘] 보좌 앞에 일곱 등불 켠 것이 있으니
이는 하나님의 일곱 영이라"고 말하였다. 그 일곱 영은 분명히 성령
을 가리켰다. 또 성경말씀도 우리에게 등불이 된다. 시편 119:105는
"주의 말씀은 내 발에 등이요 내 길에 빛이니이다"라고 말했다. 오늘
우리는 예수 그리스도를 통해, 성령 안에서, 또 성경말씀을 통해 진리
의 빛, 의의 빛, 생명의 빛을 받는다.

솔로몬은 또 상 곧 떡상 열을 만들어 외소 안에 두었는데, 좌편에
다섯이며 우편에 다섯이었다. 또 그는 금으로 대접 100개를 만들었고
제사장의 뜰과 큰 뜰과 뜰 문을 만들고 청동으로 그 문짝에 입혔다.
떡상은 생명의 양식을 상징한다. 그것은 영생의 삶이다. 떡상도 예수

그리스도를 예표한다. 예수 그리스도께서는 생명의 떡으로 오셨다. 요한복음 6:48, 51, "내가 곧 생명의 떡이로라," "나는 하늘로서 내려온 산 떡이니 사람이 이 떡을 먹으면 영생하리라. 나의 줄 떡은 곧 세상의 생명을 위한 내 살이로라 하시니라." 또 성경말씀 곧 하나님의 말씀도 생명의 양식이다. 주께서는 "사람이 떡으로만 살 것이 아니요 하나님의 입으로 나오는 모든 말씀으로 살 것이라"고 말씀하셨다(마 4:4). 오늘 우리는 예수 그리스도를 믿음으로 영생을 얻었고 또 성경말씀을 읽고 듣고 묵상함으로써 생명의 양식을 풍성히 받는다.

〔11-22절〕후람이 또 솥과 부삽과 대접을 만들었더라. 이와 같이 후람이 솔로몬 왕을 위하여 하나님의 전에서 하는 일을 마쳤으니 곧 기둥 둘과 그 기둥 꼭대기의 공 같은 머리 둘과 또 기둥 꼭대기의 공 같은 기둥 머리를 가리우는 그물 둘과 또 그 그물들을 위하여 만든 바 매 그물에 두 줄씩으로 기둥 위의 공 같은 두 머리를 가리우게 한 4백 석류와 또 받침과 받침 위의 물두멍[물대야]과 한 바다와 그 바다 아래 열두 소와 솥과 부삽과 고기 갈고리와 여호와의 전의 모든 그릇들이라. 후람의 아비[후람아비](사람이름)가 솔로몬 왕을 위하여 빛난 놋[청동]으로 만들 때에 왕이 요단 평지에서 숙곳과 스레다 사이의 차진 흙[찰흙]에 그것들을 부어 내었더라. 이와 같이 솔로몬이 이 모든 기구를 심히 많이 만들었으므로 그 놋[청동] 중수[무게]를 능히 측량할 수 없었더라. 솔로몬이 또 하나님의 전의 모든 기구를 만들었으니 곧 금단과 진설병 상들과 내소(內所) 앞에서 규례대로 불을 켤 정금 등대와 그 등잔이며 또 순정(純精)한[지극히 깨끗한] 금으로 만든 꽃과 등잔과 화젓가락이며 또 정금으로 만든 불집게와 주발과 숟가락과 불 옮기는 그릇이며 또 전 문 곧 지성소의 문과 외소의 문을 금으로 입혔더라.

본장의 교훈을 정리해보자. 구약시대의 성막과 성전은 예수 그리스도를 예표하였다. 예수 그리스도께서는 우리의 청동단, 우리의 바다, 우리의 물대야, 우리의 등대, 우리의 떡상이시다. 그는 우리를 위하여 한 영원한 제사를 드리심으로 영원한 중보자가 되셨다. 그는 죄가 없으신 거룩한 제사장이시며(히 7:26) 또한 그 자신이 거룩한 제물이 되셨다.

히브리서 10:12, "오직 그리스도는 죄를 위하여 한 영원한 제사를 드리시고." 또 예수 그리스도께서는 세상의 참 빛으로 오셨고(요 1:9) 또 우리에게 영원한 생명의 양식이 되셨다. 요한복음 6:48, 51, "내가 곧 생명의 떡이로라," "나는 하늘로서 내려온 산 떡이니." 예수 그리스도께서는 우리의 의와 거룩히 되셨고(고전 1:30) 우리의 빛과 생명이시며(요 1:9; 14:6) 복스러운 소망이시며(딛 2:13) 우리의 기쁨이시다(벧전 1:8).

오늘날 우리는 오직 예수 그리스도의 이름으로, 그의 완전충족하신 대속사역으로 하나님께 나아갈 수 있다. 히브리서 4:14-16은, 우리에게 큰 대제사장 곧 승천하신 하나님의 아들 예수 그리스도께서 계시므로 우리가 믿는 도리를 굳게 잡고 때를 따라 돕는 은혜를 얻기 위해 은혜의 보좌 앞에 담대히 나아가자고 권면하였다. 또 히브리서 10:19도, "우리가 예수[님]의 피를 힘입어 성소[지성소]에 들어갈 담력을 얻었노라"고 증거했다. 사도 바울은 로마서 8:15에서 우리가 무서워하는 종의 영을 받지 않았고 양자의 영을 받았으므로 하나님을 '아바 아버지'라고 부르게 되었다고 증거했다. 그러므로 우리는 예수 그리스도 안에서 거룩한 제사장이 되고 우리의 삶을 거룩한 산 제물로 하나님께 드려야 한다.

우리는 예수 그리스도의 구속(救贖)의 은혜를 믿는 믿음 안에서 성경 말씀의 교훈과 성령의 감동으로 하나님을 섬긴다. 그러므로 초대 예루살렘 교회는 사도들의 가르침을 받아 서로 교제하며 떡을 떼며 기도하기를 전혀 힘썼고(행 2:42), 성령의 위로로 진행했다(행 9:31). 사도 바울은 제자들에게 "항상 하나님의 은혜 가운데 있으라"고 권했고(행 13:43), 또 그들의 마음을 굳게 하여 "이 믿음에 거하라"고 했다(행 14:22). 또 그는 "주 예수 그리스도의 은혜와 하나님의 사랑과 성령의 교통하심이 너희 무리와 함께 있을지어다"라고 축원했다(고후 13:13). 우리는 구주 예수 그리스도의 십자가 대속을 믿는 속죄 신앙을 가지고 또 하나님의 말씀인 성경말씀을 주야로 묵상하며 성령 안에서 기도하면서 하나님을 섬기며 그의 계명들을 지키며 의와 선을 행해야 한다.

5장: 법궤를 들여옴

〔1절〕 솔로몬이 여호와의 전을 위하여 만드는 모든 것을 마친지라. 이에 그 부친 다윗이 드린 은과 금과 모든 기구를 가져다가 하나님의 전 곳간[창고]에 두었더라.

솔로몬은 여호와의 전을 위하여 만드는 모든 것을 마쳤고 그 부친 다윗이 드린 은과 금과 모든 기구를 가져다가 하나님의 전 곳간에 두었다. 다윗이나 솔로몬은 자신들의 소유물을 하나님께 드릴지언정 하나님의 것을 자신들의 필요를 위해 쓰지 않았던 것 같다. 그들의 행한 일들을 보면 확실히 그러했다. 모든 성도들이 범사에 정직하고 진실하게 살아야 하지만, 특히 교회의 직분자들은 그러해야 한다. 우리는 엘리사의 수종자 게하시처럼 되지 말아야 하고(왕하 5:20-27) 예수님의 열두 제자들 중 하나인 가룟 유다처럼 되지 말아야 한다(마 26:15; 27:3-5). 하나님의 거룩한 일에 수종드는 교회의 봉사자들은 공(公)과 사(私)를 분명히 해야 한다. 그러므로 성경은 교회의 장로들과 집사들의 자격요건을 말할 때 더러운 이를 탐하지 않는 자이어야 한다고 말하였다(딤전 3:3[전통본문], 8; 딛 1:7).

〔2-5절〕 이에 솔로몬이 여호와의 언약 궤를 다윗성 곧 시온에서 메어 올리고자 하여 이스라엘 장로들과 모든 지파의 두목 곧 이스라엘 자손의 족장들을 다 예루살렘으로 소집하니 7월 절기에 이스라엘 모든 사람이 다 왕에게로 모이고 이스라엘 장로들이 다 이르매 레위 사람이 궤를 메니라. 궤와 회막과 장막 안에 모든 거룩한 기구를 메고 올라가되 제사장과 레위 사람이 그것들을 메고 올라가매.

솔로몬은 여호와의 언약궤를 다윗성 곧 시온에서 메어 올리고자 하였다. 그는 이스라엘 장로들과 모든 지파의 우두머리 곧 이스라엘 자손의 족장들을 다 예루살렘으로 소집하였다. 7월 절기 곧 초막절에 (대하 7:8-10) 이스라엘 모든 사람이 다 왕에게로 모이고 이스라엘

장로들이 다 왔다. 레위 사람들은 언약궤를 메었다. 제사장들과 레위
사람들은 언약궤와 회막과 장막 안에 모든 거룩한 기구를 메고 올라
갔다. 언약궤 곧 법궤는 성전의 지성소에 들여졌을 것이지만, 그 외의
다른 성막 기구들(향단, 떡상, 촛대, 물두멍 등)은 아마 성전의 거룩한
창고에 보관되었을 것이다.

민수기 4:15에 의하면, 성막의 법궤와 등대, 향단 등 성소의 기구들
은 고핫 자손 레위인들이 메어 옮기도록 규정되어 있다. 이전에 다윗
은 법궤를 새 수레에 실어 옮기다가 실패하여 석달이나 지연된 적이
있었다(삼하 6:11; 대상 13:14). 우리는 하나님의 거룩한 일들을 하나
님의 정하신 방법대로 행해야 한다. 우리는 성경에 기록된 사도들과
선지자들의 교훈을 하나님의 권위로 인쳐진 신앙생활 지침으로 삼아
야 한다. 우리는 하나님의 일을 하나님의 방법으로 해야 한다.

**[6-10절] 솔로몬 왕과 그 앞에 모인 이스라엘 회중이 궤 앞에 있어 양과
소로 제사를 드렸으니 그 수가 많아 기록할 수도 없고 셀 수도 없었더라.
제사장들이 여호와의 언약궤를 그 처소로 메어 들였으니 곧 내전(데비르
דְּבִיר)[내소 内所, innermost room] 지성소 그룹들의 날개 아래라. 그룹들
이 궤 처소 위에서 날개를 펴서 궤와 그 채[장대]를 덮었는데 그 채가 길어서
궤에서 나오므로 그 끝이 내전[내소] 앞에서 보이나 밖에서는 보이지 아니하
며 그 궤가 오늘까지 그곳에 있으며 궤 안에는 두 돌판 외에 아무것도 없으
니 이것은 이스라엘 자손이 애굽에서 나온 후 여호와께서 저희와 언약을 세
우실 때에 모세가 호렙에서 그 안에 넣은 것이더라.**

언약궤의 중요성은 그 안에 언약의 두 돌판이 있기 때문이다. 그
두 돌판은 하나님께서 호렙산 곧 시내산 꼭대기에서 직접 새겨주신
십계명이 쓰여 있었다. 그것은 하나님의 언약의 말씀이었다. 이스라
엘 백성은 이 십계명으로 하나님과 언약을 맺었었다. 그들이 하나님
의 언약을 지키고 순종하면 하나님께서는 그들과 함께하시고 그들에
게 복을 주실 것이다. 그러나 그들이 하나님의 언약을 어기고 범죄하
면 하나님께서는 그들에게 재앙을 내리실 것이다.

물론 하나님께서는 사람들이 그 법과 계명을 다 지키지 못하므로 그 법궤 뚜껑을 속죄소라고 부르며 매년 대제사장이 속죄일에 그 곳에 속죄의 피를 뿌리게 하셨다. 그것은 예수 그리스도의 속죄의 은혜를 상징하였다. 그것은 우리가 하나님 앞에서 의롭다 하심을 얻는 것이 율법의 행위가 아니고, 예수 그리스도의 대속을 믿음으로 말미암음을 보였다(롬 3:19-22). 죄인은 오직 믿음으로 구원을 얻는다.

솔로몬과 이스라엘 온 회중은 하나님 앞에 헤아릴 수 없이 많은 양과 소로 제사를 드렸다. 그것은 그들의 진심과 정성, 기쁨과 감사의 표시이었다. 구약시대의 제사들은 속죄와 헌신, 순종과 교제와 감사를 나타내었다. 그들은 구약 제사들에 담긴 예수 그리스도의 십자가 대속 공로에 근거하여 하나님께 진심과 정성의 경배를 올린 것이다.

〔11-14절〕 이때에는 [모든](원문) 제사장들이 그 반차대로 하지 아니하고 스스로 정결케 하고 성소에 있다가 나오매 노래하는 레위 사람 아삽과 헤만과 여두둔과 그 아들들과 형제들이 다 세마포를 입고 단 동편에 서서 제금과 비파와 수금을 잡고 또 나팔 부는 제사장 120인이 함께 서 있다가 나팔 부는 자와 노래하는 자가 일제히 소리를 발하여 여호와를 찬송하며 감사하는데 나팔 불고 제금 치고 모든 악기를 울리며 소리를 높여 여호와를 찬송하여 가로되 [그는] 선하시도다. 그 자비하심이 영원히 있도다 하매 그때에 여호와의 전에 구름이 가득한지라. 제사장이 그 구름으로 인하여 능히 서서 섬기지 못하였으니 이는 여호와의 영광이 하나님의 전에 가득함이었더라.

열왕기상 8:10-11, "제사장이 성소에서 나올 때에 구름이 여호와의 전에 가득하매 제사장이 그 구름으로 인하여 능히 서서 섬기지 못하였으니 이는 여호와의 영광이 여호와의 전에 가득함이었더라." 모세가 성막을 완성했을 때도 하나님의 영광의 구름이 나타났다. 출애굽기 40:34-35, "그 후에 구름이 회막에 덮이고 여호와의 영광이 성막에 충만하매 모세가 회막에 들어갈 수 없었으니 이는 구름이 회막 위에 덮이고 여호와의 영광이 성막에 충만함이었으며." 하나님께서 구름으로 임재하신 것은 그 성전을 기쁘게 받으셨다는 표시이었다.

본장의 교훈을 정리해보자. 첫째로, 다윗과 솔로몬은 성전 건축을 할 때 하나님의 것을 조금이라도 취하지 않고 도리어 자신의 것을 하나님께 바쳤다. 성경은 교회의 직분자의 자격요건 중에 더러운 이를 탐하지 않는 것을 포함하였다(딤전 3:8; 딛 1:7). 우리는 교회의 일을 할 때 더러운 이를 탐하지 말아야 한다. 예를 들어, 교회의 공금이나 물건을 훔치거나 자기 유익을 위해 임의로 쓰는 자는 하나님 앞에서 죄가 되고 자신에게 큰 해가 된다. 우리는 범사에 정직하고 진실하게 살아야 하고 특히 금전 관계에 있어서도 깨끗해야 한다. 잠언은 "적은 소득이 의를 겸하면 많은 소득이 불의를 겸한 것보다 낫다"고 말하였다(잠 16:8).

둘째로, 솔로몬은 하나님의 언약궤와 회막과 거기에 속한 모든 기구들을 레위 사람들로 하여금 메어 올리게 했는데, 그것은 하나님의 명하신 규례대로 한 것이다. 우리는 하나님을 섬기고 그의 일을 할 때 우리의 생각대로 하지 말고 성경의 교훈대로 해야 한다. 사도 바울은 "형제들아, 굳게 서서 말로나 우리 편지로 가르침을 받은 유전을 지키라"고 말하였다(살후 2:15). 또 그는 "규모 없이[무질서하게] 행하고 우리에게 받은 유전대로 행하지 아니하는 모든 형제에게서 떠나라"고 명하였다(살후 3:6). 우리는 성경의 교훈대로 하나님의 일을 해야 하고 성경 교훈대로 하지 않는 자는 형제라도 멀리하고 교제를 끊어야 한다.

셋째로, 구약시대의 제사는 예수 그리스도의 속죄와 성도들의 헌신과 순종과 교제와 감사를 나타낸다. 우리는 주 예수 그리스도의 속죄의 은혜만 믿고 의지하며 하나님께 진심으로 또 정성껏 예배하고 찬송해야 한다. 주께서는 우리가 하나님께 예배드릴 때 신령과 진정으로 해야 한다고 말씀하셨다(요 4:24). 사도 바울은 "너희 몸을 하나님이 기뻐하시는 거룩한 산 제사로 드리라. 이는 너희의 드릴 영적 예배니라"고 말했다(롬 12:1). 우리가 예수 그리스도의 속죄를 믿는 믿음으로 또 진심과 정성으로 예배드리고 찬송과 기도를 드리고 선한 일을 할 때 하나님께서는 우리의 예배와 찬송과 기도와 봉사를 기쁘게 받으실 것이다.

6장: 솔로몬의 기도

〔1-11절〕 그때에 솔로몬이 가로되 여호와께서 캄캄한 데 계시겠다 말씀하셨사오나 내가 주를 위하여 거하실 전을 건축하였사오니 주께서 영원히 거하실 처소로소이다 하고 얼굴을 돌이켜 이스라엘의 온 회중을 위하여 축복하니 때에 이스라엘의 온 회중이 서 있더라. 왕이 가로되 이스라엘 하나님 여호와를 송축할지로다. 여호와께서 그 입으로 나의 부친 다윗에게 말씀하신 것을 이제 그 손으로 이루셨도다. 이르시기를 내가 내 백성을 애굽 땅에서 인도하여 낸 날부터 내 이름을 둘 만한 집을 건축하기 위하여 이스라엘 모든 지파 가운데서 아무 성읍도 택하지 아니하였으며 내 백성 이스라엘의 주권자를 삼기 위하여 아무 사람도 택하지 아니하였더니 예루살렘을 택하여 내 이름을 거기 두고 또 다윗을 택하여 내 백성 이스라엘을 다스리게 하였노라 하신지라. 내 부친 다윗이 이스라엘 하나님 여호와의 이름을 위하여 전을 건축할 마음이 있었더니 여호와께서 내 부친 다윗에게 이르시되 네가 내 이름을 위하여 전을 건축할 마음이 있으니 이 마음이 네게 있는 것이 좋도다. 그러나 너는 그 전을 건축하지 못할 것이요 네 몸에서 낳을 네 아들 그가 내 이름을 위하여 전을 건축하리라 하시더니 이제 여호와께서 말씀하신 대로 이루시도다. 내가 여호와의 허하신[허락하신] 대로 내 부친 다윗을 대신하여 일어나서 이스라엘 위(位)에 앉고 이스라엘 하나님 여호와의 이름을 위하여 전을 건축하고 내가 또 그곳에 여호와께서 이스라엘 자손으로 더불어 세우신 언약 넣은 궤를 두었노라.

솔로몬은 이스라엘 백성 앞에서 하나님을 송축하며 하나님께서 그의 부친 다윗에게 약속하신 바를 이루셨다고 말했다. 하나님께서는 예루살렘을 택하여 그의 이름을 두시고 다윗을 택하셔서 그의 백성 이스라엘을 다스리게 하셨고, 또 그의 몸에서 낳을 아들이 하나님의 이름을 위해 전을 건축하리라고 말씀하신 대로 이루셨다.

〔12-17절〕 솔로몬이 여호와의 단 앞에서 이스라엘의 회중을 마주 서서 그 손을 펴니라. 솔로몬이 이왕에 놋[청동]으로 대를 만들었으니 장이 다섯 규빗[약 2.3미터]이요 광이 다섯 규빗[약 2.3미터]이요 고가 세 규빗[약 1.4미

터]이라. 뜰 가운데 두었더니 저가 그 위에 서서 이스라엘의 회중 앞에서 무릎을 꿇고 하늘을 향하여 손을 펴고 가로되 이스라엘 하나님 여호와여, 천지에 주와 같은 신이 없나이다. 주께서는 온 마음으로 주의 앞에서 행하는 주의 종들에게 언약을 지키시고 은혜를 베푸시나이다. 주께서 주의 종 내 아비 다윗에게 허하신 말씀을 지키시되 주의 입으로 말씀하신 것을 손으로 이루심이 오늘날과 같으니이다. 이스라엘 하나님 여호와여, 주께서 주의 종 내 아비 다윗에게 말씀하시기를 네 자손이 자기 길을 삼가서 네가 내 앞에서 행한 것같이 내 율법대로 행하기만 하면 네게로 좇아 나서 이스라엘 위(位)[왕위]에 앉을 사람이 내 앞에서 끊어지지 아니하리라 하셨사오니 이제 다윗을 위하여 그 허하신 말씀을 지키시옵소서. 그런즉 이스라엘 하나님 여호와여, 원컨대 주는 주의 종 다윗에게 하신 말씀이 확실하게 하옵소서.

솔로몬은 청동으로 대를 만들어 성막 뜰 가운데 놋[청동]단 앞에 두고 그 위에 서서 이스라엘 회중 앞에서 무릎을 꿇고 하늘을 향해 손을 펴고 기도하였다. 그는 하나님께서 온 마음으로 그의 앞에 행하는 종들에게 언약을 지키시고 은혜를 베푸신다고 고백하였다. 또 그는 하나님께서 자기 부친 다윗에게 허락하신 말씀을 지키시고 이루셨다고 말한다. 또 그는 하나님께서 다윗에게 말씀하신 바대로 그의 자손이 그 길을 삼가서 하나님의 율법대로 행하기만 하면 그 왕위가 끊어지지 않고 계속될 것이라는 말씀을 이루시기를 기도하였다.

〔18-21절〕 하나님이 참으로 사람과 함께 땅에 거하시리이까? 하늘과 하늘들의 하늘이라도 주를 용납지 못하겠거든 하물며 내가 건축한 이 전이오리이까? 그러나 나의 하나님 여호와여, 종의 기도와 간구를 돌아보시며 종이 주 앞에서 부르짖음과 비는 기도를 들으시옵소서. 주께서 전에 말씀하시기를 내 이름을 거기 두리라 하신 곳 이 전을 향하여 주의 눈이 주야로 보옵시며 종이 이곳을 향하여 비는 기도를 들으시옵소서. 종과 주의 백성 이스라엘이 이곳을 향하여 기도할 때에 주는 그 간구함을 들으시되 주의 계신 곳 하늘에서 들으시고 들으시사 사하여 주옵소서.

솔로몬은 하나님의 무한하심을 고백하였다. 그는 하나님께서 어떻게 사람들과 함께 땅에 거하실 수 있겠으며, 하늘과 하늘들의 하늘도 그를 용납할 수 없을 것이라고 말하며 그러나 하나님께서 그의 이름을 두신 이 성전을 향해 항상 보시고 이곳을 향해 기도하는 소리를 그의 계신 곳 하늘에서 들으시기를 구하였다. 솔로몬은 하나님께서 하늘에 계심을 본장에서 여러 번 언급하였다(13, 21, 30, 33, 39절).

〔22-23절〕 만일 어떤 사람이 그 이웃에게 범죄하므로 맹세시킴을 받고 저가 와서 이 전에 있는 주의 단 앞에서 맹세하거든 주는 하늘에서 들으시고 행하시되 주의 종들을 국문〔심판〕하사 악한 자의 죄를 정하여 그 행위대로 그 머리에 돌리시고 의로운 자를 의롭다 하사 그 의로운 대로 갚으시옵소서.

솔로몬은 또 사람이 성전의 단 앞에서 맹세할 때 하나님께서 악인과 의인에게 각각 공의로 보응하시기를 기도하였다.

〔24-25절〕 만일 주의 백성 이스라엘이 주께 범죄하여 적국 앞에 패하게 되므로 주께로 돌아와서 주의 이름을 인정하고 이 전에서 주께 빌며 간구하거든 주는 하늘에서 들으시고 주의 백성 이스라엘의 죄를 사하시고 그와 그 열조에게 주신 땅으로 돌아오게 하옵소서.

솔로몬은 또 그들이 적국 앞에 패할 때 회개하며 성전에서 하나님께 기도하면 죄사함과 회복의 은혜를 주시기를 기도하였다.

〔26-27절〕 만일 저희가 주께 범죄함을 인하여 하늘이 닫히고 비가 없어서 주의 벌을 받을 때에 이곳을 향하여 빌며 주의 이름을 인정하고 그 죄에서 떠나거든 주는 하늘에서 들으사 주의 종들과 주의 백성 이스라엘의 죄를 사하시고 그 마땅히 행할 선한 길을 가르쳐 주옵시며 주의 백성에게 기업으로 주신 주의 땅에 비를 내리시옵소서.

솔로몬은 또 그들이 가뭄이 드는 벌을 받을 때 회개하며 성전을 향해 기도하면 죄를 사하시고 땅에 비를 내려주시기를 기도하였다.

〔28-31절〕 만일 이 땅에 기근이나 온역이 있거나 곡식이 시들거나 깜부기가 나거나 메뚜기나 황충이 나거나 적국이 와서 성읍을 에워싸거나 무슨 재앙이나 무슨 질병이 있든지 무론하고 한 사람이나 혹 주의 온 백성 이스라엘이 다 각각 자기의 마음에 재앙과 고통을 깨닫고 이 전을 향하여 손을 펴고 무슨 기도나 무슨 간구를 하거든 주는 계신 곳 하늘에서 들으시며 사

유하시되 각 사람의 마음을 아시오니 그 모든 행위대로 갚으시옵소서. 주만 홀로 인생의 마음을 아심이니이다. 그리하시면 저희가 주께서 우리 열조에게 주신 땅에서 사는 동안에 항상 주를 경외하며 주의 길로 행하리이다.

솔로몬은 또 그들이 전염병이나 곡식의 병충해나 어떤 재앙을 당할 때 성전을 향해 기도하면 죄를 용서해 주시기를 기도하였고 또 그렇게 하면 그들이 하나님을 항상 경외하고 살겠다고 고백하였다.

〔32-33절〕 주의 백성 이스라엘에 속하지 않은 이방인에게 대하여도 저희가 주의 큰 이름과 능한 손과 펴신 팔을 위하여 먼 지방에서 와서 이 전을 향하여 기도하거든 주는 계신 곳 하늘에서 들으시고 무릇 이방인이 주께 부르짖는 대로 이루사 땅의 만민으로 주의 이름을 알고 주의 백성 이스라엘처럼 경외하게 하옵시며 또 내가 건축한 이 전을 주의 이름으로 일컫는 줄을 알게 하옵소서.

솔로몬은 또 이방인들도 이곳에 와서 성전을 향해 기도하면 하나님께서 들어주시고 그럼으로써 그들도 하나님을 경외하기를 기도하였다. 이것은 이방인들의 구원에 대한 놀라운 암시이었다.

〔34-35절〕 주의 백성이 그 적국으로 더불어 싸우고자 하여 주의 보내신 길로 나갈 때에 저희가 주의 빼신 이 성과 내가 주의 이름을 위하여 건축한 전 있는 편을 향하여 여호와께 기도하거든 주는 하늘에서 저희의 기도와 간구를 들으시고 그 일을 돌아보옵소서.

솔로몬은 또 그들이 전쟁할 때 이 성전을 향해 기도하면 하나님께서 들으시고 그 전쟁을 돌아보아 주시기를 기도하였다.

〔36-39절〕 범죄치 아니하는 사람이 없사오니 저희가 주께 범죄하므로 주께서 저희에게 진노하사 저희를 적국에게 붙이시매 적국이 저희를 사로잡아 땅의 원근을 물론하고 끌어간 후에 저희가 사로잡혀 간 땅에서 스스로 깨닫고 그 사로잡은 자의 땅에서 돌이켜 주께 간구하기를 우리가 범죄하여 패역을 행하며 악을 지었나이다 하며 자기를 사로잡아 간 적국의 땅에서 온 마음과 온 뜻으로 주께 돌아와서 주께서 그 열조에게 주신 땅과 주의 빼신 성과 내가 주의 이름을 위하여 건축한 전 있는 편을 향하여 기도하거든 주는 계신 곳 하늘에서 저희의 기도와 간구를 들으시고 저희의 일을 돌아보옵

시며 주께 득죄한 주의 백성을 용서하옵소서.

솔로몬은 또 그들이 범죄하여 적국에 포로로 잡혀갔을 때에라도 회개하며 온전한 마음으로 이 성전을 행해 기도하면 하나님께서 그들의 기도를 들으시고 그들의 죄를 용서해주시기를 기도하였다.

[40-42절] 나의 하나님이여, 이제 이곳에서 하는 기도에 눈을 드시고 귀를 기울이소서. 여호와 하나님이여, 일어나 들어가사 주의 능력의 궤와 함께 주의 평안한 처소에 계시옵소서. 여호와 하나님이여, 원컨대 주의 제사장으로 구원을 입게 하시고 또 주의 성도로 은혜를 기뻐하게 하옵소서. 여호와 하나님이여, 주의 기름 부음 받은 자에게서 얼굴을 돌이키지 마옵시고 주의 종 다윗에게 베푸신 은총을 기억하옵소서.

솔로몬은 하나님께서 그 능력의 궤와 함께 성전에 들어가 거하시며 주의 백성으로 하나님의 은혜를 기뻐하게 하시기를 구하였다.

본장의 교훈을 정리해보자. 첫째로, 우리는 성전을 향해 기도해야 한다(20, 21, 22, 24, 26, 29, 32, 34, 38절). 20절, "이 곳을 향하여 비는 기도." 구약의 성전은 예수 그리스도를 예표하며, 성전을 향하여 기도하는 것은 예수 그리스도를 의지하며 그의 이름으로 기도하는 것과 같다. 예수 그리스도께서는 새 언약의 중보이시다(히 9:15). 그는 "너희가 내 이름으로 무엇을 구하든지 내가 시행하리라"고 말씀하셨다(요 14:13).

둘째로, 우리가 하나님께 기도하되 회개하며(24, 26, 37, 38절) 하나님을 인정하며(24, 26, 33절) 그를 경외하며(31, 33절) 간절하게 해야 한다(19, 21, 24, 29, 35, 37, 39절). 24절, "주께로 돌아와서 주의 이름을 인정하고 이전에서 주께 빌며 간구하거든." 26절, "주의 이름을 인정하고 그 죄에서 떠나거든." 38절, "온 마음과 온 뜻으로 주께 돌아와서."

셋째로, 우리가 이렇게 기도하면 하나님께서는 우리의 기도를 들어주실 것이다. 솔로몬은 하나님께서 하늘에서 들으시기를 기도하였다(20, 21, 23, 25, 27, 30, 33, 35, 39절). 21절, "주는 그 간구함을 들으시되 주의 계신 곳 하늘에서 들으시고 들으시사 사하여 주옵소서."

7장: 하나님께서 다시 나타나심

〔1-3절〕솔로몬이 기도를 마치매 불이 하늘에서부터 내려와서 그 번제물과 제물들을 사르고 여호와의 영광이 그 전에 가득하니 여호와의 영광이 여호와의 전에 가득하므로 제사장이 그 전에 능히 들어가지 못하였고 이스라엘 모든 자손은 불이 내리는 것과 여호와의 영광이 전에 있는 것을 보고 박석 깐 땅에 엎드려 경배하며 여호와께 감사하여 가로되 선하시도다. 그 인자하심이 영원하도다 하니라.

하나님께서는 불로 응답하셨다. 여호와의 영광이 성전에 가득했다는 말은 성전에 구름이 가득함을 가리켰다고 본다. 구름은 하나님의 임재와 영광의 표이었다. 솔로몬이 성전을 완성하고 성전 기구들을 들여놓았을 때도 구름이 성전에 가득했고 제사장이 그 구름 때문에 서서 섬길 수 없었다(대하 5:13-14). 솔로몬의 기도한 후에는 하나님께서 불로 응답하셨고 또 구름이 성전에 가득하였고 여호와의 영광이 성전에 가득하므로 제사장이 그 전에 들어갈 수 없었다고 보인다.

〔4-7절〕이에 왕과 모든 백성이 여호와 앞에 제사를 드리니 솔로몬 왕의 드린 제물이 소가 2만 2천이요 양이 12만이라. 이와 같이 왕과 모든 백성이 하나님의 전의 낙성식[준공식]을 행하니라. 때에 제사장들은 직분대로 모셔 서고 레위 사람도 여호와의 악기를 가지고 섰으니 이 악기는 전에 다윗 왕이 레위 사람으로 여호와를 찬송하려고 만들어서 여호와의 인자하심이 영원함을 감사케 하던 것이라. 제사장[제사장들]은 무리 앞에서 나팔을 불고 온 이스라엘은 섰더라. 솔로몬이 또 여호와의 전 앞뜰 가운데를 거룩히 구별하고 거기서 번제물과 화목제의 기름을 드렸으니 이는 솔로몬의 지은 놋[청동]단이 능히 그 번제물과 소제물과 기름을 용납할 수 없음이더라.

모든 백성은 여호와 앞에 제사를 드리며 성전 준공식을 행하였다.

〔8-10절〕그때에 솔로몬이 7일 동안 절기를 지켰는데 하맛 어귀에서부터 애굽 하수까지의 온 이스라엘의 심히 큰 회중이 모여 저와 함께 하였더니 제8일에 무리가 한 성회를 여니라. 단의 낙성식을 7일 동안 행한 후 이

절기를 7일 동안 지키니라. 7월 23일에 왕이 백성을 그 장막으로 돌려보내매 백성이 여호와께서 다윗과 솔로몬과 그 백성 이스라엘에게 베푸신 은혜를 인하여 기뻐하며 마음에 즐거워하였더라.

솔로몬은 성전 준공식을 7일간 거행했고 또 절기를 7일간 지켰다.

〔11-16절〕솔로몬이 여호와의 전과 왕궁을 필역하고 무릇 그 심중에 여호와의 전과 자기의 궁궐에 어떻게 만들고자 한 것을 다 형통하게 이루니라. 밤에 여호와께서 솔로몬에게 나타나사 이르시되 내가 이미 네 기도를 듣고 이곳을 택하여 내게 제사하는 전을 삼았으니 혹 내가 하늘을 닫고 비를 내리지 아니하거나 혹 메뚜기로 토산을 먹게 하거나 혹 염병으로 내 백성 가운데 유행하게 할 때에 내 이름으로 일컫는 내 백성이 그 악한 길에서 떠나 스스로 겸비하고 기도하여 내 얼굴을 구하면 내가 하늘에서 듣고 그 죄를 사하고 그 땅을 고칠지라. 이곳에서 하는 기도에 내가 눈을 들고 귀를 기울이리니 이는 내가 이미 이 전을 택하고 거룩하게 하여 내 이름으로 여기 영영히 있게 하였음이라. 내 눈과 내 마음이 항상 여기 있으리라.

이것은, 하나님께서 가뭄이나 메뚜기나 전염병 등의 재앙을 내리셨을 때 하나님의 백성이 그 악한 길에서 떠나 이 성전에서 겸손히 하나님께 기도하면 하나님께서 하늘에서 그 기도를 들으시고 그 죄를 사하시고 그 재앙을 고치시고 회복시켜 주시겠다는 약속이었다. 이것은 구약 성전의 예표적 성격을 나타낸다. 구약 성전은 예수 그리스도를 예표하였다. 그것은 오늘날 신약성도들이 예수 그리스도의 이름을 의지하고 그의 이름으로 기도하는 것을 예표하였다.

〔17-18절〕[그리고 네게 대해서는] 네가 만일 내 앞에서 행하기를 네 아비 다윗같이 하여 내가 네게 명한 모든 것을 행하여 내 율례와 규례를 지키면 내가 네 나라 위(位)를 견고케 하되 전에 내가 네 아비 다윗과 언약하기를 이스라엘을 다스릴 자가 네게서 끊어지지 아니하리라 한 대로 하리라.

이것은 솔로몬 왕국의 왕위의 견고함의 조건에 대한 말씀이다. 그 왕위의 견고함의 조건은 오직 한가지이었다. 그것은 하나님의 모든 계명과 율례를 지키는 것이다. 그것은 모든 시대의 모든 사람의 평안과 건강과 행복의 조건이기도 하다. 이것이 하나님의 공의이다.

〔19-22절〕 그러나 너희가 만일 돌이켜 내가 너희 앞에 둔 내 율례와 명령을 버리고 가서 다른 신을 섬겨 숭배하면, 내가 저희에게 준 땅에서 그 뿌리를 뽑아내고 내 이름을 위하여 거룩하게 한 이 전을 내 앞에서 버려 모든 민족 중에 속담거리와 이야기거리가 되게 하리니, 이 전이 비록 높을지라도 무릇 그리로 지나가는 자가 놀라 가로되 여호와께서 무슨 까닭으로 이 땅과 이 전에 이같이 행하셨는고 하면 대답하기를 저희가 자기 열조를 애굽 땅에서 인도하여 내신 자기 하나님 여호와를 버리고 다른 신에게 부종(附從)하여[가까이 하여, 친근히 하여] 그를 숭배하여 섬기므로 여호와께서 이 모든 재앙을 저희에게 내리셨다 하리라 하셨더라.

하나님께서는 이스라엘 백성의 배교(背敎)에 대해서도 경고하셨다. 배교, 즉 열조의 하나님을 버리고 그의 명령과 규례를 버리는 것은 멸망의 원인이다. 오늘날도 똑같다. 참 교회는 성경의 모든 교훈들을 믿고 실천해야 하고 배교에 떨어져서는 안된다.

본장의 교훈을 정리해보자. 첫째로, 하나님께서는 솔로몬의 기도에 불로 응답하셨다. 여호와 우리 하나님께서는 살아계신 참 하나님이시며 기도를 들으시며 때때로 불로 응답하셨다. 선지자 엘리야 때에도 그러했었다. 우리는 살아계신 참 하나님을 알고 믿고 섬겨야 한다.

둘째로, 하나님께서는 성전에서 하는 기도에 응답하시겠다고 약속하셨다. 특히 재앙의 날에 겸손히 하나님께 나아와 회개하며 간구할 때 하나님께서는 그 죄를 용서하시고 회복시켜 주시겠다고 약속하셨다. 성전에서 하는 기도는 예수 그리스도의 이름으로 하는 기도이며 구주 예수 그리스도의 이름으로 하는 기도는 약속 있는 기도이다.

셋째로, 평안과 형통의 조건은 말씀 순종이며 배교는 멸망의 길이다. 오늘날도 이치가 같다. 우리는 열조의 하나님을 떠나지 말고 성경 교훈대로만 살아야 한다. 오늘날도 평안과 형통과 영생의 길은 말씀 순종이다. 우리는 역사적 기독교 신앙을 지키고 성경 교훈대로 살아야 한다.

8장: 솔로몬의 그 외의 일들

〔1-6절〕 솔로몬이 여호와의 전과 자기의 궁궐을 20년 동안에 건축하기를 마치고 후람이 자기에게 준 성읍들을 다시 건축하여(왕상 9:11의 성읍들을 가리킨 듯함) 이스라엘 자손으로 거기 거하게 하니라. 솔로몬이 가서 하맛소바를 쳐서 취하고 또 광야에서 다드몰을 건축하고 하맛에서 모든 국고성을 건축하고 또 윗 벧호론과 아래 벧호론을 건축하되 성과 문과 문빗장이 있게 하여 견고한 성읍을 삼고 또 바알랏과 자기에게 있는 모든 국고성과 모든 병거성과 마병의 성들을 건축하고 솔로몬이 또 예루살렘과 레바논과 그 다스리는 온 땅에 건축하고자 하던 것을 다 건축하니라.

솔로몬은 여호와의 전과 자기 궁궐을 20년 동안 건축한 후에 여러 성들을 건축하였다. 그 일들은 하나님의 뜻 가운데 하나님의 정하신 때에 이루어졌다. 다윗은 전쟁을 많이 했고 그것이 그를 향하신 하나님의 뜻이었다. 그러나 솔로몬은 성전을 비롯하여 많은 성들을 건축하였고 그 모든 일들은 하나님의 뜻 가운데 그의 정하신 때에 이루어진 것이다. 하나님의 모든 일에는 정하신 때가 있다. 우리는 하나님의 정하신 때에 그의 작정하신 일을 이루는 도구가 되어야 한다.

〔7-11절〕 무릇 이스라엘이 아닌 헷 족속과 아모리 족속과 브리스 족속과 히위 족속과 여부스 족속의 남아 있는 자 곧 이스라엘 자손이 다 멸하지 못하였으므로 그 땅에 남아 있는 그 자손들을 솔로몬이 역군(마스 ם) [강제노역자]을 삼아 오늘날까지 이르렀으되 오직 이스라엘 자손은 솔로몬이 노예를 삼아 일을 시키지 아니하였으니 저희는 군사와 장관의 두목과 그 병거와 마병의 장관이 됨이라. 솔로몬 왕의 공장을 감독하는 자[주요 관리들]가 250인이라. 저희가 백성을 다스렸더라. 솔로몬이 바로의 딸을 데리고 다윗성에서부터 저를 위하여 건축한 궁에 이르러 가로되 내 아내가 이스라엘 왕 다윗의 궁에 거하지 못하리니 이는 여호와의 궤가 이른 곳은 다 거룩함이니라 하였더라.

솔로몬은 이스라엘 땅에 남아 있던 가나안 족속들을 강제노역자들로 삼았다. 그러나 솔로몬은 이스라엘 자손들은 종을 삼아 일을 시키지 않았다. 그들은 군사들과 고급 장교들과 그 병거와 마병의 장관들이 되었다. 솔로몬 시대에 이스라엘 땅에 남아 있었던 가나안 족속들은 실상 여호수아 시대에 이미 다 죽였어야 했던 자들이다. 왜냐하면 하나님께서는 그들의 우상숭배와 음란 때문에 그들을 완전히 멸하시기로 뜻하셨고 명령하셨기 때문이다. 그들의 완전한 멸망은 하나님의 뜻이며 그의 심판이었다. 이스라엘 백성이 그들을 친근히 하면 그들은 그들에게 올무가 될 수 있었다. 그러나 이스라엘 백성이 하나님 중심으로 행하여 강성할 때 비로소 그들을 지배할 수 있었다.

〔12-16절〕 솔로몬이 낭실 앞에 쌓은 여호와의 단 위에 여호와께 번제를 드리되 모세의 명을 좇아 매일에 합의한[날마다 규정된] 대로 안식일과 월삭과 정한 절기 곧 일년의 세 절기 무교절과 칠칠절과 초막절에 드렸더라. 솔로몬이 또 그 부친 다윗의 정규를 좇아 제사장들의 반차[반]를 정하여 섬기게 하고 레위 사람에게도 그 직분을 맡겨 매일에 합의한 대로 찬송하며 제사장들 앞에서 수종들게 하며 또 문지기로 그 반차[반]를 좇아 각 문을 지키게 하였으니 이는 하나님의 사람 다윗이 전에 이렇게 명하였음이라. 제사장과 레위 사람이 국고(國庫) 일에든지 무슨 일에든지 왕의 명한 바를 다 어기지 아니하였더라. 솔로몬이 여호와의 전의 기지를 쌓던 날부터 준공하기까지 범백[모든 일]을 완비하였으므로 여호와의 전이 결점이 없이 필역하니라.

솔로몬은 또 하나님을 성심껏 섬겼다. 그는 낭실 앞에 쌓은 여호와의 단 위에 여호와께 번제를 드리되 모세의 명을 좇아 날마다 그리고 안식일과 월삭과 정한 절기들 곧 일년의 세 절기 무교절과 칠칠절과 초막절에 드렸다. 그는 성경의 교훈한 대로 하나님께 예배를 드린 것이다. 그는 또 그 부친 다윗의 규례를 따라서 제사장들의 반을 정하여 성전 봉사의 일을 하고 레위 사람들에게도 그 직분을 맡겨 날마다 규정된 대로 찬송하며 제사장들 앞에서 수종들게 하며 문지기들로 그 반을 따라 각 문을 지키게 했다. 그가 여호와의 전의 기지를 쌓던 날부터 준공하기까지 모든 일을 완비했으므로 여호와의 성전은 결점이 없이 마쳤다. 그것은 그가 하나님을 향해 진심과 정성을 가지고 행했음을 증거한다. 솔로몬은 하나님 중심으로 살고자 하였다.

〔17-18절〕때에 솔로몬이 에돔 땅의 바닷가 에시온게벨과 엘롯에 이르렀더니 후람이 그 신복에게 부탁하여 배와 바닷길을 아는 종들을 보내매 저희가 솔로몬의 종과 함께 오빌에 이르러 거기서 금 450달란트[약 13.5톤]를 얻고 솔로몬 왕에게로 가져왔더라.

하나님께서는 솔로몬 시대에 물질적 풍요로움을 주셨다.

본장의 교훈을 정리해보자. 첫째로, 모든 일은 하나님의 정하신 때가 있다. 전도서 3:1, "천하에 범사가 기한이 있고 모든 목적이 이룰 때가 있나니." 하나님께서는 솔로몬 때에 평안을 주셨고 그를 사용하여 성전을 짓게 하셨고 또 궁궐과 여러 성들을 건축케 하셨다. 우리는 하나님의 정하신 때에 그의 정하신 일을 이루는 도구가 되어야 한다.

둘째로, 솔로몬은 하나님의 성전을 결점이 없이 지었다. 16절, "솔로몬이 여호와의 전의 기지를 쌓던 날부터 준공하기까지 범백을 완비하였으므로 여호와의 전이 결점이 없이 필역하니라." 그는 성전 건축의 일을 정성을 다해 완수하였다. 구약의 성전 건축은 우리 개인의 성화와 참 교회의 건립을 상징하는 뜻이 있다. 우리는 우리 개인의 성화를 위해 또 참 교회의 건립을 위해 성심으로 힘써야 한다. 빌립보서 2:12, "그러므로 나의 사랑하는 자들아, 너희가 나 있을 때뿐 아니라 더욱 지금 나 없을 때에도 항상 복종하여 두렵고 떨림으로 너희 구원을 이루라."

셋째로, 솔로몬은 하나님을 섬기는 일에도 성심을 다하였다고 보인다. 그는 번제단 위에 모세의 율법을 따라 날마다와 절기 때마다 번제를 드렸다. 또 부친 다윗이 정해준 대로 제사장들과 레위인들이 반을 정하여 하나님을 섬기며 각 문을 지키며 또 찬송과 영광을 돌리게 하였다. 요한복음 4:24, "하나님께서는 영이시니 예배하는 자가 신령과 진정으로 예배할지니라." 로마서 12:11, "부지런하여 게으르지 말고 열심을 품고 주를 섬기라." 우리는 최선의 것으로 하나님을 섬겨야 한다.

9장: 스바 여왕의 방문

〔1-8절〕 스바 여왕이 솔로몬의 명예를 듣고 와서 어려운 문제로 솔로몬을 시험코자 하여 예루살렘에 이르니 수원(隨員)[수행원]이 심히 많고 향품과 많은 금과 보석을 약대에 실었더라. 저가 솔로몬에게 나아와 자기 마음에 있는 것을 다 말하매 솔로몬이 그 묻는 말을 다 대답하였으니 솔로몬이 은미(隱微)하여[잘 알지 못해] 대답지 못한 것이 없었더라. 스바 여왕이 솔로몬의 지혜와 그 건축한 궁과 그 상의 식물[음식]과 그 신복들의 좌석과 그 신하들의 시립(侍立)한 것[서 있는 것]과 그들의 공복(公服)[제복]과 술 관원들과 그들의 공복(公服)[제복]과 여호와의 전에 올라가는 층계를 보고 정신이 현황하여[없어서] 왕께 고하되 내가 내 나라에서 당신의 행위와 당신의 지혜에 대하여 들은 소문이 진실하도다. 내가 그 말들을 믿지 아니하였더니 이제 와서 목도한즉[본즉] 당신의 지혜가 크다 한 말이 그 절반도 못 되니 당신은 내가 들은 소문보다 지나도다. 복되도다, 당신의 사람들이여. 복되도다, 당신의 이 신복들이여. 항상 당신의 앞에 서서 당신의 지혜를 들음이로다. 당신의 하나님 여호와를 송축할지로다. 하나님이 당신을 기뻐하시고 그 위(位)[왕위]에 올리사 당신의 하나님 여호와를 위하여 왕이 되게 하셨도다. 당신의 하나님이 이스라엘을 사랑하사 영원히 견고하게 하시려고 당신을 세워 저희 왕을 삼아 공(公)과 의(義)를 행하게 하셨도다 하고.

스바 여왕은 솔로몬의 지혜와 그 왕국의 영광을 보고 감탄하였고 그가 들은 지혜의 소문이 그 절반도 못 된다고 말하였다.

〔9-12절〕 이에 저가 금 1백 20달란트[약 3.6톤]와 심히 많은 향품과 보석을 왕께 드렸으니 스바 여왕이 솔로몬 왕께 드린 향품 같은 것이 전에는 없었더라. (후람의 신복들과 솔로몬의 신복들도 오빌에서 금을 실어 올 때에 백단목과 보석을 가져온지라. 왕이 백단목으로 여호와의 전과 왕궁의 층대를 만들고 또 노래하는 자를 위하여 수금과 비파를 만들었으니 이같은 것들은 유다 땅에서 전에는 보지 못하였더라.) 솔로몬 왕이 스바 여왕의 가져온 대로 답례하고 그 외에 또 저의 소원대로 무릇 구하는 것을 주니 이에 저가 그 신복들로 더불어 본국으로 돌아갔더라.

스바 여왕은 금 120달란트, 즉 약 3.6톤과 심히 많은 향품과 보석을 왕께 드렸다. 솔로몬 왕은 스바 여왕의 가져온 대로 답례하고 그 외에도 저의 소원대로 구하는 모든 것을 주었다.

〔13-21절〕 솔로몬의 세입금[일년에 솔로몬에게 들어온 금]의 중수가 666금 달란트[약 20톤]요 그 외에 또 상고[상인들]와 객상들[무역상들]의 가져온 것이 있고 아라비아 왕들과 그 나라 방백들도 금과 은을 솔로몬에게 가져온지라. 솔로몬 왕이 쳐서 늘인 금으로 큰 방패 200을 만들었으니 매 방패에 든 금이 600세겔[약 6킬로그램]이며 또 쳐서 늘인 금으로 작은 방패 300을 만들었으니 매 방패에 든 금이 300세겔[약 3킬로그램]이라. 왕이 이 것들을 레바논나무 궁에 두었더라. 왕이 또 상아로 큰 보좌를 만들고 정금으로 입혔으니 그 보좌에는 여섯 층계와 금 족대(足臺)[발 올려 놓는 대]가 있어 보좌와 연하였고 앉는 자리 양편에는 팔걸이가 있고 팔걸이 곁에는 사자가 하나씩 섰으며 또 열두 사자가 있어 그 여섯 층계 좌우편에 섰으니 아무 나라에도 이같이 만든 것이 없었더라. 솔로몬 왕의 마시는 그릇은 다 금이요 레바논나무 궁의 그릇들도 다 정금이라. 솔로몬의 시대에 은을 귀히 여기지 아니함은 왕의 배들이 후람의 종들과 함께 다시스로 다니며 그 배가 3년에 일차씩 금과 은과 상아와 잔나비[원숭이]와 공작을 실어옴이더라.

13-28절은 솔로몬 왕국의 부귀와 영광에 대해 증거한다. 솔로몬의 세입금의 무게는 666 금 달란트, 즉 약 20톤이었다. 또 솔로몬은 금으로 큰 방패 200개와 작은 방패 300개를 만들었다. 또 그는 상아로 큰 보좌를 만들고 정금으로 입혔다. 솔로몬 왕의 마시는 그릇은 다 금이었고 레바논나무 궁의 그릇들도 다 정금이었다.

〔22-28절〕 솔로몬 왕의 재산과 지혜가 천하 열왕보다 큰지라. 천하 열왕이 하나님께서 솔로몬의 마음에 주신 지혜를 들으며 그 얼굴을 보기 원하여 각기 예물을 가지고 왔으니 곧 은 그릇과 금 그릇과 의복과 갑옷과 향품과 말과 노새라. 해마다 정한 수가 있었더라. 솔로몬의 병거 메는 말의[말들과 병거들을 위한(원문, KJV, NASB, NIV) 외양간이 4천이요 마병이 1만 2천이라. 병거성에도 두고 예루살렘 왕에게도 두었으며 솔로몬이 유프라테스 강에서부터 블레셋 땅과 애굽 지경까지의 열왕을 관할하였으며 왕이 예루

살렘에서 은을 돌같이 흔하게 하고 백향목을 평지의 뽕나무같이 많게 하였더라. 솔로몬을 위하여 애굽과 각국에서 말들을 내어왔더라.

솔로몬 왕의 재산과 지혜가 세계의 여러 왕들보다 컸다. 솔로몬의 병거 메는 말들과 병거들을 위한 외양간이 4천 채이었고 마병이 1만 2천명이었다. 또 그는 유프라테스 강에서부터 블레셋 땅과 애굽 지경까지의 왕들을 관할하였다.

〔29-31절〕 이 외에 솔로몬의 시종 행적은 선지자 나단의 글과 실로 사람 아히야의 예언과 선견자 잇도의 묵시 책 곧 잇도가 느밧의 아들 여로보암에게 대하여 쓴 책에 기록되지 아니하였느냐? 솔로몬이 예루살렘에서 온 이스라엘을 다스린 지 40년이라. 솔로몬이 그 열조와 함께 자매 그 부친 다윗의 성에 장사되고 그 아들 르호보암이 대신하여 왕이 되니라.

솔로몬의 처음부터 마지막까지의 행적은 선지자 나단의 글과 실로 사람 아히야의 예언과 선견자 잇도의 묵시 책 곧 잇도가 느밧의 아들 여로보암에게 대하여 쓴 책에 기록되었다. 역사는 하나님의 섭리의 발자취이다. 특히 이스라엘의 역사는 하나님께서 행하신 많은 일들의 기록이다. 그러므로 성경의 역사서는 선지자들이 기록하였고 그들은 역사적 사건들 속에 나타난 하나님의 뜻을 증거하였다. 그러므로 성경의 역사는 하나님의 권위로 인쳐진 하나님의 말씀이다.

솔로몬의 지혜와 부귀, 영광은 하나님의 약속의 성취이었다. 솔로몬 왕이 하나님께 지혜와 지식을 구했을 때 하나님께서는 기뻐하시고 지혜와 지식뿐 아니라, 부와 재물과 존영도 주겠다고 약속하셨다. 지혜와 부귀와 영광은 다 하나님께서 주시는 것이다. 학개 2:8에 보면, 하나님께서는 "은도 내 것이요 금도 내 것이니라"고 말씀하셨다. 세상에 있는 모든 것이 다 하나님의 것이다. 시편 24:1, "땅과 거기 충만한 것과 세계와 그 중에 거하는 자가 다 여호와의 것이로다." 그러므로 실상 참 보배는 금이 아니고 하나님 자신이다. 우리는 하나님을 보배로 깨닫고 모시고 살아야 한다.

솔로몬의 부귀와 영광은 그의 지혜에 뒤따라 왔다. 잠언 3:13-18은 지혜를 얻은 자가 복되며 금은을 얻는 것보다 낫고 그 오른편에 장수가 있고 그 왼편에 부귀가 있고 그 길은 기쁨과 평강의 길이며 그 끝은 생명나무 곧 영생이라고 증거하였다. 하나님을 경외하고 하나님의 교훈과 명령을 지키는 지혜자가 바로 이런 복을 누릴 자이다.

본장의 교훈을 정리해보자. 첫째로, 스바 여왕은 솔로몬의 지혜와 그 왕국의 영광을 보고 매우 놀랐다. 하나님께서는 솔로몬의 구한 대로 그에게 뛰어난 지혜를 주셨다. 스바 여왕은 자신이 솔로몬의 지혜에 대한 소문을 믿지 않았으나 와서 보니 들은 소문보다 배갑절 이상이라고 말하였다(5-6절). 우리는 하나님의 지혜를 구하여 얻을 수 있다. 야고보서 1:5, "너희 중에 누구든지 지혜가 부족하거든 모든 사람에게 후히 주시고 꾸짖지 아니하시는 하나님께 구하라. 그리하면 주시리라."

둘째로, 솔로몬 왕국의 부귀와 영광은 참으로 컸다. 솔로몬은 하나님께서 주신 그 지혜로 그의 왕국을 영화롭게 세웠다. 나라의 세입금도 금 666달란트나 되었다. 솔로몬 왕국의 재산과 지혜가 천하 열왕보다 컸다. 또 솔로몬은 유프라테스 강에서부터 블레셋 땅과 애굽 지경까지의 열왕을 관할하였다. 하나님께서는 약속하신 대로 그에게 지혜를 주셨고 또 지혜와 함께 부귀와 영화와 권세도 주셨다. 하나님께서는 우리가 구한 것 외에도 모든 좋은 것들을 풍성하게 주시는 하나님이시다.

셋째로, 솔로몬은 예수 그리스도의 모형이며 솔로몬 왕국은 천국의 모형이다. 예수 그리스도께서는 솔로몬보다 크시며(마 12:42) 만왕의 왕이시다(계 19:16). 예수 그리스도의 지혜는 솔로몬의 지혜보다 크시며 천국의 영광은 솔로몬 왕국의 영광보다 크다. 오늘날 하나님의 지혜의 책인 성경을 읽고 듣고 배우며 실천하는 모든 성도들은 행복자들이다. 또 천국은 영광스럽고 복된 세계이다. 우리는 그 천국을 사모하며 소망하며 즐거워하며 이 세상에서 환난 중에 참아야 한다(롬 12:12).

10장: 이스라엘 왕국의 분열

〔1-5절〕 르호보암이 세겜으로 갔으니 이는 온 이스라엘이 저로 왕을 삼고자 하여 세겜에 이르렀음이더라. 느밧의 아들 여로보암이 전에 솔로몬 왕의 얼굴을 피하여 애굽으로 도망하여 있었더니 이 일을 듣고 애굽에서부터 돌아오매 무리가 보내어 저를 불렀더라. 여로보암과 온 이스라엘이 와서 르호보암에게 고하여 가로되 왕의 부친이 우리의 멍에를 무겁게 하였으나 왕은 이제 왕의 부친이 우리에게 시킨 고역과 메운 무거운 멍에를 가볍게 하소서. 그리하시면 우리가 왕을 섬기겠나이다. 르호보암이 대답하되 3일 후에 다시 내게로 오라 하매 백성이 가니라.

본장은 이스라엘 왕국의 분열에 대해 기록한다. 그것은 솔로몬의 아들 르호보암 때에 일어났다. 솔로몬의 강력한 왕권 속에는 백성들의 무거운 노역과 세금이 있었다고 보인다. 백성들은 솔로몬 때로부터 내려오는 무거운 멍에를 그 아들 르호보암은 좀 가볍게 해주기를 청했다. 그러나 르호보암은 백성을 배려하는 마음이 없었던 것 같다.

〔6-11절〕 르호보암 왕이 그 부친 솔로몬의 생전에 그 앞에 모셨던 노인들과 의논하여 가로되 너희는 어떻게 교도[조언]하여 이 백성에게 대답하게 하겠느뇨? 대답하여 가로되 왕이 만일 이 백성을 후대하여 기쁘게 하고 선한 말을 하시면 저희가 영영히 왕의 종이 되리이다 하나 왕이 노인의 교도[조언]하는 것을 버리고 그 앞에 모셔 있는 자기와 함께 자라난 소년들과 의논하여 가로되 너희는 어떻게 교도하여 이 백성에게 대답하게 하겠느뇨? 백성이 내게 말하기를 왕의 부친이 우리에게 메운 멍에를 가볍게 하라 하였느니라. 함께 자라난 소년들이 왕께 고하여 가로되 이 백성들이 왕께 고하기를 왕의 부친이 우리의 멍에를 무겁게 하였으나 왕은 우리를 위하여 가볍게 하라 하였은즉 왕은 대답하시기를 나의 새끼손가락이 내 부친의 허리보다 굵으니 내 부친이 너희로 무거운 멍에를 메게 하였으나 이제 나는 너희의 멍에를 더욱 무겁게 할지라. 내 부친은 채찍으로 너희를 징치[징벌]하였으나 나는 전갈로 하리라 하소서.

그 부친 솔로몬의 생전에 그 앞에 모셨던 노인들은 르호보암 왕이 백성들을 후대하여 기쁘게 하고 그들에게 선한 말을 하라고 조언했다. 그러나 르호보암은 노인들의 조언을 버리고 그와 함께 자란 소년들의 조언을 구했다. 그들은 "나의 새끼손가락이 내 부친의 허리보다 굵으니 내 부친이 너희로 무거운 멍에를 메게 했으나 이제 나는 너희의 멍에를 더욱 무겁게 할지라. 내 부친은 채찍으로 너희를 징치하였으나 나는 전갈로 하리라"고 대답하라고 조언하였다.

〔12-15절〕 삼일 만에 여로보암과 모든 백성이 르호보암에게 나아왔으니 이는 왕이 명하여 이르기를 삼일 만에 내게로 다시 오라 하였음이라. 왕이 포학한 말로 대답할새 노인의 교도[조언]를 버리고 소년의 가르침을 좇아 저희에게 고하여 가로되 내 부친은 너희의 멍에를 무겁게 하였으나 나는 더 할지라. 내 부친은 채찍으로 너희를 징치[징벌]하였으나 나는 전갈로 하리라 하니라. 왕이 이같이 백성의 말을 듣지 아니하였으니 이 일은 하나님께로 말미암아 난 것이라. 여호와께서 전에 실로 사람 아히야로 느밧의 아들 여로보암에게 고한 말씀을 응하게 하심이더라.

백성이 다시 왕 앞에 모였을 때 왕은 노인들의 조언을 버리고 소년들의 조언을 따라 거친 말로 대답하였다. 왕이 이와 같이 백성의 말을 듣지 않았다. 그러나 이 일은 하나님께로 말미암아 난 것이었다.

〔16-19절〕 온 이스라엘이 자기들의 말을 왕이 듣지 아니함을 보고 왕에게 대답하여 가로되 우리가 다윗과 무슨 관계가 있느뇨? 이새의 아들에게서 업[유업=얻을 것]이 없도다. 이스라엘아, 각각 너희 장막으로 돌아가라. 다윗이여, 이제 너는 네 집이나 돌아보라 하고 온 이스라엘이 그 장막으로 돌아가니라. 그러나 유다 성읍들에 사는 이스라엘 자손에게는 르호보암이 그 왕이 되었더라. 르호보암 왕이 역군(마스 𝕯𝕰)[강제노역자들]의 감독 하도람을 보내었더니 이스라엘 자손이 저를 돌로 쳐 죽인지라. 르호보암 왕이 급히 수레에 올라 예루살렘으로 도망하였더라. 이에 이스라엘이 다윗의 집을 배반하여 오늘날까지 이르니라.

이스라엘 백성은 다윗의 집을 배반했고 왕국은 분열되었다. 그것은 르호보암의 교만 때문이었으나 실상 하나님께서 하신 일이었다.

본장의 교훈을 정리해보자. 첫째로, 르호보암의 죄는 교만과 거친 말이었다. 그것은 왕국 분열의 직접적 원인이 되었다. 본장은 두 번 그가 노인들의 조언을 버리고 소년들의 조언을 따라 백성에게 포학한 말로 대답했다고 말했다(8, 13-14절). 르호보암은 백성을 섬기는 마음이 없었다. 그러므로 그는 온유하고 선한 말 대신 거친 말을 했다. 잠언 13:10, "교만에서는 다툼만 일어날 뿐이라." 잠언 15:1, "유순한 대답은 분노를 쉬게 하여도 과격한 말은 노를 격동하느니라." 우리는 교만하고 거친 말을 하는 대신 겸손하고 온유한 말을 하는 자가 되어야 한다.

둘째로, 이스라엘 왕국의 분열은 솔로몬의 죄에 대한 하나님의 징벌이었다. 그것이 왕국 분열의 깊은 원인이었다. 솔로몬은 말년에 아내된 이방 여인들로 인해 이방 신들을 허용하고 섬겼고 하나님께서는 그 일에 대해 진노하셨다. 열왕기상 11:9, "솔로몬이 마음을 돌이켜 이스라엘 하나님 여호와를 떠나므로 여호와께서 저에게 진노하시니라." 부모의 죄는 자녀에게 불행으로 임했다. 하나님께서는 십계명에서 "나를 미워하는 자의 죄를 갚되 아비로부터 아들에게로 삼사 대까지 이르게 하겠다"고 말씀하셨다(출 20:5). 르호보암은 세상에서 가장 지혜로운 아버지 밑에서 물질적 풍요를 누리며 자랐고 가장 좋은 궁중교육을 받았겠지만, 그의 인격에는 부족이 컸다. 사람은 하나님의 은혜가 아니면 죄성을 극복지 못한다. 우리는 하나님의 은혜를 사모하며 범죄치 말아야 한다.

셋째로, 르호보암도 잘못하였지만, 이스라엘 백성도 잘못했다. 그들은 하나님과 왕에게 충성하지 않았다. 왕에게 어떤 잘못이 있다면, 하나님께서 직접 그를 징벌하실 것이다. 반역은 나쁜 일이다. 그러므로 잠언 24:21은, "여호와와 왕을 경외하고 반역자와 사귀지 말라"고 교훈했고, 로마서 13:1-2도, "각 사람은 위에 있는 권세들에게 굴복하라"고 말했다. 교회에도 이치는 비슷하다. 히브리서 13:17은, "너희를 인도하는 자들에게 순종하고 복종하라"고 교훈했다. 국가에서나 교회에서나 우리는 하나님께서 세우신 권세자들을 존중하고 순종해야 한다.

11장: 경건한 자들이 유다로 돌아옴

〔1-4절〕 르호보암이 예루살렘에 이르러 유다와 베냐민 족속을 모으니 택한 용사가 18만이라. 이스라엘과 싸워 나라를 회복하여 르호보암에게 돌리려 하더니 여호와의 말씀이 하나님의 사람 스마야에게 임하여 가라사대 솔로몬의 아들 유다 왕 르호보암과 유다와 베냐민의 이스라엘 무리에게 고하여 이르기를 여호와의 말씀이 너희는 올라가지 말라. 너희 형제와 싸우지 말고 각기 집으로 돌아가라. 이 일이 내게로 말미암아 난 것이라 하셨다 하라 하신지라. 저희가 여호와의 말씀을 듣고 돌아가고 여로보암을 치러 가지 아니하였더라.

교만한 르호보암은 자신의 잘못을 깨닫지 못했다. 또 그는 하나님의 뜻을 묻지 않고 인간적 판단으로 행동하려 했다. 그런데 여호와의 말씀이 하나님의 사람 스마야에게 임하여 그의 행동을 막으셨다. 그것은 하나님의 은혜이었다. 하나님께서 막으신 이유는 그 일로 많은 백성이 죽을 수 있기 때문일 것이다. 르호보암과 유다와 베냐민 사람들은 여호와의 말씀을 듣고 돌아가고 여로보암과 반역한 이스라엘 무리를 치러 가지 않았다. 그들은 아직 완전히 완악하지는 않았다.

〔5-12절〕 르호보암이 예루살렘에 거하여 유다 땅에 방비하는 성읍들을 건축하였으니 곧 베들레헴과 에담과 드고아와 벧술과 소고와 아둘람과 가드와 마레사와 십과 아도라임과 라기스와 아세가와 소라와 아얄론과 헤브론이니 다 유다와 베냐민 땅에 있어 견고한 성읍이라. 르호보암이 이 모든 성읍을 더욱 견고케 하고 장관을 그 가운데 두고 양식과 기름과 포도주를 저축하고 각 성읍에 방패와 창을 두어 심히 강하게 하니라. 유다와 베냐민이 르호보암에게 속하였더라.

르호보암은 예루살렘에 거하여 유다 땅에 방비하는 성읍들을 건축하였다. 그것들은 유다와 베냐민 땅에 있는 견고한 성읍들 15개이었다. 그는 이 모든 성읍을 더욱 견고케 하고 양식을 저축하고 방패와 창을 두었다. 그에게는 두려운 마음이 있었던 것 같다. 악인들에게는 불안과 두려움이 있다. 그러나 의인은 사자같이 담대하다(잠 28:1).
또 르호보암은 인간적 수단과 방법만 의지하려 했다. 그러나 우리의
방패는 하나님뿐이시다. 역대하 12:4에 보면, 2년 후 애굽 왕 시삭이
올라와 유다의 견고한 성읍들을 취하였다. 르호보암의 많은 수고는
물거품이 되었다. 믿음 없는 수고는 결국 헛되게 된다.

**〔13-17절〕온 이스라엘의 제사장과 레위 사람이 그 모든 지방에서부터
르호보암에게 돌아오되 레위 사람이 그 향리와 산업을 떠나 유다와 예루살렘
에 이르렀으니 이는 여로보암과 그 아들들이 저희를 폐하여 여호와께 제사장
의 직분을 행치 못하게 하고 여로보암이 여러 산당과 숫염소 우상**(세이림
םיריעש)[숫염소들 혹은 우상들]**과 자기가 만든 송아지 우상을 위하여 스스
로 제사장들을 세움이라. 이스라엘 모든 지파 중에 마음을 오로지하여**[정하
여] **이스라엘 하나님 여호와를 구하는 자들이 레위 사람을 따라 예루살렘에
이르러 그 열조의 하나님 여호와께 제사하고자 한지라. 그러므로 3년 동안
유다 나라를 도와 솔로몬의 아들 르호보암을 강성하게 하였으니 이는 무리가
3년을 다윗과 솔로몬의 길로 행하였음이더라.**

온 이스라엘의 제사장들과 레위 사람들이 그 모든 지방에서부터
르호보암에게 돌아왔다. '돌아오다'는 원어(야차브 בצי)는 '입장을
취하다'는 뜻이다(BDB). 제사장들과 레위 사람들은 르호보암 편에 섰
다(NASB, NIV). 그들은 비교적 경건하였다. 또 정당한 이유가 없었던
북방 이스라엘의 분열은 급속한 종교적 타락을 가져왔다. 그렇지만
이스라엘 모든 지파들 중에 마음을 정하여 이스라엘 하나님 여호와
를 구하는 자들은 레위 사람들을 따라 예루살렘에 이르러 그 열조의
하나님 여호와께 제사하려고 하였다. 그러므로 그들은 3년 동안 유다
나라를 강하게 하여 솔로몬의 아들 르호보암을 강성케 하였다. 경건
한 자들이 많을 때 교회는 힘을 얻고 든든히 세워질 것이다.

**〔18-23절〕르호보암이 다윗의 아들 여리못의 딸 마할랏으로 아내를 삼
았으니 마할랏은 이새의 아들 엘리압의 딸 아비하일의 소생이라. 그가 아들
들 곧 여우스와 스마랴와 사함을 낳았으며 그 후에 압살롬의 딸 마아가에게**

장가들었더니 저가 아비야와 앗대와 시사와 슬로밋을 낳았더라. 르호보암이 아내 18과 첩 60을 취하여 아들 28과 딸 60을 낳았으나 압살롬의 딸 마아가를 모든 처첩보다 더 사랑하여 마아가의 아들 아비야를 세워 장자를 삼아 형제 중에 머리가 되게 하였으니 이는 저로 왕이 되게 하고자 함이라. 르호보암이 지혜롭게 행하여 그 모든 아들을 유다와 베냐민의 온 땅 모든 견고한 성읍에 흩어 살게 하고 양식을 후히 주고 아내를 많이 구하여 주었더라.

르호보암이 그 아버지 솔로몬처럼 아내를 많이 둔 것은 하나님의 법에서 벗어난 것이었다. 신명기 17장에 보면, 왕이 주의할 세 가지가 있는데, 첫째는 말을 많이 두지 않는 것이고, 둘째는 아내를 많이 두지 않는 것이고, 셋째는 자기를 위해 은금을 많이 쌓지 않는 것이다. 또 왕은 율법책을 곁에 두고 항상 읽음으로써 겸손해야 했다. 그러나 르호보암은 아내들을 많이 둔 점에서 하나님의 뜻을 어겼다.

본장의 교훈을 정리해보자. 첫째로, 르호보암은 교만하였고 자신의 잘못과 부족을 깨닫지 못했고 하나님의 뜻을 물음이 없이 자기 판단이 앞서 북방 이스라엘과 전쟁을 하려 하였다. 만일 하나님께서 그를 막지 않으셨다면, 그는 큰 낭패를 당할 뻔하였다. 우리는 하나님을 경외하며 우리 자신의 부족을 깨닫고 하나님의 선한 인도하심을 구해야 한다.

둘째로, 르호보암은 방어의 목적으로 견고한 성들을 많이 건축하였으나 그것은 믿음 없는 인간적 대책이었을 뿐이다. 그것은 후에 애굽 왕 시삭의 침입 때에 헛되게 되었다. 다윗은 하나님께서 우리의 힘이 되시며 방패가 되심을 증거하였었다. 우리는 세상 사람들을 두려워하지 말고 하나님을 우리의 참 방패로 깨닫고 그를 의지하고 어려울 때 그에게 기도하고 오직 그의 모든 계명들을 힘써 지키고 행해야 한다.

셋째로, 하나님께서는 북방 이스라엘로부터 경건한 제사장들과 레위인들과 마음을 정하여 하나님을 구하는 자들을 보내주셔서 남방 유다를 강성케 하셨다. 우리는 마음을 정하여 성경적, 역사적 기독교 신앙을 지키고 성경 읽기와 기도에 힘쓰고 교회로 힘있고 든든케 해야 한다.

12장: 애굽 왕 시삭의 침입

〔1-4절〕 르호보암이 나라가 견고하고 세력이 강하매 여호와의 율법을 버리니 온 이스라엘이 본받은지라(임모 עמּו)[그와 함께 하였더라]. 저희가 여호와께 범죄하였으므로 르호보암 왕 5년에 애굽 왕 시삭이 예루살렘을 치러 올라오니 저에게 병거가 1천 2백승이요 마병이 6만이며 애굽에서 좇아나온 무리 곧 훕(루빔 לוּבִים)[룹 사람들]과 숩(숙키임 סֻכִּיּים)[숙 사람들]과 구스 사람이 불가승수라[셀 수 없이 많았더라]. 시삭이 유다의 견고한 성읍[들]을 취하고 예루살렘에 이르니.

르호보암은 나라가 견고하고 세력이 강해졌을 때 여호와의 율법을 버렸고 온 이스라엘이 그를 본받았다. 사람은 건강하고 물질적 여유가 있고 또 사회적 지위가 있을 때 교만해지기 쉽고 또 사람이 교만할 때 하나님의 율법을 버리기 쉽다. 성도는 모름지기 하나님 앞에서 겸손한 마음을 품고 하나님의 말씀을 굳게 붙잡아야 한다.

왕이 범죄할 때 백성이 그를 따라 범죄하기 쉽다. 그러므로 앞선 자들의 언행이 중요하다. 우리는 우리의 말 한마디와 행동 하나가 다른 사람들에게 영향을 줄 수 있다는 것을 알아야 한다.

르호보암과 이스라엘 백성이 여호와께 범죄하였으므로 르호보암 왕 5년에 애굽 왕 시삭이 예루살렘을 치러 올라왔다. 그것은 하나님의 징벌이었다. 시삭은 유다의 견고한 성읍들을 취하였고 수도 예루살렘을 공격해왔다. 그가 취한 성읍들은, 앞장에 기록된 대로(역대하 11:5-12) 르호보암이 공들여 더욱 견고케 하였던 성읍들이었다. 그러나 그의 많은 수고는 헛되게 되었다. 하나님께서 우리와 함께하시고 우리를 도우시지 않으면 우리의 모든 수고는 항상 헛될 것이다.

〔5-8절〕 때에 유다 방백들이 시삭을 인하여 예루살렘에 모였는지라. 선지자 스마야가 르호보암과 방백들에게 나아와 가로되 여호와의 말씀이 너희가 나를 버렸으므로 나도 너희를 버려 시삭의 손에 붙였노라 하셨다 한지

라. 이에 이스라엘 방백들과 왕이 **스스로** 겸비하여 가로되 여호와는 의로우시다 하매 여호와께서 저희의 **스스로** 겸비함을 보신지라. 여호와의 말씀이 스마야에게 임하여 가라사대 저희가 **스스로** 겸비하였으니 내가 멸하지 아니하고 대**강[약간]** 구원하여 나의 노를 시삭의 손으로 예루살렘에 쏟지 아니하리라. 그러나 저희가 시삭의 종이 되어 나를 섬기는 것과 열국을 섬기는 것이 어떠한지 알게 되리라 하셨더라.

선지자 스마야는 르호보암과 방백들에게 나아와, "여호와의 말씀이 너희가 나를 버렸으므로 나도 너희를 버려 시삭의 손에 붙였노라 하셨다"고 말했다. 사람이 하나님을 버리면 하나님께서도 그를 버리실 것이다. 이것은 성경에 계시된 하나님의 공의의 법이다.

선지자 스마야의 전한 여호와의 말씀을 들은 이스라엘 방백들과 왕은 자신들을 낮추어 "여호와는 의로우시다"라고 말했다. '이스라엘 방백들'이 왕보다 먼저 언급된 것을 보면(6절) 왕보다 방백들이 하나님의 말씀을 잘 받고 자신을 낮추어 회개했던 것 같다. 우리는 하나님의 말씀을 받을 때 즉시 회개하고 행할 바를 행해야 한다.

여호와께서는 그들이 자신들을 낮추는 것을 보셨다. 그는 그들에게 즉시 긍휼을 베푸셨다. 하나님께서는 긍휼이 많으신 하나님이시다. 그러나 그들이 하나님을 섬기는 일의 가치를 잘 알지 못하고 있으므로 하나님께서는 하나님을 섬기는 것과 이방인들을 섬기는 것이 얼마나 차이가 큰지 깨우쳐 주기를 원하셨다.

〔9-12절〕 애굽 왕 시삭이 올라와서 예루살렘을 치고 여호와의 전 보물과 왕궁의 보물을 몰수히 빼앗고 솔로몬의 만든 금방패도 빼앗은지라. 르호보암 왕이 그 대신에 놋으로 방패를 만들어 궁문을 지키는 시위대 장관들의 손에 맡기매 왕이 여호와의 전에 들어갈 때마다 시위하는 자가 그 방패를 들고 갔다가 시위소로 도로 가져갔더라. 르호보암이 스스로 겸비하였고 유다에 선한 일도 있으므로 여호와께서 노를 돌이키사 다 멸하지 아니하셨더라.

애굽 왕 시삭은 올라와서 예루살렘을 쳤고 여호와의 성전의 보물들과 왕궁의 보물들을 전부 빼앗았고 또 솔로몬의 만든 금방패들도 빼앗았다. 그들은 성전의 보물들과 왕궁 보물들을 자랑할 것이 없었다. 그들이 범죄할 때 그것들은 다 이방인들에게 빼앗기고 말았다. 그러나 이때 르호보암이 자신을 낮추었고 여호와께서는 노를 돌이키셔서 다 멸하지 않으셨다. 12절에, "유다에 선한 일도 있으므로"라는 말은 "또 유다에 좋은 일들도 있었다"는 뜻이다(NASB, NIV; KJV도 비슷함). 본문은 한글개역성경의 번역대로 하나님께서 유다 왕국을 다 멸하지 않으신 추가적 이유를 보이든지, 아니면 그들이 비록 하나님의 징벌을 받았지만, 하나님께서 다 멸하지 않으셨고 유다에 좋은 일들도 주셨다는 뜻일 것이다(Poole).

[13-14절] 르호보암 왕이 예루살렘에서 스스로 강하게 하여 치리하니라. 르호보암이 위에 나아갈 때에 나이 41세라. 예루살렘 곧 여호와께서 이스라엘 모든 지파 중에서 택하여 그 이름을 두신 성에서 17년을 치리하니라. 르호보암의 모친의 이름은 나아마라. 암몬 여인이더라. 르호보암이 마음을 오로지하여[정하여] 여호와를 구하지 아니함으로 악을 행하였더라.

르호보암의 모친의 이름을 언급한 것은 그가 어릴 때 신앙교육이 없었거나 잘못되었음을 보이는 것 같다. 이방여인의 경건성은 의심스럽다. 르호보암의 역사를 기록하면서, 그가 마음을 정하여 여호와를 구하지 아니함으로 악을 행하였다고 말한 것은 르호보암의 근본적 문제점을 증거한다. 사람은 하나님을 찾고 사모할 때 악을 떠날 수 있다. 여호와를 경외하는 것이 지식의 시작이며 악을 떠날 수 있는 길이다. 사람은 다 죄성을 가지고 있기 때문에 하나님의 은혜를 구하지 않고는 아무도 선을 행하며 악을 떠나는 자가 될 수 없다.

[15-16절] 르호보암의 시종 행적은 선지자 스마야와 선견자 잇도의 족보책에 기록되지 아니하였느냐? 르호보암과 여로보암 사이에 항상 전쟁이 있으니라. 르호보암이 그 열조와 함께 자매 다윗 성에 장사되고 그 아들 아비야가 대신하여 왕이 되니라.

르호보암의 시종 행적은 선지자 스마야와 선견자 잇도의 족보책에 기록되었다. 선지자들은 이스라엘과 유다의 왕국 역사를 기록했다.

본장의 교훈을 정리해보자. 첫째로, 르호보암은 나라가 견고해지고 세력이 강해졌을 때 여호와의 율법을 버렸고 온 이스라엘 백성은 그를 본받았다. 사람은 건강하고 힘이 있고 물질적 유여가 있을 때 교만하기 쉽고 또 사람이 교만하면 하나님의 말씀을 저버리고 범죄하기 쉽다(신 8:12-14). 그러므로 우리는 건강하고 평안하고 물질적 여유가 있을 때 교만치 말고 하나님의 말씀을 무시하고 거역하지 않도록 조심해야 한다. 우리는 언제나 하나님을 경외하고 그의 계명을 지켜야 한다.

둘째로, 르호보암과 온 이스라엘 백성이 하나님의 법을 버리고 범죄했을 때, 하나님께서는 애굽 왕 시삭이 유다를 침공하여 유다 성읍들을 취하고 성전과 왕궁의 보물들과 금방패들도 다 빼앗게 하셨다. 평안도 환난도 다 하나님의 손 안에 있다. 사람이 교만하고 범죄하면 하나님의 징벌을 받는다. 평안은 율법 순종에서, 환난은 율법 불순종에서 온다. 우리에게 중요한 것은 범죄치 않고 하나님의 법을 지키는 것이다.

셋째로, 르호보암과 유다 방백들과 백성들은 애굽 왕 시삭의 침공 때에 선지자 스마야의 말을 듣고 자신들을 낮추었다. 그때 하나님께서는 그들의 겸비함을 보시고 그들을 다 멸하지 않고 어느 정도 구원하셨다. 그들은 그 전쟁으로 큰 손실을 보았으나 완전히 망하지는 않았다. 우리는 하나님의 징벌을 받을 때라도 겸손히 회개하기를 힘써야 한다. 사람이 자기 자신을 낮추며 회개하는 것은 하나님의 징벌을 감하게 한다.

넷째로, 르호보암은 마음을 정하여 하나님을 구하지 않으므로 악을 행하였다(14절). 사람은 다 죄성이 있기 때문에 악을 버리고 의와 선을 행하려면 하나님의 은혜를 구하는 길밖에 없다. 우리는 르호보암 왕의 실패를 거울삼아 마음을 정하여 하나님을 찾고 하나님의 은혜와 성령의 도우심을 구함으로 죄성에 지지 말아야 한다. 우리는 마음을 정하여 하나님을 구함으로 모든 악을 버리고 의와 선을 행해야 한다.

13장: 아비야의 통치

〔1-3절〕여로보암 왕 제18년에 아비야가 유다 왕이 되고 예루살렘에서 3년을 치리하니라. 그 모친의 이름은 미가야라. 기브아 사람 우리엘의 딸이 더라. 아비야가 여로보암으로 더불어 싸울새 아비야는 택한 바 싸움에 용맹한 군사 40만으로 싸움을 예비하였고 여로보암은 택한 바 큰 용사 80만으로 대진(對陣)한지라.

남쪽 유다의 군사력은 북쪽 이스라엘보다 월등히 부족하였다.

〔4-7절〕아비야가 에브라임산 중 스마라임산 위에 서서 가로되 여로보암과 이스라엘 무리들아, 다 들으라. 이스라엘 하나님 여호와께서 소금 언약으로 이스라엘 나라를 영원히 다윗과 그 자손에게 주신 것을 너희가 알 것이 아니냐? 다윗의 아들 솔로몬의 신복 느밧의 아들 여로보암이 일어나 그 주를 배반하고 난봉과 비류[불량배들]가 모여 좇으므로 스스로 강하게 하여 솔로몬의 아들 르호보암을 대적하나 그때에 르호보암이 어리고 마음이 연약하여 능히 막지 못하였었느니라.

아비야는 북쪽 이스라엘이 르호보암의 통치를 배반하고 분열되어 나갔음을 상기시키면서 그것이 정당치 못했음을 지적하였다.

〔8-9절〕이제 너희가 또 다윗 자손의 손으로 다스리는 여호와의 나라를 대적하려 하는도다. 너희는 큰 무리요 또 여로보암이 너희를 위하여 신으로 만든 금송아지가 너희와 함께 있도다. 너희가 아론 자손된 여호와의 제사장과 레위 사람을 쫓아내고 이방 백성의 풍속을 좇아 제사장을 삼지 아니하였느냐? 무론 누구든지 수송아지 하나와 숫양 일곱을 끌고 와서 장립을 받고자[자신을 드리고자] 하는 자마다 허무한 신[신 아닌 것]의 제사장이 될 수 있도다.

아비야는 이스라엘이 금송아지 우상을 섬기며 제사장들과 레위인들을 내쫓았고 누구든지 어느 정도의 예물만 가지고 오면 제사장이 될 수 있게 하였다고 성직의 속화와 타락을 지적하며 책망하였다.

〔10-12절〕우리에게는 여호와께서 우리 하나님이 되시니 그를 우리가

배반치 아니하였고 여호와를 섬기는 제사장들이 있으니 아론의 자손이요 또 레위 사람이 수종을 들어 조석으로 여호와 앞에 번제를 드리며 분향하며 또 깨끗한 상에 진설병을 놓고 또 금 등대가 있어 그 등에 저녁마다 불을 켜나니 우리는 우리 하나님 여호와의 계명을 지키나 너희는 그를 배반하였느니라. 하나님이 우리와 함께하사 우리의 머리가 되시고 그 제사장들도 우리와 함께하여 경고의 나팔을 불어 너희를 공격하느니라. 이스라엘 자손들아, 너희 열조의 하나님 여호와와 싸우지 말라. 너희가 형통치 못하리라.

아비야는 남쪽 유다에는 하나님을 섬기는 경건이 보존되었고 제사장들과 레위인들이 그 직무를 수행하고 있고 번제와 분향과 떡상과 금등대 등의 규례를 지키고 있다고 증거하였다. 또 그는 하나님께서 그들의 최고지도자로서 함께하시며 제사장들도 경고의 나팔을 불며 함께한다고 말했다. 그는 "이스라엘 자손들아, 너희 열조의 하나님 여호와와 싸우지 말라. 너희가 형통치 못하리라"고 말했다.

〔13-19절〕 여로보암이 유다의 뒤를 둘러 복병하였으므로 그 앞에는 이스라엘 사람이 있고 그 뒤에는 복병이 있는지라. 유다 사람이 돌이켜 보고 자기 앞뒤의 적병을 인하여 여호와께 부르짖고 제사장은 나팔을 부니라. 유다 사람이 소리 지르매 유다 사람의 소리 지를 때에 하나님이 여로보암과 온 이스라엘을 아비야와 유다 앞에서 쳐서 패하게 하시니 이스라엘 자손이 유다 앞에서 도망하는지라. 하나님이 그 손에 붙이신 고로 아비야와 그 백성이 크게 도륙하니 이스라엘의 택한 병정이 죽임을 입고 엎드러진 자가 50만이었더라. 그때에 이스라엘 자손이 항복하고 유다 자손이 이기었으니 이는 저희가 그 열조의 하나님 여호와를 의지하였음이라. 아비야가 여로보암을 쫓아가서 그 성읍들을 빼앗았으니 곧 벧엘과 그 동네와 여사나와 그 동네와 에브론과 그 동네라.

하나님께서는 유다 자손들로 이스라엘 자손들을 이기게 하셨다. 그것은 그들이 그 열조의 하나님을 의지하며 간구했기 때문이었다.

〔20-22절〕 아비야 때에 여로보암이 다시 강성하지 못하고 여호와의 치심을 입어 죽었고 아비야는 점점 강성하며 아내 열 넷을 취하여 아들 스물 둘과 딸 열 여섯을 낳았더라. 아비야의 남은 사적과 그 행위와 그 말은 선지

자 잇도의 주석 책(미드라쉬 ‎מִדְרַשׁ)에 기록되니라.

아비야 때에 여로보암은 다시 강성하지 못하고 여호와께서 그를
치심으로 죽었고 아비야는 점점 강성하였다.

본장의 교훈을 정리해보자. 첫째로, 유다 왕 아비야의 군사는 40만명
이었고 이스라엘 왕 여로보암의 군사는 80만명이었지만, 유다가 이겼
고 이스라엘이 패하였다. 그 전쟁에서, 이스라엘의 군사 50만명이 죽임
을 당하였다. 전쟁은 단순히 군사력에 달려 있지 않고 하나님의 작정과
섭리에 달려 있다. 즉 하나님의 뜻과 하나님의 손에 달려 있는 것이다.
전쟁 때에는 하나님의 은혜와 긍휼을 입은 나라가 승리한다.

둘째로, 아비야는 북쪽 이스라엘의 배반의 역사를 지적하였고 북쪽
왕국의 정당성 없음과 종교적 부패를 지적하였다. 북쪽 왕국의 분열은
정당하지 않았고 또 분열 후에 그들은 순수한 경건을 잃어버렸다. 그들
은 금송아지를 섬겼다. 또 그들은 제사장들과 레위인들을 추방하였고
하나님의 명하신 성전 예배를 저버렸다. 그것은 교회의 순수성의 상실
이었다. 그러나 남쪽 유다는 비록 부족해도 순수한 경건을 유지해오고
있었다. 그들은 하나님만 섬기고 있었다. 오늘날로 말하면, 교회에 성경
적 설교가 있고, 성경 교훈대로 직분자들이 세워지고, 공예배가 순수하
게 거행된 것이다. 순결한 교회가 중요하다. 하나님께서는 우리가 순결
한 교회를 세우기를 원하신다. 교회의 정통성과 순수성이 중요하다.

셋째로, 아비야는 아주 경건하고 의로운 인물은 아니었고(왕상 15:3)
유다 백성도 온전치 못했으나(왕상 14:22-24) 아비야와 유다 사람들은
여로보암과의 전쟁에서 여호와께 부르짖었고 그 열조의 하나님을 의지
하였고 그때에 하나님께서는 그들을 도우셨고 큰 승리를 허락하셨다.
하나님께서는 은혜와 긍휼이 풍성하신 하나님이시다. 그러므로 우리가
비록 부족하고 연약할지라도 우리는 하나님과 예수 그리스도의 의만
의지하고 환난 중에도 낙심치 말고 회개하며 결심하며 기도해야 한다.
하나님께서는 우리의 회개와 믿음의 간구를 외면치 않으실 것이다.

14장: 아사가 구스 사람들을 물리침

〔1-8절〕 아비야가 그 열조와 함께 자매 다윗 성에 장사되고 그 아들 아사가 대신하여 왕이 되니 그 시대에 그 땅이 10년을 평안하니라. 아사가 그 하나님 여호와 보시기에 선과 정의를 행하여 이방 제단과 산당을 없이하고 주상을 훼파하며 아세라 상을 찍고 유다 사람을 명하여 그 열조의 하나님 여호와를 구하게 하며 그 율법과 명령을 행하게 하고 또 유다 모든 성읍에서 산당과 태양상[분향단들](NASB)을 없이하매 나라가 그 앞에서 평안함을 얻으니라. 여호와께서 아사에게 평안을 주셨으므로 그 땅이 평안하여 여러 해 싸움이 없은지라. 저가 견고한 성읍들을 유다에 건축하니라. 아사가 일찍이 유다 사람에게 이르되 우리가 우리 하나님 여호와를 찾았으므로 이 땅이 아직 우리 앞에 있나니 우리가 이 성읍들을 건축하고 그 주위에 성곽과 망대와 문과 빗장을 만들자. 우리가 주를 찾았으므로 주께서 우리에게 사방의 평안을 주셨느니라 하고 이에 저희가 성읍을 형통하게 건축하였더라. 아사의 군대는 유다 중에서 큰 방패와 창을 잡는 자가 30만이요 베냐민 중에서 작은 방패를 잡으며 활을 당기는 자가 28만이라. 다 큰 용사더라.

아사는 유다의 왕들 중에서 비교적 경건한 왕이었다. 그는 하나님 앞에서 선과 의를 행한 왕이었다. 그는 하나님의 계명을 순종하였다. 그는 이방 제단들과 산당들을 없이하고 주상을 파괴하며 아세라 상을 찍었다. 그것은 십계명의 제1, 2계명을 지킨 일이었다. 그는 그의 통치권을 바르게 사용하였다. 왕은 그런 일을 할 수 있는 위치에 있었다. 오늘날도 대통령이 마음을 먹으면 할 수 있는 일이 많다.

아사는 또 유다 사람들을 명하여 그 열조의 하나님 여호와를 구하게 하며 그 율법과 명령을 행하게 했다. '그 열조의 하나님 여호와를 구하게 하였다'는 말은 전통적, 정통적 신앙을 구하게 하였다는 말과 같다. 우리의 신앙은 오랜 역사와 전통을 가지고 있다. 그러므로 바른 전통을 지키는 것이 중요하다. 아사는 자기만 하나님의 계명을 지킨 것이 아니고 자기 백성들을 권면하여 하나님의 율법과 계명을 지키게 하였다. 그것은 성경적 신앙생활을 권면하고 독려한 것이다. 또 그는 유다 모든 성읍들에서 산당과 분향단들을 없이하였다.

왕이 그러하였을 때, 그 나라는 그의 통치 아래 평안함을 얻었다. 본문은 "여호와께서 아사에게 평안을 주셨으므로 그 땅이 평안하여 여러 해 싸움이 없었다"고 기록한다. 우리가 믿음과 계명 순종으로 행할 때 하나님의 평안이 우리의 삶에 넘칠 것이다. 이사야 48:17-18, "너희의 구속자시요 이스라엘의 거룩하신 자이신 여호와께서 가라사대 나는 네게 유익하도록 가르치고 너를 마땅히 행할 길로 인도하는 너희 하나님 여호와라. 슬프다, 네가 나의 명령을 듣지 아니하였도다. 만일 들었더면 네 평강이 강과 같았겠고 네 의가 바다 물결 같았을 것이며." 또 아사는 견고한 성읍들을 유다에 건축하였다. 성읍들의 건축은 나라가 평안할 때 가능한 일이다.

[9-15절] 구스 사람 세라가 저희를 치려 하여 군사 100만과 병거 300승을 거느리고 마레사에 이르매 아사가 마주 나아가서 마레사의 스바다 골짜기에 진치고 그 하나님 여호와께 부르짖어 가로되 여호와여, 강한 자와 약한 자 사이에는 주밖에 도와줄 이가 없사오니 우리 하나님 여호와여, 우리를 도우소서. 우리가 주를 의지하오며 주의 이름을 의탁하옵고 이 많은 무리를 치러 왔나이다. 여호와여, 주는 우리 하나님이시오니 원컨대 사람으로 주를 이기지 못하게 하옵소서 하였더니 여호와께서 구스 사람을 아사와 유다 사람 앞에서 쳐서 패하게 하시니 구스 사람이 도망하는지라. 아사와 그 좇는 자가 구스 사람을 쫓아 그랄까지 이르매 이에 구스 사람이 엎드러지고 살아 남은 자가 없었으니 이는 여호와 앞에서와 그 군대 앞에서 패망하였음이라. 노략한 물건이 심히 많았더라. 여호와께서 그랄 사면 모든 성읍 백성을 두렵게 하시니 무리가 그 모든 성읍을 치고 그 가운데 있는 많은 물건을 노략하고 또 짐승 지키는 천막을 치고 양과 약대를 많이 이끌고 예루살렘으로 돌아왔더라.

어려운 문제가 생겼다. 이 세상에서는 평안과 환난이 번갈아 가며 온다. 애굽의 남쪽에 있는 구스 사람 세라가 큰 군대 곧 군사 100만명과 병거 300승을 거느리고 침공해왔다. 그때 아사는 하나님께 부르짖어 아뢰었다. "강한 자와 약한 자 사이에는 주밖에 도와줄 이가 없사오니 우리 하나님 여호와여, 우리를 도우소서. 우리가 주를 의지하오며 주의 이름을 의탁하옵고 이 많은 무리를 치러 왔나이다. 여호와여, 주는 우리 하나님이시오니 원컨대 사람으로 주를 이기지 못하게 하옵소서." 아사는 하나님을 경외하며 의지했다. 그는 기도할 줄 아는 믿음이 있었다. 믿음이 있는 사람은 기도할 것이다. 그는 하나님께서 살아계셔서 자기 백성을 도우시며 그를 의지하고 기도하는 자들을 돌아보심을 믿었다. 그는 그 전쟁이 단순히 사람들 간의 전쟁이 아니고 이방인들과 하나님과의 전쟁이라고 말하였다. 그러므로 그는 그 전쟁에서 사람들이 하나님을 이기지 못하게 해달라고 간구한 것이다.

아사의 부르짖는 기도는 응답을 얻었다. 여호와께서는 그 큰 구스 군대를 아사와 유다 사람들 앞에서 쳐서 패하게 하셨고 구스 사람들은 도망하였고 엎드러지고 살아 남은 자가 없었다.

본장의 교훈을 정리해보자. 첫째로, 아사는 평소에 죄를 철저히 청산하였고 하나님의 모든 계명들을 힘써 지켰다. 그는 전통적, 정통적 신앙을 가졌고 성경 교훈대로 행하였다. 그것은 오늘 우리에게도 본이 된다. 우리는 평소에 하나님을 의지하고 그의 모든 계명들에 순종해야 한다.

둘째로, 하나님께서는 아사 시대에 여러 해 평안을 주셨다. 악인들에게는 평안이 없으나(사 48:22) 죄를 회개하고 하나님만 믿고 그의 계명들을 순종하는 자들에게는 하나님의 평안이 있다(사 48:17-18).

셋째로, 아사는 구스와의 전쟁이라는 큰 위기가 있었지만, 하나님께 기도함으로 승리하였고 오히려 많은 전쟁 노획물을 얻었다. 하나님께서는 우리의 피난처이시며 환난 중에 만날 큰 도움이시다(시 46:1-3). 참된 믿음은 기도로 증거된다. 우리는 큰 어려운 일을 당할 때 하나님만 의지하고 하나님께 간구함으로 그 어려움을 극복할 수 있다.

15장: 아사의 순종

〔1-7절〕 하나님의 신[영]이 오뎃의 아들 아사랴에게 임하시매 저가 나가서 아사를 맞아 이르되 아사와 및 유다와 베냐민의 무리들아, 내 말을 들으라. 너희가 여호와와 함께하면 여호와께서 너희와 함께하실지라. 너희가 만일 저를 찾으면 저가 너희의 만난 바 되시려니와 너희가 만일 저를 버리면 저도 너희를 버리시리라. 이스라엘에는 참 신이 없고 가르치는 제사장도 없고 율법도 없은 지가 이제 오래였으나 그 환난 때에 이스라엘 하나님 여호와께 돌아가서 찾으매 저가 그들의 만난 바가 되셨나니 그때에 열국에 거한 모든 백성이 크게 요란하여 사람의 출입이 평안치 못하며 이 나라가 저 나라와 서로 치고 이 성읍이 저 성읍과 또한 그러하여 피차 상한 바 되었나니 이는 하나님이 모든 고난으로 요란케 하셨음이니라. 그런즉 너희는 강하게 하라. 손이 약하지 않게 하라. 너희 행위에는 상급이 있음이니라.

하나님께서는 우리의 믿음의 행위에 대해 상 주신다. 우리가 그와 함께하면 그는 우리와 함께하시고, 우리가 그를 찾으면 그는 우리를 만나 주신다. 아사랴는 성령의 감동 속에서 북방 이스라엘의 배교의 역사를 들어 하나님의 말씀을 전한다. 북방 이스라엘은 배교적이었지만, 환난 때에 하나님을 찾았고 하나님의 긍휼의 응답과 도우심을 받았다. 하나님께서는 그들에게도 너그러우셨다. 아사랴는 "그런즉 너희는 강하게 하라. 손이 약하지 않게 하라. 너희 행위에는 상급이 있음이니라"고 교훈했다. 사람이 마음이 강하고 손이 약하지 않아야 하나님의 계명을 순종할 수 있고 그럴 때 상급도 있다. 이것은 우리에게도 진리이다. 우리는 마음을 강하게 하고 손을 강하게 하여 하나님의 계명을 순종해야 하며 그것은 하나님께서 상 주시는 일이다.

〔8-15절〕 아사가 이 말 곧 선지자 오뎃의[오뎃의 아들의] 예언을 듣고 마음을 강하게 하여 가증한 물건을 유다와 베냐민 온 땅에서 제하고 또 에브라임 산지에서 빼앗은 성읍들에서 제하고 또 여호와의 낭실 앞 여호와의 단을 중수하고 또 유다와 베냐민의 무리를 모으고 에브라임과 므낫세와 시

므온 가운데서 나와서 저희 중에 우거하는 자를 모았으니 이는 이스라엘 사람들이 아사의 하나님 여호와께서 그와 함께하심을 보고 아사에게로 돌아오는 자가 많았음이더라. 아사 왕 15년 3월에 저희가 예루살렘에 모이고 그 날에 노략하여 온 물건 중에서 소 7백과 양 7천으로 여호와께 제사를 드리고 또 마음을 다하고 성품을 다하여 열조의 하나님 여호와를 찾기로 언약하고 무릇 이스라엘 하나님 여호와를 찾지 아니하는 자는 대소 남녀를 무론하고 죽이는 것이 마땅하다 하고 무리가 큰 소리로 부르며 피리와 나팔을 불어 여호와께 맹세하매 온 유다가 이 맹세를 기뻐한지라. 무리가 마음을 다하여 맹세하고 뜻을 다하여 여호와를 찾았으므로 여호와께서도 저희의 만난 바가 되시고 그 사방에 평안을 주셨더라.

아사는 선지자 오뎃의 아들의 전하는 말씀을 듣고 마음을 강하게 하여 가증한 물건을 유다와 베냐민 온 땅에서 제거하였고 에브라임 산지에서 빼앗은 성읍들에서도 제거하였다. 하나님을 찾는 마음은 그의 계명을 순종하는 행위로 나타났고 그것은 먼저 가증한 물건들 곧 우상을 제거하는 행위로 나타났다. 또 그는 여호와의 낭실 앞 여호와의 단을 중수(重修)하였다. 그것은 그가 하나님을 사모하며 경외하고 섬기는 마음을 가지고 있었음을 보인다. 아사는 또 유다와 베냐민의 무리를 모았고 또 에브라임과 므낫세와 시므온 가운데서 나와서 그들 중에 우거하는 자들도 모아 하나님께 큰 제사를 드렸다. 그것은 왕과 백성들의 속죄 신앙과 간절한 헌신과 순종의 표이었다.

또 그들은 마음을 다하고 성품을 다하여 열조의 하나님 여호와를 찾기로 언약하였고 여호와 하나님을 찾지 아니하는 자는 누구든지 남녀노소를 물론하고 죽이는 것이 마땅하다고 말했다. 그들의 언약과 맹세는 형식적이지 않고 진실하고 진지하였다. 그때 여호와께서는 그들의 만난 바가 되셨고 또 그들의 사방에 평안을 주셨다.

〔16-19절〕 아사 왕의 모친 마아가가 아세라의 가증한 목상을 만들었으므로 아사가 그 태후의 위[직위]를 폐하고 그 우상을 찍고 빻아 기드론 시냇가에서 불살랐으니 산당은 이스라엘 중에서 제하지 아니하였으나 아사의

마음이 일평생 온전하였더라. 저가 또 그 부친의 구별한 물건과 자기의 구별한 물건 곧 은과 금과 기명들을 하나님의 전에 드렸더니 이때부터 아사 왕 35년까지 다시는 전쟁이 없으니라.

아사 왕이 그 모친 마아가의 태후의 직위를 폐하고 모친이 섬기던 우상을 찍고 빻아 기드론 시냇가에서 불사른 것은 참으로 하기 어려운 일이었다. 그러나 하나님을 참으로 경외하는 자는 그와 같이 행할 수 있을 것이다. 비록 이스라엘 땅에, 아마 특히 북쪽 지역에 산당이 완전히 제거되지 않았으나 아사의 마음이 일평생 온전하였다.

본장의 교훈을 정리해보자. 첫째로, 아사는 온 백성을 모으고 하나님 앞에서 하나님을 전심으로 찾기를 맹세하며 언약하게 하였고 그렇게 했을 때 하나님의 만난 바가 되었다(12, 15절). 사람이 하나님을 참으로 찾으면 그는 만나 주신다. 오늘날도 예수님 믿는 우리가 하나님을 찾으면 하나님께서는 항상 우리를 만나 주시고 우리와 함께하실 것이다. 주 예수께서도 포도나무 비유에서 "내 안에 거하라. 나도 너희 안에 거하리라," "너희가 내 안에 거하고 내 말이 너희 안에 거하면 무엇이든지 원하는 대로 구하라. 그리하면 이루리라"고 말씀하셨다(요 15:1, 7).

둘째로, 아사는 하나님을 진심으로 찾았기 때문에 하나님의 계명을 범한 유다 성읍들에 있었던 모든 가증한 것들 곧 우상들을 제거하였고(8절) 심지어 그의 모친 마아가가 아세라 목상을 만들었으므로 태후의 직위를 폐하였다(16절). 하나님을 참으로 찾는 자는 하나님을 믿고 그의 계명에 순종한다. 오늘날도 우리가 참으로 하나님을 찾는 자라면, 우리는 하나님만 의지하며 성경에 교훈한 대로 그의 말씀에 순종해야 한다.

셋째로, 아사가 하나님을 찾았을 때 하나님께서는 그에게 큰 평안을 주셨다. 15절, "[이는] 무리가 마음을 다하여 맹세하고 뜻을 다하여 여호와를 찾았고 여호와께서도 저희의 만난 바가 되셨음이라. 또 여호와께서 그들의 사방에 평안을 주셨더라"(원문직역). 우리의 순종의 행위, 선한 행위에는 하나님의 상 주심이 있다. 그것은 큰 평안을 포함한다.

16장: 아사가 말년에 범죄함

〔1-6절〕 아사 왕 36년에 이스라엘 왕 바아사가[17] 유다를 치러 올라와서 라마를 건축하여 사람을 유다 왕 아사에게 왕래하지 못하게 하려 한지라. 아사가 여호와의 전 곳간과 왕궁 곳간의 은금을 취하여 다메섹에 거한 아람 왕 벤하닷에게 보내며 가로되 내 부친과 당신의 부친 사이에와 같이 나와 당신 사이에 약조하자. 내가 당신에게 은금을 보내노니 와서 이스라엘 왕 바아사와 세운 약조를 깨뜨려서 저로 나를 떠나게 하라 하매 벤하닷이 아사 왕의 말을 듣고 그 군대 장관들을 보내어 이스라엘 두어 성읍을 치되 이온과 단과 아벨마임과 납달리의 모든 국고성을 쳤더니 바아사가 듣고 라마 건축하는 일을 파하여 그 공역[공사]을 그친지라. 아사 왕이 온 유다 무리를 거느리고 바아사가 라마를 건축하던 돌과 재목을 수운하여다가 게바와 미스바를 건축하였더라.

이 일이 있은 때는 아사 왕 15년경 구스 사람 세라의 백만 대군을 하나님의 은혜로 물리친 후 아사 왕 35년까지 20년간 평안이 있은 후이었다. 유다 왕 아사는 바아사의 침공 때에 예전처럼 하나님을 의지하고 물리치지 않고 아람 왕 벤하닷의 도움을 요청하였다. 20년간의 평안이 그를 해이하고 교만하게 만든 것 같다. 평안은 사람에게 시험이며 고난이 유익한 경우가 많다. 사람은 평안할 때에 범죄하기 쉽다. 아사는 평안할 때 그 마음이 해이해 인본주의에 떨어진 것 같다. 그는 하나님을 의지하며 하나님께 기도하지 않고 인본주의적 방책을 구했다. 벤하닷은 아사의 말을 듣고 그 군대 장관들을 보내어 이스라엘 두어 성읍들을 쳤다. 아사는 어려운 문제를 해결한 듯했으나 하늘

---

17) 성경학자들은 대체로 유다 왕 아사의 통치연대를 주전 910년-869년경으로 보고, 이스라엘 왕 바아사의 통치연대는 주전 908년-886년으로 보기 때문에, 아사 왕 36년은 주전 874년으로 바아사 이후 오므리 때(주전 885-874년)이다. 그렇다면, 그것은 아사의 통치연대가 바아사와 많이 중첩되기 때문에 북방 이스라엘을 바아사의 왕국이라고 부른 것일 것이다.

에 계신 섭리자 하나님께서는 그 일을 기뻐하지 않으셨다.

〔7-10절〕때에 선견자 하나니가 유다 왕 아사에게 나아와서 이르되 왕이 아람 왕을 의지하고 왕의 하나님 여호와를 의지하지 아니한 고로 아람왕의 군대가 왕의 손에서 벗어났나이다. 구스 사람과 룹 사람의 군대가 크지 아니하며 말과 병거가 심히 많지 아니하더이까? 그러나 왕이 여호와를 의지한 고로 여호와께서 왕의 손에 붙이셨나이다. [이는] 여호와의 눈은 온 땅을 두루 감찰하사 전심으로 자기에게 향하는 자를 위하여 능력을 베푸시나니[강하게 지원하심이니이다] 이 일은 왕이 망령되이[어리석게] 행하였은 즉 이 후부터는 왕에게 전쟁이 있으리이다 하매 아사가 노하여 선견자를 옥에 가두었으니 이는 그 말에 크게 노하였음이며 그때에 아사가 또 몇 백성을 학대하였더라.

하나님께서는 선견자 하나니를 통해 아사 왕을 책망하셨다. 그는 아람의 군대가 유다 왕의 손에서 벗어나 장차 유다를 무시하고 학대할 것을 말씀하셨다. 또 그는 아사가 어리석게 행했다고 말씀하셨다. 사람이 하나님을 경외하고 의지하며 그의 계명대로 바르게 사는 것이 지혜로운 삶이다. 믿음 없이 행하고 죄 짓는 것이 어리석게 행하는 것이며 그것은 불행을 가져온다. 아사의 나라에 이제부터 전쟁이 있을 것이다. 그러나 아사는 하나님의 말씀을 전한 선견자 앞에서 화를 내었고 그를 옥에 가두었다. 또 그때 그는 백성 몇 명을 학대했다.

〔11-14절〕아사의 시종 행적은 유다와 이스라엘 열왕기에 기록되니라. 아사가 왕이 된 지 39년에 그 발이 병들어 심히 중하나 병이 있을 때에 저가 여호와께 구하지 아니하고 의원들에게 구하였더라. 아사가 위[왕위]에 있은 지 41년에 죽어 그 열조와 함께 자매 다윗성에 자기를 위하여 파 두었던 묘실에 무리가 장사하되 그 시체를 법대로 만든 각양 향재료를 가득히 채운 상에 두고 또 위하여 많이 분향하였더라.

아사가 왕이 된 지 39년에 그 발에 심히 중한 병이 든 것은 하나님의 징벌임이 분명하였다. 하나님께서는 3년간 참으시고 회개하기를 기다리셨다고 보인다. 그러나 아사는 병이 있을 때에 여호와께 구하지 아니하고 의원들에게 구하였다. 그는 결국 그 병으로 죽었던 것 같다. 아사는 왕위에 있은 지 41년에 죽어 그 열조와 함께 잠들었다.

본장의 교훈을 정리해보자. 첫째로, 아사 왕은 20년간의 평안의 때에 마음이 해이해지고 마음이 높아졌던 것 같다. 사람은 누구나 고난보다 평안을 원하며 그것을 행복이라고 생각하지만, 평안이 반드시 복이 되는 것만은 아니다. 평안이 시험거리가 되고 고난이 유익할 때도 많다. 사람은 고난 중에 자신을 살피고 하나님 앞에서 잘못된 것을 회개하고 또 범죄하지 않도록 조심하지만, 평안할 때는 마음이 교만하고 해이해져서 범죄하기 쉽다. 그러므로 사람에게 평안이 항상 행복인 것은 아니다. 평안이 복이긴 하지만, 우리는 평안할 때 조심해야 한다.

둘째로, 하나님의 사람 하나니는 "여호와의 눈은 온 땅을 두루 감찰하사 전심으로 자기에게 향하는 자를 위하여 능력을 베푸신다"는 하나님의 진리를 밝히 증거하였다. 이사야 26:3도, "주께서 심지가 견고한 자를 평강에 평강으로 지키시리니 이는 그가 주를 의뢰함이니이다"고 말하였다. 우리는 심지를 굳게 하고 전심으로 하나님만 의지해야 한다. 우리는 하나님의 은혜와 성경말씀의 바른 지식 가운데 하나님을 전심으로 믿고 의지하고 바라야 한다. 또 우리는 무슨 문제나 어려운 일을 당할 때 하나님과 주 예수님을 전심으로 의지하고 기도해야 한다.

셋째로, 아사 왕의 실패의 원인은 오직 하나님만 의지하지 않고 자신의 지혜와 세상의 수단과 방법을 의지하였기 때문이다. 그는 아람 왕 벤하닷을 의지했고 말년에 발에 병들었을 때 하나님 대신 의사를 의지했다. 사람이 하나님을 의지하지 않고 자기 지혜나 세상의 수단과 방법을 의지할 때 하나님께서 기뻐하지 않으신다. 그것은 결국 실패의 길이다. 우리는 아사의 말년의 실패를 거울 삼아 끝까지 믿음으로 살기를 소원한다. 우리는 하나님의 은혜를 구하며 우리의 의가 되시는 주 예수 그리스도의 십자가 공로만 의지하고 성경말씀의 교훈 안에서 성령의 인도하심을 따라 믿음과 순종으로 바르고 선하게만 살아야 한다.

17장: 여호사밧의 통치

〔1-6절〕아사의 아들 여호사밧이 대신하여 왕이 되어 스스로 강하게 하여 이스라엘을 방비하되(알 עַל)[against](KJV, NIV)[대비하되] 유다 모든 견고한 성읍에 군대를 주둔하고 또 유다 땅과 그 아비 아사의 취한 바 에브라임 성읍들에 영문[수비대들]을 두었더라. 여호와께서 여호사밧과 함께하셨으니 이는 저가 그 조상 다윗의 처음 길로 행하여 바알들에게 구하지 아니하고 오직 그 부친의 하나님께 구하며 그 계명을 행하고 이스라엘의 행위를 좇지 아니하였음이라. 그러므로 여호와께서 나라를 그 손에서 견고하게 하시매 유다 무리가 여호사밧에게 예물을 드렸으므로 저가 부귀와 영광이 극하였더라. 저가 전심으로(와이그바흐 립보 לִבּוֹ וַיִּגְבַּהּ)[그의 마음이 힘을 내어] 여호와의 도를 행하여 산당과 아세라 목상들도 유다에서 제하였더라.

여호와께서는 여호사밧과 함께하셨다. 하나님께서 사람과 함께하시는 것은 사람에게 가장 큰 복이다. 하나님께서는 전능하시므로 그가 함께하시면 세상의 모든 문제는 염려할 것이 없다. 인류의 초기에 에녹은 하나님과 동행(同行)하다가 천국으로 올리웠다(창 5:22, 24). 노아는 하나님과 동행했고 구원을 얻었다(창 6:9). 요셉은 하나님께서 함께하시므로 형통한 자가 되었다(창 39:2-3, 21, 23).

본문은 하나님께서 여호사밧과 함께하신 까닭을 증거한다. 우선, 그는 그 조상 다윗의 처음 길로 행했고 바알들에게 구하지 않고 그 부친의 하나님께 구했고 하나님의 계명들을 행했고 이스라엘의 행위들 곧 우상숭배와 음란과 부도덕의 행위들을 본받지 않았기 때문이다. 한 마디로, 여호사밧은 하나님만 의지하며 섬겼고 그의 명령들만 순종하려 했다. 노아도 의롭게 살고 흠 없이 살았기 때문에 하나님과 동행했고(창 6:9), 요셉도 범죄하는 것을 큰 일로 여기고 힘써 피하려 했기 때문에 하나님께서 늘 함께하셨다(창 39:9-10). 시편 5:4-5는, "주는 죄악을 기뻐하는 신이 아니시니 악이 주와 함께 유하지 못하며 오만한 자가 주의 목전에 서지 못하리이다"라고 말하였다.

그러므로 여호와께서는 여호사밧과 함께하심으로 유다 나라를 그의 손에서 견고케 하셨다. 죄는 나라의 쇠망을 가져오지만, 의는 나라의 왕성을 가져온다. 개인도 그러하다. 범죄하는 자는 건강할 수 없고 물질적 유여함을 누릴 수 없고 땅 위의 행복도 누릴 수 없다.

또 그는 전심으로[그의 마음이 힘을 내어](원문, KJV) 여호와의 도를 행하여 산당들과 아세라 목상들도 유다에서 제거했다. 그의 부친 아사도 아세라 목상들을 제거했지만, 아사 말년에 혹은 아사가 죽은 후에 산당들과 아세라 목상들이 다시 세워졌던 것 같다. 그러나 여호사밧은 그것들을 다 제거하였다.

〔7-9절〕 저가 위에 있은 지 3년에 그 방백 벤하일과 오바댜와 스가랴와 느다넬과 미가야를 보내어 유다 여러 성읍에 가서 가르치게 하고 또 저희와 함께 레위 사람 스마야와 느다냐와 스바댜와 아사헬과 스미라못과 여호나단과 아도니야와 도비야와 도바도니야 등 레위 사람을 보내고 또 저희와 함께 제사장 엘리사마와 여호람을 보내었더니 저희가 여호와의 율법책을 가지고 유다에서 가르치되 그 모든 성읍으로 순행하며 인민을 가르쳤더라.

그는 왕위에 있은 지 3년에, 곧 그의 통치 초기부터 그 방백들과 레위 사람들과 제사장들을 보내어 유다의 여러 성읍들에 순행하며 백성들에게 율법책을 가르치게 했다. 하나님의 말씀의 교훈이 있었던 것이다. 성경을 읽고 듣고 배우고 연구하고 묵상하고 행하는 곳에 하나님의 은혜와 복이 넘친다. 시편 1편은 여호와의 율법을 즐거워하여 그 율법을 밤낮으로 묵상하는 자는 복되며 그 행하는 모든 일이 형통하다고 말하였고, 시편 119:165도 "주의 법을 사랑하는 자에게는 큰 평안이 있으니 저희에게 장애물이 없으리이다"라고 말했다.

〔10-19절〕 여호와께서 유다 사면 열국에 두려움을 주사 여호사밧과 싸우지 못하게 하시매 블레셋 중에서는 여호사밧에게 예물을 드리며 은으로 공(貢)[조공]을 바쳤고 아라비아 사람도 짐승떼 곧 숫양 7천 7백과 숫염소 7천 7백을 드렸더라. 여호사밧이 점점 강대하여 유다에 견고한 채[성들]와

국고성을 건축하고 유다 각 성에 역사(役事)(멜라카 מְלָאכָה)[일(KJV), 저장물(BDB, KB, NASB, NIV)]를 많이 하고 또 예루살렘에 크게 용맹한 군사를 두었으니 군사의 수효가 그 족속대로 이러하니라. 유다에 속한 천부장 중에는 아드나가 으뜸이 되어 큰 용사 30만을 거느렸고 그 다음은 장관 여호하난이니 28만을 거느렸고 그 다음은 시그리의 아들 아마시야니 저는 자기를 여호와께 즐거이 드린 자라. 큰 용사 20만을 거느렸고 베냐민에 속한 자 중에 큰 용사 엘리아다는 활과 방패를 잡은 자 20만을 거느렸고 그 다음은 여호사밧이라. 싸움을 예비한 자 18만을 거느렸으니 이는 다 왕을 섬기는 자요 이 외에 또 온 유다 견고한 성에 왕이 군사를 두었더라.

여호와께서는 또 유다 나라 사방의 열국들에게 두려움을 주셔서 여호사밧과 전쟁하지 못하게 하셨다. 블레셋 사람들 중에서나 아라비아 사람들이 여호사밧에게 예물을 드렸다. 여호사밧은 116만명 이상의 거대한 군대를 거느렸다.

본장의 교훈을 정리해보자. 첫째로, 여호와께서는 여호사밧과 함께하셨다(3절). 3절, "여호와께서 여호사밧과 함께하셨으니." 옛날에 에녹도 노아도 요셉도 다 하나님께 동행했다. 하나님께서 함께하시면 세상의 일들은 염려할 것이 없고 참 평안을 누릴 것이다. 우리는 이미 성령께서 우리와 함께하시는 복을 얻은 자가 되었다. 우리는 하나님께서 우리와 함께하시는 자답게 바르게 살아야 한다.

둘째로, 하나님께서 여호사밧과 함께하신 까닭은 여호사밧이 오직 그 부친의 하나님을 구하며 그 계명을 행하였고 모든 우상들과 부도덕한 행위들을 멀리했기 때문이다. 여호사밧은 또 산당들과 아세라 목상들도 제거하였다. 우리는 하나님만 구하여 그의 계명들을 행해야 한다. 또 그럴 때 우리는 하나님께서 우리와 함께하심을 더 체험케 될 것이다.

셋째로, 여호사밧은 백성들에게 성경을 가르치게 했다. 그것은 평안의 길이다. 오늘날 우리도 주께서 주시는 평안과 복을 누리려면 예수 그리스도 안에서 성경을 열심히 읽고 듣고 배우고 믿고 행해야 한다.

18장: 여호사밧이 아합과 교제함

〔1-3절〕여호사밧이 부귀와 영광이 극하였고 아합으로 더불어 연혼하였더라. 두어 해 후에[몇 년 후에] 저가 사마리아에 내려가서 아합에게 나아갔더니 아합이 저와 종자를 위하여 우양을 많이 잡고 함께 가서 길르앗 라못 치기를 권하더라. 이스라엘 왕 아합이 유다 왕 여호사밧에게 이르되 당신은 나와 함께 길르앗 라못으로 가시겠느뇨? 대답하되 나는 당신과 일반이요 내 백성은 당신의 백성과 일반이니 당신과 함께 싸우리이다.

'연혼하다'는 원어(카산 חָתַן)는 '사돈관계를 맺다'는 뜻이다. 여호사밧은 경건하고 선한 왕이었으나, 부귀와 영광이 극하였을 때 해이해지고 분별력이 없이 우상숭배자 아합과 사돈관계를 맺었다. 몇 년 후 그가 사마리아에 내려갔을 때, 아합은 자기와 함께 길르앗 라못 치기를 권하였다. 길르앗 라못은 본래 이스라엘 땅이었기 때문이다 (신 4:43; 왕상 22:3). 여호사밧은 아합의 요청에 동의했다.

〔4-7절〕여호사밧이 또 이스라엘 왕에게 이르되 청컨대 먼저 여호와의 말씀이 어떠하신지 물어 보소서. 이스라엘 왕이 이에 선지자 400인을 모으고 저희에게 이르되 우리가 길르앗 라못에 가서 싸우랴 말랴. 저희가 가로되 올라가소서. 하나님이 그 성을 왕의 손에 붙이시리이다. 여호사밧이 가로되 이 외에 우리가 물을 만한 여호와의 선지자가 여기 있지 아니하니이까? 이스라엘 왕이 여호사밧에게 이르되 오히려 이믈라의 아들 미가야 한 사람이 있으니 저로 말미암아 여호와께 물을 수 있으나 저는 내게 대하여 길한[좋은] 일은 예언하지 아니하고 항상 흉한[나쁜] 일만 예언하기로 내가 저를 미워하나이다. 여호사밧이 가로되 왕은 그런 말씀을 마소서.

여호사밧은 먼저 여호와의 말씀이 어떠하신지 물어 보자고 제안하였다. 경건한 왕이라면 당연히 해야 할 절차이었다. 옛날 다윗도 항상 그러하였다. 그래서 이스라엘 왕은 선지자 400인을 모으고 물었다. 아합 당시의 선지자들은 거의 다 부패한 자들이었다. 많은 선지자들이 바알과 아세라를 섬겼고 또 여호와를 섬긴다는 자들도 우상숭배와 타협하든지 아니면 하나님의 감동을 받지 못하는 거짓 선지자들이었다. 그 시대는 거짓 선지자들만 가득한 시대이었다. 그들은 한결같이 전쟁하면 승리한다고 말했다. 여호사밧은 이 외에 우리가 물을 만한 여호와의 선지자가 없느냐고 물었다. 이스라엘 왕은 미가야라는 선지자가 있는데 항상 좋은 것 대신에 나쁜 것만 예언하기로 그를 미워한다고 말했다. 아합 왕이 악한 우상숭배자이었으므로 미가야가 항상 나쁜 것, 곧 하나님의 재앙만 예언하는 것은 당연한 일이었다.

〔8-13절〕 이스라엘 왕이 한 내시를 불러 이르되 이믈라의 아들 미가야로 속히 오게 하라 하니라. 이스라엘 왕과 유다 왕 여호사밧이 왕복을 입고 사마리아 성문 어귀 광장에서 각기 보좌에 앉았고 모든 선지자가 그 앞에서 예언을 하는데 그나아나의 아들 시드기야는 철로 뿔들을 만들어 가지고 말하되 여호와의 말씀이 왕이 이것들로 아람 사람을 찔러 진멸하리라 하셨다 하고 모든 선지자도 그와 같이 예언하여 이르기를 길르앗 라못으로 올라가서 승리를 얻으소서. 여호와께서 그 성을 왕의 손에 붙이시리이다 하더라. 미가야를 부르러 간 사자가 일러 가로되 선지자들의 말이 여출일구하여[하나같이] 왕에게 길하게 하니[좋은 것을 말했으니] 청컨대 당신의 말도 저희 중 한 사람처럼 길하게 하소서. 미가야가 가로되 여호와의 사심을 가리켜 맹세하노니 내 하나님의 말씀하시는 것 곧 그것을 내가 말하리라 하고.

모든 선지자들은 두 왕 앞에서 예언하였다. 시드기야는 철로 뿔들을 만들어 승리하리라는 예언을 실감나게 하였다. 다른 선지자들도 그러하였다. 그러나 그들의 말은, 비록 여호와의 말씀인 것처럼 가장되었으나, 여호와의 말씀이 아니었다. 미가야를 부르러 간 사자는 그런 상황을 일러주며 당신도 그렇게 하라고 말했다. 그때 미가야는 "여호와의 사심을 가리켜 맹세하노니 내 하나님의 말씀하시는 것 곧 그것을 내가 말하리라"고 말했다. 미가야의 말이 옳았다. 선지자는 하나님께서 주시는 말씀 바로 그것을, 오직 그것만을 전해야 하는 자이다. 하나님의 이름으로 거짓말을 하는 자는 참으로 악한 자이다.

〔14-17절〕 이에 왕에게 이르니 왕이 저에게 이르되 미가야야, 우리가

길르앗 라못으로 싸우러 가랴 말랴. 가로되 올라가서 승리를 얻으소서. 저희가 왕의 손에 붙인 바 되리이다. 왕이 저에게 이르되 여호와의 이름으로 진실한 것만 말하라고 내가 몇 번이나 너로 맹세케 하여야 하겠느냐? 저가 가로되 내가 보니 온 이스라엘이 목자 없는 양같이 산에 흩어졌는데 여호와의 말씀이 이 무리가 주인이 없으니 각각 평안히 그 집으로 돌아갈 것이니라 하셨나이다. 이스라엘 왕이 여호사밧에게 이르되 저 사람이 내게 대하여 길한 것을 예언하지 아니하고 흉한[나쁜] 것만 예언하겠다고 당신에게 말씀하지 아니하였나이까?

미가야는 "올라가서 승리를 얻으소서. 저희가 왕의 손에 붙인 바 되리이다"고 말했다. 그는 퉁명스럽게 혹은 냉소적으로 말했던 것 같다. 왕은 그것이 그의 진심이 아님을 금방 알았다. 그가 그에게 진심의 예언을 재차 요청하자, 그는 "내가 보니 온 이스라엘이 목자 없는 양같이 산에 흩어졌는데 여호와의 말씀이 이 무리가 주인이 없으니 각각 평안히 그 집으로 돌아갈 것이니라 하셨나이다"라고 말했다. 왕이 죽겠다는 말이다. 그것이 하나님의 진실한 예언이었다.

〔18-22절〕 미가야가 가로되 그런즉 왕은 여호와의 말씀을 들으소서. 내가 보니 여호와께서 그 보좌에 앉으셨고 하늘의 만군이 그 좌우편에 모시고 섰는데 여호와께서 말씀하시기를 누가 이스라엘 왕 아합을 꾀어 저로 길르앗 라못에 올라가서 죽게 할꼬 하시니 하나는 이렇게 하겠다 하고 하나는 저렇게 하겠다 하였는데 한 영이 나아와 여호와 앞에 서서 말하되 내가 저를 꾀이겠나이다. 여호와께서 저에게 이르시되 어떻게 하겠느냐? 가로되 내가 나가서 거짓말하는 영이 되어 그 모든 선지자의 입에 있겠나이다. 여호와께서 가라사대 너는 꾀이겠고 또 이루리라. 나가서 그리하라 하셨은즉 이제 여호와께서 거짓말하는 영을 왕의 이 모든 선지자의 입에 넣으셨고 또 여호와께서 왕에게 대하여 화를 말씀하셨나이다.

미가야는 하나님의 보좌 앞에서의 일을 전하며 모든 선지자들의 말이 전부 거짓말이라고 분명하게 그리고 담대하게 말하였다.

〔23-27절〕 그나아나의 아들 시드기야가 가까이 와서 미가야의 뺨을 치며 이르되 여호와의 영이 나를 떠나 어디로 말미암아 가서 네게 말씀하더

냐? 미가야가 가로되 네가 골방에 들어가서 숨는 그 날에 보리라. 이스라엘 왕이 가로되 미가야를 잡아 부윤[성주 城主] 아몬과 왕자 요아스에게로 끌고 돌아가서 말하기를 왕의 말씀이 이 놈을 옥에 가두고 내가 평안히 돌아올 때까지 고생의 떡과 고생의 물로 먹이라 하라. 미가야가 가로되 왕이 참으로 평안히 돌아오시게 될진대 여호와께서 나로 말씀하지 아니하셨으리이다. 또 가로되 너희 백성들아, 다 들을지어다 하니라.

하나님의 참 선지자 미가야는 거짓 선지자 시드기야에게 뺨을 맞았다. 아합은 자신이 그 전쟁에서 죽을 거라고는 전혀 생각지 못하고 있었다. 인생은 한 치 앞을 내다보지 못한다. 선지자 미가야는 감옥에 갇힘과 고생의 떡과 고생의 물을 마시게 되었다.

〔28-32절〕 이스라엘 왕과 유다 왕 여호사밧이 길르앗 라못으로 올라가니라. 이스라엘 왕이 여호사밧에게 이르되 나는 변장하고 군중으로 들어가려 하노니 당신은 왕복을 입으소서 하고 이스라엘 왕이 변장하고 둘이 군중으로 들어가니라. 아람 왕이 그 병거 장관들에게 이미 명하여 이르기를 너희는 작은 자나 큰 자나 더불어 싸우지 말고 오직 이스라엘 왕과 싸우라 한지라. 병거의 장관들이 여호사밧을 보고 이르되 이가 이스라엘 왕이라 하고 돌이켜 저와 싸우려 한즉 여호사밧이 소리를 지르매 여호와께서 저를 도우시며 하나님이 저희를 감동시키사 저를 떠나가게 하신지라. [이는] 병거의 장관들이 저가 이스라엘 왕이 아님을 보고 쫓기를 그치고 돌이켰더라[돌이켰음이라].

아합은 인간적 꾀를 가진 자이었다. 그는 변장하였고 둘은 무리 속으로 들어갔다. 아람 왕은 그 병거 장관들에게 다른 이와 싸우지 말고 이스라엘 왕과 싸우라고 명령하였다. 병거의 장관들이 여호사밧을 보고 그가 이스라엘 왕이라고 생각하고 싸우려 했다. 여호사밧은 죽음의 위기에 처하자 소리를 질렀다. 그때 여호와께서 그를 도우셨고 하나님께서 그들을 감동시키셔서 그를 떠나가게 하셨다. 병거의 장관들이 그가 이스라엘 왕이 아님을 보고 쫓기를 그치고 돌이켰기 때문이다. 하나님께서 그를 불쌍히 여기셨고 위기에서 건져주셨다.

〔33-34절〕한 사람이 우연히 활을 당기어 이스라엘 왕의 갑옷 솔기를 쏜지라. 왕이 그 병거 모는 자에게 이르되 내가 부상하였으니 네 손을 돌이켜 나로 군중에서 나가게 하라 하였으나 이 날의 전쟁이 맹렬하였으므로 이스라엘 왕이 병거에서 스스로 부지하며[버티고 서서] 저녁때까지 아람 사람을 막다가 해가 질 즈음에 죽었더라.

하나님께서는 우연하게 보이는 일도 사용하신다. 사실, 하나님께는 우연이 없다. 왕이 그 병거 모는 자에게 말하였다. "내가 부상하였으니 네 손을 돌이켜 나로 군중에서 나가게 하라." 그러나 그 날의 전쟁이 맹렬하였으므로 이스라엘 왕이 병거에서 버티며 저녁때까지 아람 사람을 막다가 해가 질 즈음에 죽었다.

본장의 교훈을 정리해보자. 첫째로, 여호사밧은 경건했지만, 부요할 때 해이해져서 악한 우상숭배자 아합과 교제하며 사돈관계까지 맺었다. 그것은 유다 왕국의 부패에 근본적 요인이 되었다. 그는 길르앗 라못 전쟁에 참여했다가 죽을 뻔하였으나 그는 하나님의 긍휼로 구원을 얻었다. 우리는 불신자나 악한 자와 교제하지 말아야 한다. 그들은 우리가 전도해야 할 대상이지 우리와 친밀한 교제를 나눌 대상이 아니다. 성경은 "너희는 믿지 않는 자와 멍에를 같이하지 말라"고 말했다(고후 6:14). 우리는 잘못된 교제, 특히 불신자나 악한 자와의 교제를 피해야 한다.

둘째로, 우리는 참 선지자와 거짓 선지자를 분별해야 한다. 그것은 숫자로 판단할 수 없다. 예언의 형식도 비슷하다. 그러나 예언의 내용은 달랐다. 거짓 선지자는 좋은 말만 하지만, 참 선지자는 재앙을 선언하였다(렘 28:8-9). 예언의 내용은 그것을 듣는 대상에 따라 다르다. 악한 자들에게 좋은 말만 하는 자는 분명히 거짓 선지자이다. 이사야 30:10은 악한 회중은 바른 말보다 부드러운 말을 원하였다고 증거한다. 예레미야 6:14는, 거짓 선지자가 악한 백성에게 거짓된 평안을 선포하였다고 말한다. 디모데후서 4:4는 거짓 스승들이 허탄한 이야기를 한다고 말한다. 우리는 성경을 열심히 읽고 연구함으로써 바른 말을 분별해야 한다.

19장: 여호사밧을 책망하심

〔1-3절〕 유다 왕 여호사밧이 평안히 예루살렘에 돌아와서 그 궁으로 들어가니라. 하나니의 아들 선견자 예후가 나가서 여호사밧 왕을 맞아 가로되 왕이 악한 자를 돕고 여호와를 미워하는 자를 사랑하는 것이 가하니이까? 그러므로 여호와께로서 진노하심이 왕에게 임하리이다. 그러나 왕에게 선한 일도 있으니 이는 왕이 아세라 목상들을 이 땅에서 없이하고 마음을 오로지하여[정하여] 하나님을 찾음이니이다 하였더라.

유다 왕 여호사밧은 이스라엘 왕 아합과 함께 아람을 치다가 아합은 죽고 자신은 겨우 목숨을 구하여 평안히 예루살렘에 돌아와서 그 궁으로 들어갔다. 그가 죽지 않은 것은 하나님의 긍휼이었다. 그가 궁으로 들어갔을 때 하나니의 아들 선견자 예후가 나가서 여호사밧 왕을 맞아 그의 잘못을 책망했다. 여호사밧은 하나님만 경외하고 우상들을 없앤 경건한 왕이었으나, 우상숭배자 아합과 교제하는 잘못을 범했다. 그것이 그의 부족이며 하나님께서 진노하신 일이었다.

〔4-7절〕 여호사밧이 예루살렘에 거하더니 [다시](와야쇼브 וַיָּשָׁב)(KJV, NASB, NIV) 나가서 브엘세바에서부터 에브라임 산지까지 민간에 순행하며 저희를 그 열조의 하나님 여호와께로 돌아오게 하고 또 유다 온 나라 견고한 성에 재판관을 세우되 성마다 있게 하고 재판관에게 이르되 너희는 행하는 바를 삼가라. 너희의 재판하는 것이 사람을 위함이 아니요 여호와를 위함이니 너희가 재판할 때에 여호와께서 너희와 함께하실지라[함께하시느니라](KJV, NASB, NIV). 그런즉 너희는 여호와를 두려워하는 마음으로 삼가 행하라. 우리의 하나님 여호와께서는 불의함도 없으시고 편벽됨도 없으시고 뇌물을 받으심도 없으시니라.

여호사밧은 선지자 예후의 책망과 교훈을 달게 받았던 것 같다. 그는 위에 오른 지 제3년에도 방백들과 레위 사람들과 제사장들을 보내어 율법책을 가지고 유다의 여러 성읍들에 순행하며 백성을 가르치게 했었는데(대하 17: 7-9), 이번에는 자신이 직접 전국을 순행하며 백성들로 하여금 그 열조의 하나님 여호와께로 돌아오라고 교훈했던 것이다. 이 일은 참으로 잘한 일이었다. 그것은 그가 하나님의 선지자의 책망을 달게 받고 하나님의 은혜에 보답한 행동이었다고 본다.

그는 또 유다 온 나라의 견고한 성에 재판관을 세우되 성마다 있게 하였고 그들이 하나님을 두려워하는 마음을 가지고 조심하며 그 일을 행하고 하나님처럼 불의함이 없이, 편벽됨이 없이, 뇌물을 받지 말고 공의로운 재판을 할 것을 당부하였다.

〔8-11절〕 **여호사밧이 또 예루살렘에서 레위 사람**[들]**과 제사장**[들]**과 이스라엘 족장**[들] **중에서 사람을 세워 여호와께 속한 일**[여호와의 재판]**과 예루살렘 거민의**[그것들(그 송사들)이 예루살렘에 돌아왔을 때](KJV이 가장 가까움) **모든 송사를 재판하게 하고 저희에게 명하여 가로되 너희는 여호와를 경외하고 충의와 성심으로**[충성되이 또 전심으로](KJV, NASB, NIV) **이 일을 행하라. 무릇 어느 성읍에 거한 너희 형제가 혹 피를 흘림이나 혹 율법이나 계명이나 율례나 규례를 인하여 너희에게 와서 송사하거든 저희를 경계하여 여호와께 죄를 얻지 않게 하여 너희와 너희 형제에게 진노하심이 임하지 말게 하라. 너희가 이렇게 행하면 죄가 없으리라. 여호와께 속한 모든 일에는 대제사장 아마랴가 너희를 다스리고 왕에게 속한 모든 일은 유다 지파의 어른 이스마엘의 아들 스바댜가 다스리고 레위 사람들은 너희 앞에 관리가 되리라. 너희는 힘써 행하라**(키즈쿠 와아수 עֲשׂוּ וַחִזְקוּ)[담대히 행하라]. **여호와께서 선한 자와 함께하실지로다 하니라.**

여호사밧은 예루살렘에서도 레위 사람들과 제사장들과 이스라엘 족장들 중에서 사람을 세워 그 송사들이 예루살렘에 돌아왔을 때에 재판하게 했다고 보인다. 그것은 상급심 개념, 즉 지방법정에서 해결하지 못한 사건들을 중앙에서 처리한다는 뜻 같다(풀, 재미슨-포셋-브라운). 그는 또 재판관들과 관리들에게 하나님을 경외하고 충성되이 전심으로, 즉 하나님 앞에서 죄가 되지 않도록 맡은 일을 바르게 수행하고, 또 담대하게 행하라고 권면하였다. 또 그는 하나님께서 선한 자와 함께하실 것을 믿었다. 좋은 정치는 종교적, 도덕적 부흥과 함께 이루어질 것이다. 잠언 29:4는 "왕은 공의로 나라를 견고케 한다"고 말한다.

본장의 교훈을 정리해보자. 첫째로, 여호사밧이 우상숭배자인 아합과 교제하는 것은 분명히 악한 일이었다. 성경은 교제의 원리를 분명히 가르친다. 우상숭배는 사형에 해당하는 죄이었다. 그러므로 이스라엘 백성은 우상숭배자와 교제해서는 안 된다. 신명기 13장은 이단을 제거하고 이단를 퍼뜨리는 자는 형제나 자녀나 아내라 할지라도 그를 죽이라고 말했다. 신약성도인 우리도 악한 자와 교제하지 말아야 한다. 디도서 3:10, "이단에 속한 사람을 한두 번 훈계한 후에 멀리하라." 고린도후서 6:14, "너희는 믿지 않는 자와 멍에를 같이하지 말라." 불경건한 자는 전도의 대상이지 교제의 대상은 아니다. 자녀의 이성교제도 그러하다. 자녀가 믿음 안에서 참으로 복된 결혼을 하고 행복한 가정을 이루게 하려면, 그는 이방종교인이나 천주교인이나 자유주의 교인이나 신복음주의나 은사주의 교인까지도 조심해야 한다. 잘못된 교제는 그들의 신앙생활을 병들게 하고 그것은 부모된 자들에게도 행복이 되지 못한다.

둘째로, 여호사밧은 재판관들에게 하나님을 경외하며 충성됨과 온전한 마음으로 봉사하라고 권면했다. 나라의 직분이나 교회의 직분은 다 하나님과 사람을 섬기는 직분이다. 그러므로 교회 직분자는 하나님을 경외하고 그의 계명들을 성심으로 순종하는 자이어야 하고 사람 앞에서도 겸손한 마음으로 바르고 충성되게 봉사하는 자이어야 한다.

셋째로, 여호사밧은 공의를 세우기를 힘썼고 하나님께서 선한 자와 함께하심을 믿었다. 재판은 공의를 세우는 일이다. 법정에 공의가 있는 사회는 건전한 사회이다. 적어도 교회는 그래야 한다. 하나님의 뜻은 우리가 의와 선을 행하는 것이다. 사도 요한은 "이러므로 하나님의 자녀들과 마귀의 자녀들이 나타나나니 무릇 의를 행치 아니하는 자나 또는 그 형제를 사랑치 아니하는 자는 하나님께 속하지 아니하니라"고 말했다(요일 3:10). 모든 성도는 하나님을 경외하고 의와 선을 행해야 한다.

20장: 여호사밧이 모압, 암몬 연합군을 이김

〔1-4절〕그 후에 모압 자손과 암몬 자손이 몇 마온 사람과 함께(웨임마헴 메하암모님 חֵמֶהָעַמּוֹנִים [עַמֵּהֶם מֵהָעַמּוֹנִים])[그 암몬 사람들 외에 다른 어떤 사람들과(MT 원문, KJV) 와서 여호사밧을 치고자 한지라. 혹이 와서 여호사밧에게 고하여 가로되 큰 무리가 바다 저편 아람에서 왕을 치러 오는데 이제 하사손다말 곧 엔게디에 있나이다. 여호사밧이 두려워하여 여호와께로 낯을 향하여 간구하고 온 유다 백성에게 금식하라 공포하매 유다 사람이 여호와께 도우심을 구하려 하여 유다 모든 성읍에서 모여와서 여호와께 간구하더라.

하나님께서는 여호사밧 왕국에 또 한번의 시련을 주셨다. 여호사밧은 두려워하여 여호와께로 얼굴을 향하여 간구하고 온 유다 백성에게 금식하라고 공포하였다. 그는 결사적 기도인 금식 기도로 대처하였다. 유다 사람들은 왕의 뜻에 순종하여 여호와께 도우심을 구하려 하여 유다 모든 성읍에서 모여와서 여호와께 간구하였다.

〔5-13절〕여호사밧이 여호와의 전 새 뜰 앞에서 유다와 예루살렘의 회중 가운데 서서 가로되 우리 열조의 하나님 여호와여, 주는 하늘에서 하나님이 아니시니이까? 이방 사람의 모든 나라를 다스리지 아니하시나이까? 주의 손에 권세와 능력이 있사오니 능히 막을 사람이 없나이다. 우리 하나님이시여, 전에 이 땅 거민을 주의 백성 이스라엘 앞에서 쫓아내시고 그 땅으로 주의 벗 아브라함의 자손에게 영영히 주지 아니하셨나이까? 저희가 이 땅에 거하여 주의 이름을 위하여 한 성소를 건축하고 이르기를 만일 재앙이나 난리나 견책이나 온역이나 기근이 우리에게 임하면 주의 이름이 이 전에 있으니 우리가 이 전 앞과 주의 앞에 서서 이 환난 가운데서 주께 부르짖은즉 들으시고 구원하시리라 하였나이다. 옛적에 이스라엘이 애굽 땅에서 나올 때에 암몬 자손과 모압 자손과 세일산 사람을 침노하기를 주께서 용납하지 아니하시므로 이에 치우쳐 저희를 떠나고 멸하지 아니하였거늘 이제 저희가 우리에게 갚는 것을 보옵소서. 저희가 와서 주께서 우리에게 주신 주의 기업에서 우리를 쫓아내고자 하나이다. 우리 하나님이여, 저희를 징벌하지 아니하시나이까? 우리를 치러 오는 이 큰 무리를 우리가 대적할

능력이 없고 어떻게 할 줄도 알지 못하옵고 오직 주만 바라보나이다 하고 유다 모든 사람은 그 아내와 자녀와 어린 자로 더불어 여호와 앞에 섰더라.

여호사밧은 여호와 하나님께서 높은 하늘에 계셔서 세상의 열국들을 다스리시는 주권적 능력이 있음을 고백했다. 또 그는 하나님께서 가나안 땅을 아브라함의 자손들에게 주셨고 성전 앞에서의 기도에 응답을 약속하셨음을 말했다. 또 그는 "우리를 치러 오는 이 큰 무리를 우리가 대적할 능력이 없고 어떻게 할 줄도 알지 못하옵고 오직 주만 바라보나이다"라고 말하였다(12절).

〔14-19절〕여호와의 신이 회중 가운데서 레위 사람 야하시엘에게 임하셨으니 저는 아삽 자손 맛다냐의 현손이요 여이엘의 증손이요 브나야의 손자요 스가랴의 아들이더라. 야하시엘이 가로되 온 유다와 예루살렘 거민과 여호사밧 왕이여, 들을지어다. 여호와께서 너희에게 말씀하시기를 이 큰 무리로 인하여 두려워하거나 놀라지 말라. 이 전쟁이 너희에게 속한 것이 아니요 하나님께 속한 것이니라. 내일 너희는 마주 내려가라. 저희가 시스 고개로 말미암아 올라오리니 너희가 골짜기 어귀 여루엘 들 앞에서 만나려니와 이 전쟁에는 너희가 싸울 것이 없나니 항오를 이루고 서서 너희와 함께한 여호와가 구원하는 것을 보라. 유다와 예루살렘아 너희는 두려워하며 놀라지 말고 내일 저희를 마주 나가라. 여호와가 너희와 함께 하리라 하셨느니라 하매 여호사밧이 몸을 굽혀 얼굴을 땅에 대니 온 유다와 예루살렘 거민들도 여호와 앞에 엎드려 경배하고 그핫 자손과 고라 자손에게 속한 레위 사람들은 서서 심히 큰 소리로 이스라엘 하나님 여호와를 찬송하니라.

그때 여호와의 영께서는 회중 가운데서 레위 사람 야하시엘을 통해 그들에게 두려워하거나 놀라지 말라고 격려하시며 그가 함께하셔서 승리케 하실 것을 약속하셨다. 여호사밧은 몸을 굽혀 얼굴을 땅에 대었고 온 유다와 예루살렘 거민들도 여호와 앞에 엎드려 경배했고 레위 사람들은 큰 소리로 하나님 여호와를 찬송하였다.

〔20-23절〕이에 백성들이 일찍이 일어나서 드고아 들로 나가니라. 나갈 때에 여호사밧이 서서 가로되 유다와 예루살렘 거민들아, 내 말을 들을지어다. 너희는 너희 하나님 여호와를 신뢰하라. 그리하면 견고히 서리라. 그

선지자를 신뢰하라. 그리하면 형통하리라 하고 백성으로 더불어 의논하고
노래하는 자를 택하여 거룩한 예복을 입히고 군대 앞에서 행하며 여호와를
찬송하여 이르기를 여호와께 감사하세. 그 자비하심이 영원하도다 하게 하
였더니 그 노래와 찬송이 시작될 때에 여호와께서 복병을 두어 유다를 치러
온 암몬 자손과 모압과 세일산 사람을 치게 하시므로 저희가 패하였으니 곧
암몬과 모압 자손이 일어나 세일산 거민을 쳐서 진멸하고 세일 거민을 멸한
후에는 저희가 피차에 살육하였더라.

여호사밧은 어려울 때 하나님 앞에 엎드려 기도했고 하나님과 그
의 종 선지자를 신뢰했으며 유다 백성들에게도 그렇게 하라고 권면
했다. 또 그가 여호와를 찬송케 했을 때 주께서 복병을 두어 유다를
치러 온 암몬 자손과 모압과 세일산 사람들이 서로를 치게 하셨다.

〔24-30절〕유다 사람이 들 망대에 이르러 그 무리를 본즉 땅에 엎드러
진 시체뿐이요 하나도 피한 자가 없는지라. 여호사밧과 그 백성이 가서 적
군의 물건을 취할새 본즉 그 가운데에 재물과 의복과 보물이 많이 있는 고
로 각기 취하는데 그 물건이 너무 많아 능히 가져갈 수 없을 만큼 많으므로
사흘 동안에 취하고 제4일에 무리가 브라가[송축] 골짜기에 모여서 거기서
여호와를 송축한지라. 그러므로 오늘날까지 그곳을 브라가[송축] 골짜기라
일컫더라. 유다와 예루살렘 모든 사람이 여호사밧을 선두로 즐거이 예루살
렘으로 돌아왔으니 이는 여호와께서 저희로 그 적군을 이김을 인하여 즐거
워하게 하셨음이라. 무리가 비파와 수금과 나팔을 합주하고 예루살렘에 이
르러 여호와의 전에 나아가니라. 이방 모든 나라가 여호와께서 이스라엘의
적군을 치셨다 함을 듣고 하나님을 두려워한 고로 여호사밧의 나라가 태평
하였으니 이는 그 하나님이 사방에서 저희에게 평강을 주셨음이더라.

유다 사람들은 들 망대에 이르러 그 무리를 보았는데 땅에 엎드러
진 시체들뿐이었고 하나도 피한 자가 없었다. 여호사밧과 그 백성은
가서 적군의 물건을 취하였다. 무리는 브라가[송축] 골짜기에 모여서
여호와를 송축하였다. 이방의 모든 나라들이 이 소식을 듣고 하나님
을 두려워하였으므로 여호사밧의 나라는 평안하였다.

〔31-34절〕여호사밧이 유다 왕이 되어 위에 나아갈 때에 나이 35세라.

예루살렘에서 25년을 치리하니라. 그 모친의 이름은 아수바라. 실히의 딸이더라. 여호사밧이 그 부친 아사의 길로 행하여 돌이켜 떠나지 아니하고 여호와 보시기에 정직히 행하였으나 산당은 폐하지 아니하였으므로[아니하였으니] 백성이 오히려 마음을 정하여 그 열조의 하나님께로 돌아오지 아니하였더라[아니하였음이라]. 이 외에 여호사밧의 시종 행적이 하나니의 아들 예후의 글에 다 기록되었고 그 글은 이스라엘 열왕기에 올랐더라.

〔35-37절〕 유다 왕 여호사밧이 나중에 이스라엘 왕 아하시야와 교제하였는데 아하시야는 심히 악을 행하는 자이었더라. 두 왕이 서로 결합하고 배를 지어 다시스로 보내고자 하여 에시온게벨에서 배를 지었더니 마레사 사람 도다와후의 아들 엘리에셀이 여호사밧을 향하여 예언하여 가로되 왕이 아하시야와 교제하는 고로 여호와께서 왕의 지은 것을 파하시리라 하더니 이에 그 배가 파상하여 다시스로 가지 못하였더라.

여호사밧은 나중에 심히 악한 이스라엘 왕 아하시야와 교제했는데 하나님께서는 그 잘못된 교제를 징벌하셔서 배가 부서지게 하셨다.

본장의 교훈을 정리해보자. 첫째로, 여호사밧은 국가적 고난을 당했을 때 하나님께 간구하고 또 유다 백성에게 금식을 공포하면서 기도를 독려하였다. 그는 기도로 그 고난을 잘 극복하였다. 우리는 고난 중에 하나님만 바라고 하나님께 기도하거나 금식 기도하고 하나님의 말씀을 묵상하며 하나님을 굳게 믿고 의지하고 의탁하며 소망해야 한다.

둘째로, 하나님께서는 여호사밧과 유다 백성의 금식 기도 즉 그들의 결사적인 간절한 기도를 들어주셨다. 그는 그 전쟁에서 그들이 승리할 것을 레위 사람 야하시엘을 통해 선포해주셨다. 그것은 그들의 기도에 대한 하나님의 응답이었다. 과연 여호사밧과 유다는 큰 승리를 얻었다.

셋째로, 여호사밧은 경건하고 선한 왕이었지만, 교제에 있어서 연약함이 있었다. 그는 전에 악한 우상숭배자 아합과 교제함으로 죽을 뻔했고 하나님의 책망을 들었는데, 아합이 죽은 후에도 그의 아들 아하시야와 교제했다. 사람은 마음이 약해서 특히 교제에 있어서 지혜롭게 행하지 못하는 것 같다. 그러나 우리는 악한 자들과 교제하지 말아야 한다.

21장: 여호람

〔1-7절〕여호사밧이 그 열조와 함께 자매 그 열조와 함께 다윗성에 장사되고 그 아들 여호람이 대신하여 왕이 되니라. 여호사밧의 아들 여호람의 아우 아사랴와 여히엘과 스가랴와 아사랴와 미가엘과 스바댜는 다 유다 왕[이스라엘 왕](원문, 영어성경) 여호사밧의 아들[들]이라. 그 부친이 저희에게는 은금과 보물과 유다 견고한 성읍들을 선물로 후히 주었고 여호람은 장자인 고로 왕위를 주었더니 여호람이 그 부친의 위에 올라 세력을 얻은 후에 그 모든 아우와 이스라엘 방백 중 몇 사람을 칼로 죽였더라. 여호람이 위(位)에 나아갈 때에 나이 32세라. 예루살렘에서 8년을 치리하니라. 저가 이스라엘 왕들의 길로 행하여 아합의 집과 같이 하였으니 이는 아합의 딸이 그 아내가 되었음이라. 저가 여호와 보시기에 악을 행하였으나 여호와께서 다윗의 집을 멸하기를 즐겨하지 아니하셨음은 이전에 다윗으로 더불어 언약을 세우시고 또 다윗과 그 자손에게 항상 등불을 주겠다고 허하셨음이더라.

여호람은 자기의 모든 아우들을 죽이는 큰 악을 범했다. 또 그가 이스라엘 왕들의 길로 행하여 아합의 집과 같이 행한 것은 아합의 딸이 그 아내가 되었기 때문이다. 이것은 그 부친 여호사밧의 잘못된 교제의 결과이었다. 잘못된 교제는 유다 왕국의 종교적 부패의 원인이었고 또 결국 유다 왕국의 멸망의 원인이 되었다. 첫 사람 아담이 하와가 주는 선악을 아는 나무 열매를 받아먹었듯이, 남편은 불경건한 아내의 영향을 받기 쉽다. 그러나 그가 비록 여호와 보시기에 악을 행하였지만 여호와께서는 다윗의 집을 멸하시고 등불을 끄시기를 즐겨하지 아니하셨다. 등불은 기쁨과 행복을 상징한다.

〔8-10절〕여호람 때에 에돔이 배반하여 유다의 수하에서 벗어나 자기 위에 왕을 세운 고로 여호람이 장관들과 모든 병거를 거느리고 출정하였더니 밤에 일어나서 자기를 에워싼 에돔 사람과 그 병거의 장관들을 쳤더라[자기와 자기 병거의 장관들을 에워싼 에돔 사람들을 쳤더라](원문, NASB, NIV). 이와 같이 에돔이 배반하여 유다의 수하에서 벗어났더니 오늘날까지

그러하였으며 그때에 립나도 배반하여 여호람의 수하에서 벗어났으니 이는 저가 그 열조의 하나님 여호와를 버렸음이더라.

여호람이 악을 행하자 하나님께서는 그의 왕국에 어려움을 주셨다. 여호람 때에 에돔이 배반하여 유다의 수하에서 벗어나 자기 위에 왕을 세웠다. 또 그때 립나도 배반하여 여호람의 수하에서 벗어났는데, 그것은 여호람이 그 열조의 하나님 여호와를 버렸기 때문이었다.

〔11-15절〕여호람이 또 유다 여러 산에 산당을 세워 예루살렘 거민으로 음란하듯 우상을 섬기게 하고[예루살렘 거민으로 음행하게 하며](원문, 영어 성경들) 또 유다를 미혹케 하였으므로 선지자 엘리야가 여호람에게 글을 보내어 가로되 왕의 조상 다윗의 하나님 여호와의 말씀이 네가 네 아비 여호사밧의 길과 유다 왕 아사의 길로 행치 아니하고 오직 이스라엘 열왕의 길로 행하여 유다와 예루살렘 거민으로 음란하듯 우상을 섬기게 하기를[음란을 행하게 하기를](원문, 영어성경들) 아합의 집과 같이 하며 또 너의 아비 집에서 너보다 선한 아우들을 죽였으니 여호와가 네 백성과 네 자녀와 네 아내들과 네 모든 재물을 큰 재앙으로 치리라. 또 너는 창자에 중병이 들고 그 병이 날로 중하여 창자가 빠져나오리라 하셨다 하였더라.

여호람은 유다 여러 산에 산당을 세워 예루살렘 거민으로 음행하게 했다. '음행하게 한다' '음란을 행하게 한다'는 말은 영육에 다 적용된다. 육신적으로 음란하다는 뜻도 되고 영적으로 우상숭배를 한다는 뜻도 된다. 우상숭배는 영적 음행이다. 선지자 엘리야는 여호람의 죄, 특히 그의 우상숭배와 살인의 죄를 지적하였고 그와 그의 왕국에 큰 재앙과 그 자신에게 중한 병이 있을 것을 선언하였다.

〔16-17절〕여호와께서 블레셋 사람과 구스에서 가까운 아라비아 사람의 마음을 격동시키사 여호람을 치게 하셨으므로 그 무리가 올라와서 유다를 침노하여 왕궁의 모든 재물과 그 아들들과 아내들을 탈취하였으므로 말째 아들 여호아하스 외에는 한 아들도 남지 아니하였더라.

엘리야의 선언대로, 하나님의 큰 재앙이 여호람에게 임하였다.

〔18-20절〕이 모든 일 후에 여호와께서 여호람을 치사 능히 고치지 못

할 병이 그 창자에 들게 하셨으므로 여러 날 후 2년 만에 그 창자가 그 병으로 인하여 빠져나오매 저가 그 심한 병으로 죽으니 백성이 그 열조에게 분향하던 것같이 저에게 분향하지 아니하였으며 여호람이 32세에 즉위하고 예루살렘에서 8년을 치리하다가 아끼는 자 없이 세상을 떠났으며 무리가 저를 다윗성에 장사하였으나 열왕의 묘실에는 두지 아니하였더라.

여호와께서는 선지자의 선언대로 여호람에게 고칠 수 없는 병이 그 창자에 들게 하셨고 그는 2년 만에 창자가 빠져나오므로 죽었다.

본장의 교훈을 정리해보자. 첫째로, 여호람은 실패한 왕이었다. 그는 악한 왕이었다. 그는 여섯 명의 아우를 죽였고 백성들에게 음행과 우상숭배를 조장했다. 그는 블레셋과 아라비아 사람들의 침략으로 큰 해를 당했고 창자에 고치지 못할 병이 들어 2년 만에 아끼는 자 없이 죽었다. 우리에게는 다윗같이 의와 공평으로 나라를 다스려 평안을 누리게 할 왕이 필요하다. 우리 주 예수 그리스도께서는 바로 그런 왕이시다.

둘째로, 여호람의 실패의 원인은 잘못된 교제에 있었다. 6절, "저가 이스라엘 왕들의 길로 행하여 아합의 집과 같이 하였으니 이는 아합의 딸이 그 아내가 되었음이라." 그것은 그 부친 여호사밧의 잘못된 교제의 결과이었다. 우리는 잘못된 교제를 조심해야 한다. 잠언 13:20, "지혜로운 자와 동행하면 지혜를 얻고 미련한 자와 사귀면 해를 받느니라." 고린도전서 15:33, "속지 말라. 악한 동무들은 선한 행실을 더럽히나니."

셋째로, 평안은 의에서 온다. 여호람은 악행 때문에 평안을 잃어버렸다. 그의 살인과 악행은 나라의 쇠약을 가져왔다. 에돔과 립나는 배반하여 유다의 수하에서 벗어났다. 그의 우상숭배와 음행 때문에 그는 블레셋과 아라비아인들의 침략으로 모든 재물과 그의 아들들과 아내들을 빼앗겼다. 또 그는 고칠 수 없는 중병이 들어 2년 만에 창자가 빠져나와 그 병으로 죽었다. 평안은 의에서 오고, 불행은 죄에서 온다. 잠언 12:21, "의인에게는 아무 재앙도 임하지 않으려니와 악인에게는 앙화가 가득하리라." 우리는 의를 행함으로 평안을 누리는 자가 되어야 한다.

22장: 아하시야

〔1-6절〕 예루살렘 거민이 여호람의 말째 아들 아하시야로 위(位)[왕위]를 이어 왕을 삼았으니 이는 전에 아라비아 사람과 함께 와서 영을 치던 부대가 그의 모든 형을 죽였음이라. 그러므로 유다 왕 여호람의 아들 아하시야가 왕이 되었더라. 아하시야가 왕이 될 때에 나이 42세[22세]18)라. 예루살렘에서 1년을 치리하니라. 그 모친의 이름은 아달랴라. 오므리의 손녀더라. 아하시야도 아합의 집 길로 행하였으니 이는 그 모친이 꾀어 악을 행하게 하였음이라. 그 부친이 죽은 후에 저가 패망케 하는 아합의 집 교도[조언]를 좇아 여호와 보시기에 아합의 집같이 악을 행하였더라. 아하시야가 아합의 집 교도[조언]를 좇고 이스라엘 왕 아합의 아들 요람과 함께 길르앗 라못으로 가서 아람 왕 하사엘로 더불어 싸우더니 아람 사람들이 요람을 상하게 한지라. 요람이 아람 왕 하사엘과 싸울 때에 라마에서 맞아 상한 것을 치료하려 하여 이스르엘로 돌아왔더라. 아합의 아들 요람이 병이 있으므로 유다 왕 여호람의 아들 아사랴가 이스르엘에 내려가서 방문하였더라.

하나님께서는 여호람의 악에 대해 철저하게 보응하셨고 말째 아들 아하시야가 유다 왕이 되었다. 그의 모친은 아달랴이었고 오므리의 손녀, 즉 아합의 딸이었다. 아하시야도 아합의 집 길로 행했는데, 그의 모친이 그의 조언자가 되어 악을 행하게 했기 때문이었다. 그는 아합의 집이 그의 조언자가 되어 아합 집같이 여호와 보시기에 악을 행하였다. 아하시야의 실패는 특히 그의 조언자와 그 조언에 기인하

---

18) 42세는 열왕기하 8:26대로 22세라고 수정해야 할 것이다(NASB, NIV). 역대하 21:20은 여호람이 32세에 즉위하여 8년간 다스렸다고 증거하므로 그가 죽을 때 나이가 40세이었기 때문에, 그의 말째 아들 아하시야는 42세에 왕위에 오를 수 없다. 이것은 성경사본을 필사하는 자의 오류이었을 것이다. 만일 20이라는 히브리어(에스림 עֶשְׂרִים)가 원본에 히브리어 카프(כ)라는 말로 표기되었고, 40이라는 히브리어(아르바임 אַרְבָּעִים)가 멤(מ)이라는 말로 표기되었다면, 필사자가 그 두 글자를 착각하기 쉬웠을 것이다.

였다. 그는 불경건한 우상숭배자 모친의 조언 때문에 악을 행하는 자가 되었다. 불경건하고 악한 조언은 우리로 악을 행하게 만들며 경건하고 선한 조언은 우리로 선을 행하게 만든다. 또 악을 행하는 자는 결국 멸망한다. 아합 집의 조언은 멸망케 하는 것이었다. 아하시야는 아합의 집 조언을 좇았고 그의 부친 여호람처럼 그의 외가와 친근히 지냈고 그것이 그의 부패와 멸망의 원인이 되었다.

〔7-9절〕 아하시야가 요람에게 가므로 해(테부사 תְּבוּסָה)[멸망]를 받았으니 이는 하나님께로 말미암은 것이라. 아하시야가 갔다가 요람과 함께 나가서 임시의 아들 예후를 맞았으니 그는 여호와께서 기름을 부으시고 아합의 집을 멸하게 하신 자더라. 예후가 아합의 집을 징벌할 때에 유다 방백들과 아하시야의 형제의 아들들 곧 아하시야를 섬기는 자들을 만나서 죽였고 아하시야는 사마리아에 숨었더니 예후가 찾으매 무리가 예후에게로 잡아다가 죽이고 이르기를 저는 전심으로 여호와를 구하던 여호사밧의 아들이라 하고 장사하였더라. 이에 아하시야의 집이 약하여 왕위를 지키지 못하게 되니라.

아하시야가 요람에게 가므로 해를 당하고 죽게 된 것은 하나님의 하신 일이었다. 예후는 그를 죽였고 사람들은 그의 조부 여호사밧이 하나님을 전심으로 구한 자임을 알았으므로 최소한의 예우를 갖추어 그를 무덤에 장사하였다. 이와 같이, 아하시야의 집이 약하여 왕위를 지키지 못하게 되었다. 그것은 다 하나님의 징벌이었다.

〔10-12절〕 아하시야의 모친 아달랴가 그 아들의 죽은 것을 보고 일어나 유다 집의 왕의 씨를 진멸하였으나 왕의 딸 여호사브앗이 아하시야의 아들 요아스를 왕자들의 죽임을 당하는 중에서 도적하여 내고 저와 그 유모를 침실에 숨겨 아달랴를 피하게 한 고로 아달랴가 저를 죽이지 못하였더라. 여호사브앗은 여호람 왕의 딸이요 아하시야의 누이요 제사장 여호야다의 아내더라. 요아스가 저희와 함께 하나님의 전에 6년을 숨어 있는 동안에 아달랴가 나라를 다스렸더라.

아하시야의 모친 아달랴는 정권에 대한 욕심을 가진 여자이었던 것 같다. 하나님을 경외치 않고 우상을 섬겼던 그는 살인도 서슴치 않았다. 우상숭배와 부도덕은 같이간다. 그러나 왕의 딸 여호사브앗이 아하시야의 아들 요아스를 왕자들의 죽임을 당하는 중에서 훔쳐내었고 그와 그 유모를 자기 침실에 숨겨 아달랴를 피하게 하였다. 그것은 유다 나라와 다윗의 자손에 대한 하나님의 약속에 관한 지식과 믿음을 가지지 않고서는 할 수 없는 헌신적 행동이었다. 그래서 다윗의 씨를 말살하려는 아달랴의 행위가 실패했다. 여호사브앗은 여호람 왕의 딸이며 아하시야의 누이이었고 제사장 여호야다의 아내이었다. 그들 부부는 경건했다. 요아스가 그들과 함께 하나님의 전에 6년을 숨어 있는 동안에, 아달랴가 나라를 다스렸다. 하나님께서는 긍휼 가운데서 유다 나라에 다윗의 씨를 남겨두셨다.

본장의 교훈을 정리해보자. 첫째로, 아하시야는 악을 행했고 마침내 멸망을 당했다. 아하시야가 요람에게 감으로 멸망한 것은 하나님께로 말미암은 것이었다. 그는 어처구니없는 죽음을 당하였다. 악한 자들은 반드시 망한다. 하나님께서는 살아계신다. 우리는 악을 멀리해야 한다. 둘째로, 아하시야는 그 모친과 아합의 집 곧 불경건한 친척들의 잘못된 조언을 받았기 때문에 악한 길로 갔다(3-5절). 복 있는 자는 악인의 꾀를 따르지 않는다(시 1:1). 악한 조언을 따르는 것은 실패하고 멸망하는 길이다. 성경 진리와 교훈에 일치하는 바른 조언이 중요하다. 우리는 항상 성경말씀에 일치하는 바른 조언을 구하고 받아야 하고, 또 서로에게도 성경말씀에 일치하는 바른 조언을 주는 자가 되어야 한다. 셋째로, 악한 아달랴가 유다 집의 왕의 씨를 다 죽이려 했지만, 하나님께서는 다윗의 씨를 남겨두셨다. 그는 경건한 여호사브앗을 사용하셔서 그의 일을 이루셨다. 하나님의 작정과 섭리는 실패하지 않고 다 이루어진다. 개인의 구원의 일도, 전도도, 참된 교회의 건립도 그러하다. 우리는 하나님의 작정과 섭리가 실패치 않고 다 이루어짐을 믿어야 하고 오직 여호사브앗같이 하나님께 쓰임받는 자가 되어야 한다.

23장: 요아스가 왕이 됨

〔1-7절〕 제7년에 여호야다가 세력을 내어 백부장 곧 여로함의 아들 아사랴와 여호하난의 아들 이스마엘과 오벳의 아들 아사랴와 아다야의 아들 마아세야와 시그리의 아들 엘리사밧 등으로 더불어 언약을 세우매 저희가 유다로 두루 다니며 유다 모든 고을로서[고을로부터] 레위 사람과 이스라엘 족장들을 모아 예루살렘에 이른지라. 온 회중이 하나님의 전에서 왕과 언약을 세우매 여호야다가 무리에게 이르되 여호와께서 다윗의 자손에게 대하여 말씀하신 대로 왕자가 즉위하여야[다스려야] 할지니 이제 너희는 이와 같이 행하라. 너희 제사장과 레위 사람 곧 안식일에 입번한[일할] 자의 3분 1은 문을 지키고 3분 1은 왕궁에 있고 3분 1은 기초문에 있고 백성들은 여호와의 전 뜰에 있을지라. 제사장과 수종드는 레위 사람은 거룩한즉 여호와의 전에 들어오려니와 그 외의 다른 사람은 들어오지 못할 것이니 모든 백성은 여호와의 명하신 바를 지킬지며 레위 사람은 각각 손에 병기를 잡고 왕을 호위하며 다른 사람이 전에 들어오거든 죽이고 왕의 출입할 때에 시위할지니라.

비록 악한 여자 아달랴가 6년간 통치했고 의인들은 고통하고 악은 이긴 것 같았으나, 하나님께서는 경건한 제사장 여호야다를 사용하셨고 그를 통해 다윗의 자손 요아스를 성전에서 은밀히 기르게 하셨다. 여호야다가 언약을 세운 백부장들은 유다로 두루 다니며 유다 모든 마을로부터 레위 사람과 이스라엘 족장들을 모아 예루살렘에 이르렀다. 온 회중이 하나님의 전에서 왕과 언약을 세웠다.

여호야다는 하나님의 말씀을 믿었고 그 말씀이 그대로 이루어지기를 소원하였다. 그는 자신의 목숨을 내어놓고 하나님의 뜻을 이루려 하였다. 6년간 왕자를 성전에 숨기며 기른 것도 그렇지만, 이제 그를 왕위에 세운다는 계획도 그러했다. 그는 귀한 헌신과 충성을 하나님께 바쳤다. 그는 왕을 세우기 위해 성심으로 준비하였다.

〔8-11절〕 레위 사람과 유다 무리가 제사장 여호야다의 모든 명한 바를 준행하여 각기 수하의 안식일에 입번할[일할] 자와 안식일에 출번할[일 마

친] 자를 거느리고 있으니 이는 제사장 여호야다가 출번하는[일 마친] 자를 보내지 아니함이더라. 제사장 여호야다가 하나님의 전 안에 있는 다윗 왕의 창과 큰 방패와 작은 방패를 백부장들에게 주고 또 백성들로 각각 손에 병기를 잡고 왕을 호위하되 전 우편에서부터 전 좌편까지 단과 전 곁에 서게 하고 무리가 왕자를 인도하여 내어 면류관을 씌우며 율법책[증거의 말씀]을 주고 세워 왕을 삼을새 여호야다와 그 아들들이 저에게 기름을 붓고 모두 왕의 만세를 부르니라.

여호야다와 그 아들들은 요아스에게 기름을 붓고 모두 왕의 만세를 불렀다. 왕에게 율법책을 준 것은 신명기 17장에 명령된 바이었다. 그것은 왕이 자신의 주관적 생각과 판단으로나 백성의 여론을 따라 통치하지 말고 하나님의 말씀대로 통치하라는 뜻이 있다. 왕이 하나님의 말씀을 가까이 두고 주야로 읽고 묵상하면 온전한 믿음의 인격자가 되고 또 하나님의 선한 일에 쓰임을 받게 될 것이다.

[12-15절] 아달랴가 백성들이 분주하며 왕을 찬송[칭송]하는 소리를 듣고 여호와의 전에 들어가서 백성에게 이르러 보매 왕이 전 문기둥 곁에 섰고 장관들과 나팔수가 왕의 곁에 모셨으며 국민들이 즐거워하여 나팔을 불며 노래하는 자는 주악하며 찬송을 인도하는지라. 이에 아달랴가 옷을 찢으며 외치되 반역이로다, 반역이로다 하매 제사장 여호야다가 군대를 거느린 백부장들을 불러내어 명하여 가로되 반렬 밖으로 몰아내라. 무릇 저를 따르는 자는 칼로 죽이라 하니 제사장의 이 말은 여호와의 전에서는 저를 죽이지 말라 함이라. 이에 무리가 길을 열어 주고[그를 잡았고](원문, KJV, NASB) 저가 왕궁 마문(馬門) 어귀에 이를 때에 거기서 죽였더라.

무리는 아달랴를 잡아 왕궁 마문(馬門) 어귀에 이를 때 그를 죽였다. 아달랴의 생은 이렇게 마쳤다. 악인의 마지막은 비참하다.

[16-21절] 여호야다가 자기와 뭇 백성과 왕의 사이에 언약을 세워 여호와의 백성이 되리라 한지라. 온 국민이 바알의 당으로 가서 그 당을 훼파하고 그 단들과 우상들을 깨뜨리고 그 단 앞에서 바알의 제사장 맛단을 죽이니라. 여호야다가 여호와의 전의 직원을 세워 제사장 레위 사람의 수하에 맡기니 이들은 다윗이 전에 그 반차[반(班)]를 나누어서 여호와의 전에서 모

세의 율법에 기록한 대로 여호와께 번제를 드리며 자기의 정한 규례대로 즐거이 부르고 노래하게 하였던 자더라. 또 문지기를 여호와의 전 여러 문에 두어 무릇 아무 일에든지 부정한 자는 들어오지 못하게 하고 백부장들과 존귀한 자들과 백성의 방백들과 온 국민을 거느리고 왕을 인도하여 여호와의 전에서 내려와서 윗문으로 좇아 왕궁에 이르러 왕을 나라 보좌에 앉히매 온 국민이 즐거워하고 성중이 평온하더라. 아달랴를 무리가 칼로 죽였었더라.

여호야다는 자기와 뭇 백성과 왕의 사이에 언약을 세워 여호와의 백성이 되게 하였다. 그는 인간적 욕심을 갖지 않았고 오직 하나님의 뜻만 이루려 했다. 이제 백성은 하나님의 말씀대로 행하기를 원했다. 온 백성은 바알의 당으로 가서 그 당을 훼파하고 그 단들과 우상들을 깨뜨리고 그 단 앞에서 바알의 제사장 맛단을 죽였다. 또 여호야다는 여호와의 전에 직원들을 세워 제사장 레위 사람의 수하에 맡겼다. 또 그는 백부장들과 존귀한 자들과 백성의 방백들과 온 국민을 거느리고 왕을 인도하여 왕궁에 이르게 하고 왕을 보좌에 앉혔다. 온 백성이 즐거워하고 성안이 평온했다. 잠언 11:10, "의인이 형통하면 성읍이 즐거워하고 악인이 패망하면 기뻐 외치느니라."

본장의 교훈을 정리해보자. 첫째로, 악한 여자 아달랴가 통치한 6년 동안의 어두운 시대에도 하나님의 뜻과 섭리는 실패치 않고 이루어지고 있었다. 우리는 어두운 시대에도 하나님의 뜻과 섭리가 실패치 않고 다 이루어진다는 지식과 믿음을 가지고 낙심치 말고 살아야 한다.

둘째로, 여호야다는 하나님의 뜻에 온전히 순종하고 자기의 목숨의 위험을 무릅쓰고 용기 있게 충성했다. 우리도 여호야다같이 하나님의 일을 위하여 하나님의 은혜로 힘과 용기를 가지고 자기의 목숨의 위험을 무릅쓰고 하나님께 온전하게 헌신하고 순종하고 충성해야 한다.

셋째로, 아달랴는 하나님을 경외함이 없었고 순전히 세상적 권세와 자기의 물질적 이익만 구하였으나 그 여자의 마지막은 비참한 죽음이었다. 우리는 허무하고 악한 아달랴 같은 자가 되지 말아야 한다.

24장: 요아스가 하나님을 버림

〔1-3절〕 요아스가 위에 나아갈 때에 나이 7세라. 예루살렘에서 40년을 치리하니라. 그 모친의 이름은 시비아라. 브엘세바 사람이더라. 제사장 여호야다가 세상에 사는 모든 날에 요아스가 여호와 보시기에 정직히 행하였으며 여호야다가 왕으로 두 아내에게 장가들게 하였더니 자녀를 낳았더라.

요아스는 왕위에 나아갈 때에 나이 7세이었고 예루살렘에서 40년을 치리했다. 그는 제사장 여호야다가 세상에 사는 모든 날에 여호와 보시기에 정직히 행했다. 그가 왕위에 있었던 40년 중에 여호야다의 바른 지도를 받은 동안 유다 나라는 하나님의 은혜로 평안하였다.

〔4-14절〕 그 후에 요아스가 여호와의 전을 중수[수리]할 뜻을 두고 제사장과 레위 사람을 모으고 저희에게 이르되 너희는 유다 여러 성읍에 가서 이스라엘 무리에게 해마다 너희 하나님의 전을 수리할 돈을 거두되 그 일을 빨리 하라 하였으나 레위 사람이 빨리 하지 아니한지라. 왕이 대제사장 여호야다를 불러 이르되 네가 어찌하여 레위 사람을 시켜서 여호와의 종 모세와 이스라엘의 회중이 법막을 위하여 정한 세를 유다와 예루살렘에서 거두게 하지 아니하였느냐 하니 이는 그 악한 여인 아달랴의 아들들이 하나님의 전을 깨뜨리고 또 여호와의 전의 모든 성물을 바알들에게 드렸음이었더라. 이에 왕이 명하여 한 궤를 만들어 여호와의 전 문밖에 두게 하고 유다와 예루살렘에 반포하여 하나님의 종 모세가 광야에서 이스라엘에게 정한 세를 여호와께 드리라 하였더니 모든 방백과 백성들이 기뻐하여 마치기까지 돈을 가져다가 궤에 던진지라. 언제든지 레위 사람들이 궤를 메고 왕의 유사에게 가서 돈이 많은 것을 보면 왕의 서기관과 대제사장에게 속한 아전이 와서 그 궤를 쏟고 다시 그 처소에 갖다 두었더라. 때때로 이렇게 하여 돈을 많이 거두매 왕과 여호야다가 그 돈을 여호와의 전 간역자에게 주어 석수와 목수를 고용하여 여호와의 전을 중수하며 또 철공장과 놋[청동]공장을 고용하여 여호와의 전을 수리하게 하였더니 공장들이 맡아서 수리하는 역사가 점점 진취되므로 하나님의 전을 이전 모양대로 견고케 하니라. 필역한 후에 그 남은 돈을 왕과 여호야다의 앞으로 가져온 고로 그것으로 여호와의 전에 쓸 그릇을

만들었으니 곧 섬겨 제사 드리는 그릇이며 또 숟가락과 금, 은그릇들이라. 여호야다가 세상에 사는 모든 날에 여호와의 전에 항상 번제를 드렸더라.

요아스는 여호와의 전을 수리할 뜻을 두고 제사장들과 레위 사람들에게 지시하였으나 레위 사람들이 그 일을 빨리 하지 않았다. 왕은 대제사장 여호야다를 불러 한 궤를 만들어 여호와의 전 문밖에 두게 하고 유다와 예루살렘에 공포하여 모세가 정한 세[성전세]를 내게 하였다. 그 궤에 돈이 차면 왕과 여호야다는 그 돈을 석수와 목수나 철과 청동 기술자를 고용하여 성전을 수리하게 했다. 일을 다 마친 후 그 남은 돈으로는 여호와의 전에 쓸 그릇을 만들었다. 또 왕과 백성들은 하나님의 은혜와 여호야다의 영향 속에 항상 번제를 드렸다.

〔15-16절〕 **여호야다가 나이 많고 늙어서 죽으니 죽을 때에 130세라. 무리가 다윗성 열왕의 묘실 중에 장사하였으니 이는 저가 이스라엘과[이스라엘 가운데서] 하나님과 그 전에 대하여 선을 행하였음이더라.**

여호야다가 130세에 죽었을 때 사람들은 그를 다윗성 열왕의 묘실 중에 장사하였다. 그것은 그가 이스라엘 가운데서 하나님을 향하여 뿐 아니라, 그 전을 향하여 선을 행하였기 때문이었다.

〔17-22절〕 **여호야다가 죽은 후에 유다 방백들이 와서 왕에게 절하매 왕이 그의[그들의] 말을 듣고 그 열조의 하나님 여호와의 전을 버리고 아세라 목상과 우상을 섬긴 고로 이 죄로 인하여 진노가 유다와 예루살렘에 임하니라. 그러나 여호와께서 선지자[선지자들](원문)를 저에게[그들에게](원문) 보내사 다시 자기에게로 돌아오게 하려 하시매 선지자들이 저에게[그들에게](원문) 경계하나 듣지 아니하니라. 이에 하나님의 신이 제사장 여호야다의 아들 스가랴를 감동시키시매 저가 백성 앞에 높이 서서 저희에게 이르되 여호와께서 말씀하시기를 너희가 어찌하여 여호와의 명령을 거역하여 스스로 형통치 못하게 하느냐 하셨나니 너희가 여호와를 버린 고로 여호와께서도 너희를 버리셨느니라 하나 무리가 함께 꾀하고 왕의 명을 좇아 여호와의 전 뜰안에서 돌로 쳐 죽였더라. 요아스 왕이 이와 같이 스가랴의 아비 여호야다의 베푼 은혜를 생각지 아니하고 그 아들을 죽이니 저가 죽을 때에 이르되 여호와는 감찰하시고 신원하여[원통함을 풀어] 주옵소서 하니라.**

여호야다가 죽은 후, 왕은 유다 방백들의 말을 듣고 그 열조의 하나님 여호와의 전을 버리고 아세라 목상과 우상을 섬겼고 유다 사람들이 그 뒤를 따랐고, 그 죄로 인하여 진노가 유다와 예루살렘에 임하였다. 그때 하나님의 영이 제사장 여호야다의 아들 스가랴를 감동시키셨다. 그는 백성 앞에 높이 서서 그들을 향한 하나님의 심판을 선언하였다. 그러나 사람들은 함께 꾀하고 왕의 명을 좇아 여호와의 전 뜰 안에서 그를 돌로 쳐죽였다. 지도자가 잘못할 때 나라는 급속히 타락하였다. 요아스는 스가랴의 아버지 여호야다의 베푼 은혜를 생각지 아니하고 그 아들을 죽였다. 심히 배은망덕한 일이었다.

〔23-27절〕 **1주년 후에 아람 군대가 요아스를 치려 하여 올라와서 유다와 예루살렘에 이르러 백성 중에서 그 모든 방백을 멸절하고 노략한 물건을 다메섹 왕에게로 보내니라. 아람 군대가 적은 무리로 왔으나 여호와께서 심히 큰 군대를 그 손에 붙이셨으니 이는 유다 사람이 그 열조의 하나님 여호와를 버렸음이라. 이와 같이 아람 사람이 요아스를 징벌하였더라. 요아스가 크게 상하매 적군이 버리고 간 후에 그 신복들이 제사장 여호야다의 아들들의 피로 인하여 모반하여 그 침상에서 쳐죽인지라. 다윗 성에 장사하였으나 열왕의 묘실에는 장사하지 아니하였더라. 모반한 자는 암몬 여인 시므앗의 아들 사밧과 모압 여인 시므릿의 아들 여호사밧이더라. 요아스의 아들들의 사적과 요아스의 중대한 경책을 받은 것과 하나님의 전 중수한 사적은 다 열왕기 주석에 기록되니라. 그 아들 아마샤가 대신하여 왕이 되니라.**

아람 군대의 침공은 하나님의 징벌이었다. 그 전쟁에서 요아스가 크게 부상하자 적군들이 그를 버리고 간 후 그 신복들은 제사장 여호야다의 아들들의 피로 인하여 모반하여 그 침상에서 그를 쳐죽였다. 아달랴가 왕자들을 죽이던 때도 하나님께서 그를 지켜주셨으나, 그가 악을 행했을 때는 왕의 침실에서 죽임을 당했다. 사람들은 그를 다윗 성에 장사하였으나 열왕의 묘실에는 장사하지 않았다.

본장의 교훈을 정리해보자. 첫째로, 어린 요아스는 제사장 여호야다의 지도 아래서는 하나님 보시기에 정직히 행했지만, 여호야다가 죽은 후에는 불경건한 방백들의 조언을 받아들여 심히 곁길로 갔다. 사람은 하나님의 은혜 안에서 경건하고 바른 교훈을 계속 받지 않고서는 육신의 죄성과 세상의 악의 풍조와 마귀의 시험에 넘어지기 쉽고 하나님의 명하신 의와 선을 행할 수 없다. 사람은 참으로 부패되었고 무능력해진 연약한 존재이다. 성경은 만물보다 거짓되고 심히 부패한 것이 사람의 마음이며(렘 17:9) 구스인이 그 피부를, 표범이 그 반점을 변할 수 없듯이, 악에 익숙한 인생이 선을 행할 수 없다고 말했다(렘 13:23).

둘째로, 그러므로 우리는 하나님의 은혜와 성경 교훈을 항상 사모해야 한다. 모든 것이 하나님의 은혜로 된다. 또 우리가 승리의 삶을 살려면 하나님의 말씀 곧 성경말씀을 주야로 묵상하고 깨어 기도해야 한다. 우리는 바른 설교가 있는 교회에 속하기를 사모하며 바른 설교 듣기를 사모하고 또 바른 성경적 조언을 줄 친구를 곁에 두기를 소원해야 한다. 하나님의 은혜로 주신 경건한 친구는 우리를 의의 길로 인도할 것이지만, 세상 친구는 우리를 불경건과 우상숭배의 길로 인도할 것이다.

셋째로, 하나님의 전을 버리고 우상을 섬기고 하나님의 말씀을 전해주는 선지자들의 말 듣기를 거절하고 도리어 참된 선지자를 돌로 쳐죽게 한 왕과 모든 방백들은 그 악행에 대한 보응을 받았다. 하나님께서는 그들을 공의로 징벌하셨다. 아람 군대가 적은 무리로 왔으나 유다의 큰 군대는 패하였고 그 신복들은 부상당한 왕을 모반하였다. 악을 행하는 자는 반드시 망한다. 갈라디아서 6:7-8은, "스스로 속이지 말라. 하나님은 만홀히 여김을 받지 아니하시나니 사람이 무엇으로 심든지 그대로 거두리라. 자기의 육체를 위하여 심는 자는 육체로부터 썩어진[썩는] 것을 거두고 성령을 위하여 심는 자는 성령으로부터 영생을 거두리라"고 말했다. 신약시대에도 하나님의 징계가 있다. 히브리서 12:8, "징계는 다 받는 것이거늘 너희에게 없으면 사생자요 참 아들이 아니니라." 우리는 심은 대로 거둔다는 진리를 기억하고 바르게만 살아야 한다.

25장: 아마샤

〔1-4절〕 아마샤가 위(位)에 나아갈 때에 나이 25세라. 예루살렘에서 29년을 치리하니라. 그 모친의 이름은 여호앗단이라. 예루살렘 사람이더라. 아마샤가 여호와 보시기에 정직히 행하기는 하였으나 온전한 마음으로 행치 아니하였더라. 그 나라가 굳게 서매 그 부왕을 죽인 신복들을 죽였으나 저희 자녀는 죽이지 아니하였으니 이는 모세 율법책에 기록한 대로 함이라. 곧 여호와께서 명하여 이르시기를 자녀로 인하여 아비를 죽이지 말 것이요 아비로 인하여 자녀를 죽이지 말 것이라. 오직 각 사람은 자기의 죄로 인하여 죽을 것이니라 하셨더라.

아마샤는 여호와 보시기에 정직히(하이야솨르 הַיָּשָׁר)[옳은 것을] 행하기는 하였으나 온전한 마음으로 행하지 못하였다. 본장은 그가 하나님 앞에서 옳게 행한 일들 중 하나로 그 나라가 굳게 섰을 때 그 부왕을 죽인 신하들을 죽였으나 그들의 자녀들은 죽이지 않은 것을 말했다. 그것은 그가 모세의 율법책에 기록된 대로 한 것이었다. 신명기 24:16에 여호와께서는 명하시기를, "자녀로 인해 아비를 죽이지 말 것이요 아비로 인해 자녀를 죽이지 말 것이라. 오직 각 사람은 자기의 죄로 인하여 죽을 것이니라"고 하였기 때문이었다.

〔5-13절〕 아마샤가 유다 사람을 모으고 그 여러 족속을 따라 천부장과 백부장을 세우되 유다와 베냐민을 함께 그리하고 20세 이상으로 계수하여 창과 방패를 잡고 능히 전장에 나갈 만한 자 30만을 얻고 또 은 1백 달란트로 이스라엘 나라에서 큰 용사 10만을 샀내었더니 어떤 하나님의 사람이 아마샤에게 나아와서 이르되 왕이여, 이스라엘 군대로 왕과 함께 가게 마옵소서. 여호와께서는 이스라엘 곧 온 에브라임 자손과 함께하지 아니하시나니 왕이 만일 가시거든 힘써 싸우소서[가서서 힘써 싸울지라도] 하나님이 왕을 대적 앞에 엎드러지게 하시리이다. 하나님은 능히 돕기도 하시고 능히 패하게도 하시나이다. 아마샤가 하나님의 사람에게 이르되 내가 1백 달란트를 이스라엘 군대에게 주었으니 어찌할꼬. 하나님의 사람이 대답하되 여

호와께서 능히 이보다 많은 것으로 왕에게 주실 수 있나이다. 아마샤가 이에 에브라임에서 자기에게 나아온 군대를 구별하여 본곳으로 돌아가게 하였더니 저희 무리가 유다 사람을 심히 노하여 분연히 본곳으로 돌아갔더라. 아마샤가 담력을 내어 그 백성을 거느리고 염곡에 이르러 세일 자손 1만을 죽이고 유다 자손이 또 1만을 사로잡아 가지고 바위 꼭대기에 올라가서 거기서 밀쳐 내려뜨려서 그 몸이 부숴지게 하였더라. 아마샤가 자기와 함께 전장에 나가지 못하게 하고 돌려보낸 군사들이 사마리아에서부터 벧호론까지 유다 성읍을 엄습하고 사람 3천을 죽이고 물건을 많이 노략하였더라.

아마샤는 은 1백 달란트로 이스라엘 나라에서 큰 용사 10만명을 샀내어 에돔을 치려 하였다. 1백 달란트는 60만 데나리온이며, 1데나리온을 약 6만원으로 환산하면 약 360억원이나 되는 큰 금액이다. 그런데 어떤 하나님의 사람이 그에게 말했다. "왕이여, 이스라엘 군대로 왕과 함께 가게 마옵소서. 여호와께서는 이스라엘 곧 온 에브라임 자손과 함께하지 아니하시나니, 왕이 만일 가시거든 힘써 싸우소서[가셔서 힘써 싸우실지라도](KJV, NASB, NIV) 하나님께서 왕을 대적 앞에 엎드러지게 하시리이다. 하나님께서는 능히 돕기도 하시고 능히 패하게도 하시나이다." 또 그는 "여호와께서 능히 이보다 많은 것으로 왕에게 주실 수 있나이다"라고 말했다. 하나님의 뜻대로 사는 것은 어떤 때는 손해가 있는 것 같아도 결코 손해가 아니다. 하나님께서 함께하시면 더 좋은 복을 얻기 때문이다. 아마샤는 하나님의 사람의 조언을 받아들였다. 그는 자기의 백성을 거느리고 염곡에 이르러 담대히 싸웠고 하나님의 뜻에 순종한 결과 큰 승리를 얻었다.

〔14-16절〕 아마샤가 에돔 사람을 도륙하고 돌아올 때에 세일 자손의 우상들을 가져다가 자기의 신으로 세우고 그 앞에 경배하며 분향한지라. 그러므로 여호와께서 아마샤에게 진노하사 한 선지자를 보내시니 나아가 가로되 저 백성의 신들이 자기 백성을 왕의 손에서 능히 구원하지 못하였거늘 왕은 어찌하여 그 신들에게 구하나이까 하며 선지자가 오히려 말할 때에 왕이 이르되 우리가 너로 왕의 모사를 삼았느냐? 그치라. 어찌하여 맞으려 하

역대하 25장: 아마샤

느냐? 선지자가 그치며 가로되 왕이 이 일을 행하고 나의 경고를 듣지 아니하니 하나님이 왕을 멸하시기로 결정하신 줄 아노라 하였더라.

아마샤는 에돔 사람들을 죽이고 돌아올 때 세일 자손의 우상들을 가져다가 자기의 신으로 세우고 그 앞에 경배하며 분향했고 하나님께서 노하셔서 보내신 선지자의 지적과 책망을 듣지 않았다. 아마샤가 그렇게 행동한 것은 전쟁에서 승리한 후 마음이 교만하여 하나님을 떠났기 때문일 것이다. 이것이 아마샤의 부족이었고 온전치 못함이었다. 사람은 참으로 약하고 부족한 것 같다. 특히, 무엇을 이루었을 때 우리는 조심해야 한다. 아마샤는 멸망의 길로 가고 있었다.

〔17-24절〕 유다 왕 아마샤가 상의하고 예후의 손자 여호아하스의 아들 이스라엘 왕 요아스에게 사자를 보내어 이르되 오라. 서로 대면하자 한지라. 이스라엘 왕 요아스가 유다 왕 아마샤에게 보내어 이르되 레바논 가시나무가 레바논 백향목에게 보내어 이르기를 네 딸을 내 아들에게 주어 아내를 삼게 하라 하였더니 레바논 짐승이 지나가다가 그 가시나무를 짓밟았느니라. 네가 에돔 사람을 쳤다 하고 네 마음이 교만하여 자긍하는도다. 네 궁에나 편히 거하라. 어찌하여 화를 자취하여 너와 유다가 함께 망하고자 하느냐 하나 아마샤가 듣지 아니하였으니 이는 하나님께로 말미암은 것이라. 저희가 에돔 신들에게 구하였으므로 그 대적의 손에 붙이려 하심이더라. 이스라엘 왕 요아스가 올라와서 유다 왕 아마샤로 더불어 유다의 벧세메스에서 대면하였더니 유다가 이스라엘 앞에서 패하여 각기 장막으로 도망한지라. 이스라엘 왕 요아스가 벧세메스에서 여호아하스의 손자 요아스의 아들 유다 왕 아마샤를 사로잡고 예루살렘에 이르러 예루살렘 성벽을 에브라임 문에서부터 성 모퉁이 문까지 4백 규빗을 헐고 또 하나님의 전 안에 오벧에돔의 지키는 모든 금은과 기명과 왕궁의 재물을 취하고 또 사람을 볼모로 잡아가지고 사마리아로 돌아갔더라.

유다 왕 아마샤는 신하들과 의논하고 이스라엘 왕 요아스와 싸우고자 하였다. 그것은 그가 에돔 신들에게 구하였으므로 하나님께서 그를 그 대적의 손에 붙이려 하심이었다. 그 전쟁에서 유다는 이스라엘에게 패하였다. 그것은 하나님의 징벌이었다. 이스라엘 왕 요아스는 유다 왕 아마샤를 사로잡고 예루살렘에 이르러 예루살렘 성벽을 에브라임 문에서부터 성 모퉁이 문까지 4백 규빗, 즉 약 180미터를 헐었고, 하나님의 전의 모든 금은과 그릇들과 왕궁의 보물을 다 취하였고 또 사람들을 포로로 잡아가지고 사마리아로 돌아갔다.

〔25-28절〕이스라엘 왕 요아하스의 아들 요아스가 죽은 후에도 유다 왕 요아스의 아들 아마샤가 15년을 생존하였더라. 아마샤의 이 외의 시종 행적은 유다와 이스라엘 열왕기에 기록되지 아니하였느냐? 아마샤가 돌이켜 여호와를 버린 후로부터 예루살렘에서 무리가 저를 모반한 고로 저가 라기스로 도망하였더니 모반한 무리가 사람을 라기스로 따라 보내어 저를 거기서 죽이게 하고 그 시체를 말에 실어다가 그 열조와 함께 유다 성읍에 장사하였더라.

아마샤는 무리의 모반으로 죽임을 당함으로 최후를 맞았다.

본장의 교훈을 정리해보자. 첫째로, 아마샤는 하나님의 사람의 말을 듣고 이스라엘 용병들의 도움을 포기하였다. 하나님께서는 악한 자들과 함께하지 않으신다. 우리는 악한 자의 도움을 받아 주의 일을 하려 하지 말아야 하고 물질적 손해가 되어도 그렇게 하지 말아야 한다.

둘째로, 아마샤는 하나님 앞에서 온전한 마음으로 행치 않았다(2절). 아마샤는 에돔 사람들을 죽이고 돌아올 때 세일 자손의 우상들을 가져다가 섬겼다. 그는 마음이 온전치 못하며 교만하였고 범죄하였다. 사람은 어떤 일을 성취했을 때 교만하기 쉽고 범죄하기 쉽다. 사람에게는 이런 저런 부족이 있다. 하나님의 뜻은 우리의 거룩함이며 성화의 목표는 온전함이다. 우리가 평생 범죄치 않고 온전하려면 우리는 늘 하나님의 은혜를 사모하며 하나님의 말씀인 성경을 주야로 묵상하고 기도하며 겸손히 하나님만 섬기며 또 성경말씀을 행하기를 힘써야 한다.

셋째로, 아마샤의 우상숭배에 대해 하나님께서는 이스라엘과의 전쟁에서 패전케 함으로써 그와 유다 나라가 큰 해를 당하게 하셨고 무리의 모반으로 그가 죽임을 당케 하셨다. 하나님께서는 죄를 벌하신다.

26장: 웃시야

〔1-5절〕유다 온 백성이 웃시야로 그 부친 아마샤를 대신하여 왕을 삼으니 때에 나이 16세라. 왕이 그 열조와 함께 잔 후에 웃시야가 엘롯을 건축하여 유다에 돌렸더라. 웃시야가 위(位)[왕위]에 나아갈 때에 나이 16세라. 예루살렘에서 52년을 치리하니라.19) 그 모친의 이름은 여골리아라. 예루살렘 사람이더라. 웃시야가 그 부친 아마샤의 모든 행위대로 여호와 보시기에 정직히 행하며 하나님의 묵시를 밝히 아는 스가랴의 사는 날에 하나님을 구하였고 저가 여호와를 구할 동안에는 하나님이 형통케 하셨더라.

웃시야는 그 부친 아마샤의 모든 행위대로 여호와 보시기에 정직히 행하며 하나님의 묵시를 밝히 아는 스가랴를 통해 하나님의 말씀의 바른 교훈을 받았고 스가랴의 사는 날에 하나님을 구했고 또 그가 하나님을 구하고 하나님 앞에서 올바르게 행하였을 때 형통하였다.

〔6-15절〕웃시야가 나가서 블레셋 사람과 싸우고 가드성과 야브네성과 아스돗성을 헐고 아스돗 땅과 블레셋 사람 가운데 성읍들을 건축하매 하나님이 도우사 블레셋 사람과 구르바알에 거한 아라비아 사람과 마온 사람을 치게 하신지라. 암몬 사람이 웃시야에게 조공을 바치매 웃시야가 심히 강성하여 이름이 애굽 변방까지 퍼졌더라. 웃시야가 예루살렘에서 성 모퉁이 문과 골짜기 문과 성굽이[모퉁이]에 망대를 세워 견고하게 하고 또 거친 땅에 망대를 세우고 물웅덩이를 많이 팠으니 평야와 평지에 육축을 많이 기름이며 또 여러 산과 좋은 밭에 농부와 포도원을 다스리는 자를 두었으니 농사를 좋아함이더라. 웃시야에게 또 싸우는 군사가 있으니 서기관 여이엘과 영장[관원] 마아세야의 조사한 수효대로 왕의 장관 하나냐의 수하에 속하여 떼를 지어 나가서 싸우는 자라. 족장의 총수가 2천 6백명이니 모두 큰 용사요 그 수하의 군대가 30만 7천 5백명이라. 건장하고 싸움에 능하여 왕을 도와

---

19) 웃시야는 주전 790년-739년경에(52년간) 통치했다고 보인다. 이 중, 주전 790년-767년은 부왕 아마샤를 대신하여 통치했고, 주전 751년-739년은 아들 요담이 그를 대신하여 통치하였던 것 같다.

대적을 치는 자며 웃시야가 그 온 군대를 위하여 방패와 창과 투구와 갑옷과 활과 물맷돌을 예비하고 또 예루살렘에서 공교한 공장[기술자]으로 기계를 창작하여 망대와 성곽 위에 두어 살과 큰 돌을 발하게 하였으니 그 이름이 원방에 퍼짐은 기이한 도우심을 얻어 강성하여짐이더라.

웃시야는 하나님께서 도우셔서 블레셋 사람과 구르바알에 거한 아라비아 사람과 마온 사람을 쳤고 암몬 사람들이 그에게 조공을 바쳤다. 그는 심히 강성하여 이름이 애굽 변방까지 퍼졌다. 그는 예루살렘에서 성 모퉁이 문과 골짜기 문과 성 모퉁이에 망대를 세워 견고하게 했고 또 거친 땅에 망대를 세웠다. 또 그는 물웅덩이를 많이 팠는데 그것은 그가 가축을 많이 길렀기 때문이다. 웃시야에게는 또 싸우는 군사들이 있었고 그는 그 군대를 위해 방패와 창과 투구와 갑옷과 활과 물맷돌을 예비했다. 또 그는 예루살렘에서 기술자들로 무기들을 고안하게 하여 망대와 성곽 위에 두어 화살과 큰 돌을 쏘게 하였다. 그것은 투석기(投石機)이었는데 오늘날의 대포 같은 것이었다. 그는 놀라운 도우심을 얻어 강성하여졌고 그의 명성은 널리 퍼져 나갔다.

〔16-21절〕 저가 강성하여지매 그 마음이 교만하여 악을 행하여 그 하나님 여호와께 범죄하되 곧 여호와의 전에 들어가서 향단에 분향하려 한지라. 제사장 아사랴가 여호와의 제사장 용맹한 자 80인을 데리고 그 뒤를 따라 들어가서 웃시야 왕을 막아 가로되 웃시야여, 여호와께 분향하는 일이 왕의 할 바가 아니요 오직 분향하기 위하여 구별함을 받은 아론의 자손 제사장의 할 바니 성소에서 나가소서. 왕이 범죄하였으니 하나님 여호와께 영광을 얻지 못하리이다. 웃시야가 손으로 향로를 잡고 분향하려 하다가 노를 발하니 저가 제사장에게 노할 때에 여호와의 전 안 향단 곁 제사장 앞에서 그 이마에 문둥병[나병]이 발한지라. 대제사장 아사랴와 모든 제사장이 왕의 이마에 문둥병이 발하였음을 보고 전에서 급히 쫓아내고 여호와께서 치시므로 왕도 속히 나가니라. 웃시야 왕이 죽는 날까지 문둥이[나병환자]가 되었고 문둥이[나병환자]가 되매 여호와의 전에서 끊어졌고 별궁에 홀로 거하였으므로 그 아들 요담이 왕궁을 관리하며 국민을 치리하였더라.

웃시야는 강성해졌을 때 그 마음이 교만하여 악을 행하였다. '악을 행하다'는 원어(하쉬키스 הַשְׁחִית)는 '사악하게 행하다'(NASB) 혹은 '파멸하다'(BDB, KJV, NIV)는 뜻이다. 교만은 사람을 범죄케 만들고 파멸케 한다. 교만은 인생의 치명적 결함이요 멸망의 원인이다. 웃시야는 여호와의 전에 들어가 향단에 분향하려 함으로 하나님께 범죄했다. 제사장 아사랴는 여호와의 제사장 용맹한 자 80명을 데리고 그 뒤를 따라 들어가서 웃시야 왕을 막으려 하자, 그는 손으로 향로를 잡고 분향하려다가 노를 발했다. 그런데 그때 여호와께서는 향단 곁 제사장 앞에서 그 이마에 나병이 생기게 하셨다. 그는 죽는 날까지 나병환자로 별궁에 홀로 거했고 그 아들 요담이 대신 다스렸다.

〔22-23절〕 이 외에 웃시야의 시종 행적은 아모스의 아들 선지자 이사야가 기록하였더라. 웃시야가 그 열조와 함께 자매 저는 문둥이라 하여 열왕의 묘실에 접한 땅 곧〔묘실의 들에〕(KJV, NASB, NIV) 그 열조의 곁에 장사하니라. 그 아들 요담이 대신하여 왕이 되니라.

본장의 교훈을 정리해보자. 첫째로, 웃시야는 하나님을 구하고 정직하게 행할 때 형통하였다(5절). 사람은 하나님을 경외하고 그의 말씀의 바른 교훈 안에 거하며 그 앞에서 바르게 행할 때 형통할 것이다. 시편 1편은 악인과 오만한 자와 멀리하며 성경말씀을 주야로 묵상하는 자가 복이 있으며 그는 시냇가에 심은 나무가 시절을 좇아 열매를 맺으며 그 잎이 마르지 아니함 같으니 그 행사가 다 형통하리라고 말했다(시 1:1-3). 형통의 길은 하나님을 경외함과 그의 계명을 순종함에 있다.

둘째로, 웃시야는 강성해졌을 때 교만하여 범죄함으로 하나님의 큰 징벌을 받아 나병에 걸려 남은 여생 별궁에서 살아야 하였다. 사람은 강성할 때 교만하기 쉽고 교만하면 범죄하고 범죄하면 실패한다. 교만은 멸망의 길이다. 물론 하나님의 징벌은 무섭지만 그에게 회개의 기회이기도 하다. 그러므로 우리는 하나님의 은혜로 늘 겸손해야 하고 하나님의 계명을 순종함으로 실패하지 말고 일평생 복된 자가 되어야 한다.

27장: 요담

〔1절〕요담이 위(位)[왕위]에 나아갈 때에 나이 25세라. 예루살렘에서 16년을 치리하니라. 그 모친의 이름은 여루사라. 사독의 딸이더라.

1절과 8절에 요담이 25세에 왕이 되어 16년간 통치하였다는 내용을 반복한 것은, 아마, 요담이 어린 나이에 왕이 되었을지라도 비교적 탈선 없이 바르게 생활하고 통치했음을 증거한 것일 것이다. 모친의 이름과 외조부의 이름을 언급한 것은 그의 외가(外家)가 경건했음을 보이는 것 같다. 요담은 경건한 어머니의 교훈과 모범 속에서 자랐던 것 같다. 경건한 어머니에게서 경건한 자녀들이 나온다(딤후 1:5).

〔2절〕요담이 그 부친 웃시야의 모든 행위대로 여호와 보시기에 정직히 (하이야솨르 הַיָּשָׁר)[옳은 것을] 행하였으나 여호와의 전에는 들어가지 아니하였고 백성은 오히려 사악을 행하였더라.

요담은 하나님 보시기에 옳은 것을 행하였다. 옳은 것은 하나님의 계명에 일치하는 것이다. 하나님 앞에서 옳은 것을 행하는 것이 중요하다. 왜냐하면 그것이 참 경건이며 의이기 때문이다. 어떤 길은 사람의 보기에 바르지만 실상은 사망에 이르는 길이다(잠 16:25). 그러나 요담은 그 부친 웃시야가 성전에서 하나님의 징벌로 나병환자가 되어 별궁에 있는 약 12년 동안 대신 통치하면서 교만과 범죄에 대한 하나님의 징벌이 얼마나 무서운지 깊이 느꼈고 하나님을 심히 두려워했던 것 같다. 그래서 그는 여호와의 전에 들어가지 않았고 백성은 사악을 행하였다. 그러나 그는 참으로 경건한 마음으로 성전에 들어갔어야 했고 그의 백성으로 모든 악행을 버리게 했어야 했다.

〔3-6절〕저가 여호와의 전 윗문을 건축하고 또 오벨성을 많이 증축하고 유다 산중에 성읍[성읍들]을 건축하며 수풀 가운데 견고한 영채[요새들]와 망대를 건축하고 암몬 자손의 왕으로 더불어 싸워 이기었더니 그 해에 암몬 자손이 은 1백 달란트와 밀 1만석과 보리 1만석을 드렸고 제2년과 제3년

에도 암몬 자손이 그와 같이 드렸더라. 요담이 그 하나님 여호와 앞에서 정도(正道)를 행하였으므로(헤킨 데라카우 דְּרָכָיו הֵכִין)[그가 그의 길들을 바르게 행하였으므로](BDB, NASB) 점점 강하여졌더라.

요담이 성전 문을 건축한 것, 곧 하나님께 예배하는 장소를 귀히 여긴 것은 분명히 경건의 한 표현이었다. 또 그가 성읍들과 요새들과 망대를 건축한 것은 그의 시대에 하나님의 은혜로 나라가 평안하고 물질적 여유가 있었음을 보인다. 또 그는 암몬 자손들을 복종시켰고 그들에게서 조공을 받았다. 그의 나라는 강성하고 형통하였다. 그는 자기의 행할 바를 바르게 행했고 또 그렇게 함으로써 점점 더 강하여 졌다. 경건하고 의로운 사람은 처음에는 미약할지라도 점점 더 강해 지는 법이다(잠 4:18-19). 의인은 하나님의 은혜로 점점 강해진다.

[7-9절] 요담의 남은 사적과 그 모든 전쟁과 행위는 이스라엘과 유다 열왕기에 기록되니라. 요담이 위(位)[왕위]에 나아갈 때에 나이 25세요 예루살렘에서 치리한 지 16년이라. 저가 그 열조와 함께 자매 다윗성에 장사되고 그 아들 아하스가 대신하여 왕이 되니라.

본장의 교훈을 정리해보자. 첫째로, 요담은 하나님 보시기에 옳은 것을 행하였고 그의 길들을 바르게 행했다. 2절, "요담이 그 부친 웃시야의 모든 행위대로 여호와 보시기에 정직히[옳은 것을] 행하였으나." 6절, "요담이 그 하나님 여호와 앞에서 정도(正道)를 행하였으므로[그의 길들을 바르게 행하였으므로]." 옳은 것, 바른 것은 하나님의 계명대로 행하는 것이다. 하나님의 계명 순종이 의이며 하나님의 계명 불순종이 죄이다. 우리는 하나님의 계명들과 성경의 교훈들을 따라 순종하며 행해야 한다. 그것이 하나님의 뜻이다. 신명기 10:12-13, "이스라엘아, 네 하나님 여호와께서 네게 요구하시는 것이 무엇이냐? 곧 네 하나님 여호와를 경외하여 그 모든 도를 행하고 그를 사랑하며 마음을 다하고 성품을 다하여 네 하나님 여호와를 섬기고 내가 오늘날 네 행복을 위하여 네게 명하는 여호와의 명령과 규례를 지킬 것이 아니냐?" 시편 119:1,

"행위 완전하여 여호와의 법에 행하는 자가 복이 있음이여." 디모데후서 3:16-17, "모든 성경은 하나님의 감동으로 된 것으로 교훈과 책망과 바르게 함과 의로 교육하기에 유익하니 이는 하나님의 사람으로 온전케 하며 모든 선한 일을 행하기에 온전케 하려 함이니라." 우리는 하나님께서 성경에 교훈하신 대로 우리의 길들을 바르게 행해야 한다.

둘째로, 요담은 하나님 앞에서 바르게 행함으로 점점 더 강해졌다. 6절, "요담이 그 하나님 여호와 앞에서 정도를 행하였으므로 점점 강하여졌더라." 그는 성읍들과 요새들을 건축했고 암몬 자손들을 복종시켰고 조공을 받았다. 그의 나라는 강성하고 형통했다. 계명 순종의 삶은 복된 삶이다. 시편 119:1, "행위 완전하여 여호와의 법에 행하는 자가 복이 있음이여." 이사야 48:17-18, "너희의 구속자시요 이스라엘의 거룩하신 자이신 여호와께서 가라사대 나는 네게 유익하도록 가르치고 너를 마땅히 행할 길로 인도하는 너희 하나님 여호와라. 슬프다, 네가 나의 명령을 듣지 아니하였도다. 만일 들었더면 네 평강이 강과 같았겠고 네 의가 바다 물결 같았을 것이며." 잠언 4:18-19, "의인의 길은 돋는 햇볕 같아서 점점 빛나서 원만한 광명에 이르거니와 악인의 길은 어둠 같아서 그가 거쳐 넘어져도 그것이 무엇인지 깨닫지 못하느니라." 잠언 13:9, "의인의 빛은 환하게 빛나고 악인의 등불은 꺼지느니라."

셋째로, 요담은 어머니와 외가의 영향을 받았다고 보인다. 1절, "요담이 위(位)에 나아갈 때에 나이 25세라. 예루살렘에서 16년을 치리하니라. 그 모친의 이름은 여루사라. 사독의 딸이더라." 8절, "요담이 위(位)에 나아갈 때 나이 25세요 예루살렘에서 치리한 지 16년이라." 요담이 젊을 때 왕이 되어 16년을 무난히 치리한 것은 그가 어릴 때부터 어머니의 경건한 영향 속에 자랐기 때문이라고 보인다. 인생의 삶에서 자녀교육은 매우 중요하다. 잠언 22:6, "마땅히 행할 길을 아이에게 가르치라. 그리하면 늙어도 그것을 떠나지 아니하리라." 어릴 때 부모로부터 경건 교육을 잘 받은 자는 평생 바르고 선한 삶에 큰 도움이 될 것이다.

28장: 아하스

〔1-7절〕아하스가 위(位)에 나아갈 때에 나이 20세라. 예루살렘에서 16년을 치리하였으나 그 조상 다윗과 같지 아니하여 여호와 보시기에 정직히[옳은 일을] 행치 아니하고 이스라엘 열왕의 길로 행하여 바알들의 우상을 부어만들고 또 힌놈의 아들 골짜기에서 분향하고 여호와께서 이스라엘 자손 앞에서 쫓아내신 이방 사람의 가증한 일을 본받아 그 자녀를 불사르고 또 산당과 작은 산위와 모든 푸른 나무 아래에서 제사를 드리며 분향한지라. 그러므로 그 하나님 여호와께서 아람 왕의 손에 붙이시매 저희가 쳐서 심히 많은 무리를 사로잡아 가지고 다메섹으로 갔으며 또 이스라엘 왕의 손에 붙이시매 저가 쳐서 크게 살륙하였으니 이는 그 열조의 하나님 여호와를 버렸음이라. 르말랴의 아들 베가가 유다에서 하루 동안에 용사 12만명을 죽였으며 에브라임의 용사 시그리는 왕의 아들 마아세야와 궁내대신 아스리감과 총리대신 엘가나를 죽였더라.

아하스는 그 조상 다윗 같지 않고 여호와 보시기에 옳은 일을 행치 않고 이스라엘 열왕의 길로 행하여 바알을 섬겼고 자녀를 우상에게 불살라 제물로 드리기까지 했다. 왕이 범죄했을 때 온 나라는 하나님의 징벌을 받았다. 하나님께서는 그들을 아람 왕의 손에 붙이셔서 심히 많이 포로가 되게 하셨고, 또 그들을 이스라엘 왕의 손에 붙이셔서 많이 죽게 하셨다. 이것이 하나님의 공의이었다.

〔8-15절〕이스라엘 자손이 그 형제 중에서 그 아내와 자녀 합하여 20만명을 사로잡고 그 재물을 많이 노략하여 사마리아로 가져가니 그곳에 여호와의 선지자가 있는데 이름은 오뎃이라. 저가 사마리아로 돌아오는 군대를 영접하고 저희에게 이르되 너희 열조의 하나님 여호와께서 유다를 진노하신 고로 너희 손에 붙이셨거늘 너희 노기(怒氣)가 충천하여 살륙하고 이제 너희가 또 유다와 예루살렘 백성들을 압제하여 노예를 삼고자 생각하는도다. 너희는 너희 하나님 여호와께 범죄함이 없느냐? 그런즉 너희는 내 말을 듣고 너희가 형제 중에서 사로잡아 온 포로를 놓아 돌아가게 하라. 여호와의 진노가 너희에게 임박하였느니라 한지라. 에브라임 자손의 두목 몇 사람

요하난의 아들 아사랴와 무실레못의 아들 베레갸와 살룸의 아들 여히스기야와 하들래의 아들 아마사가 일어나서 전장(戰場)[전쟁터]에서 돌아오는 자를 막으며 저희에게 이르되 너희는 이 포로를 이리로 끌어들이지 못하리라. 너희의 경영하는 일이 우리로 여호와께 허물이 있게 함이니 우리의 죄와 허물을 더하게 함이로다. 우리의 허물이 이미 커서 진노하심이 이스라엘에게 임박하였느니라 하매 이에 병기를 가진 사람이 포로와 노략한 물건을 방백들과 온 회중 앞에 둔지라. 이 위에 이름이 기록된 자들이 일어나서 포로를 맞고 노략하여 온 중에서 옷을 취하여 벗은 자에게 입히며 신을 신기며 먹이고 마시우며 기름을 바르고 그 약한 자는 나귀에 태워 데리고 종려나무 성 여리고에 이르러 그 형제에게 돌린 후에 사마리아로 돌아갔더라.

하나님께서는 이스라엘의 방백들이 선지자 오뎃의 경고를 듣고 그 유다 포로들에게 긍휼을 베풀게 하셨다. 그는 징벌 중에서도 그들에게 긍휼을 베푸셨다. 이것이 하나님의 본심이다. 사람이 범죄함으로 하나님의 징벌을 받지만, 하나님께서는 언제든지 우리가 죄를 버리고 의를 행함으로 평안을 누리기를 원하신다.

〔16-21절〕 그때에 아하스 왕이 앗수르 왕에게 보내어 도와주기를 구하였으니 이는 에돔 사람이 다시 와서 유다를 치고 그 백성을 사로잡았음이며 블레셋 사람도 유다의 평지와 남방 성읍들을 침노하여 벧세메스와 아얄론과 그데롯과 소고와 그 동네와 딤나와 그 동네와 김소와 그 동네를 취하고 거기 거하였으니 이는 이스라엘 왕 아하스가 유다에서 망령되이 행하여 여호와께 크게 범죄하였으므로 여호와께서 유다를 낮추심이라. 앗수르 왕 디글랏 빌레셀(주전 744-727년경 통치)이 이르렀으나 돕지 아니하고 도리어 군박하였더라[괴롭혔더라]. 아하스가 여호와의 전과 왕궁과 방백들의 집에서 재물을 취하여 앗수르 왕에게 주었으나 유익이 없었더라.

참으로 어리석은 아하스이었다. 그는 어려운 일이 생겼을 때 하나님께 회개하고 하나님을 의지하며 하나님께 기도하는 대신에, 앗수르 왕을 의지하려 하였다. 그러나 그의 노력은 헛되었다. 사람이 세상을 의지하는 것은 헛된 일이다. 사람은 참으로 하나님을 의지해야 한다. 하나님의 창조물인 인생은 하나님만 의지하며 순종하며 살아야 한다.

〔22-27절〕이 아하스 왕이 곤고할 때에 더욱 여호와께 범죄하여 자기를 친 다메섹 신들에게 제사하여 가로되 아람 열왕의 신들이 저희를 도왔으니 나도 그 신에게 제사하여 나를 돕게 하리라 하였으나 그 신이 아하스와 온 이스라엘을 망케 하였더라. 아하스가 하나님의 전의 기구들을 모아 훼패[파괴]하고 또 여호와의 전 문들을 닫고 예루살렘 구석마다 단을 쌓고 유다 각 성읍에 산당을 세워 다른 신에게 분향하여 그 열조의 하나님 여호와의 노를 격발케 하였더라[일으켰더라]. 아하스의 이 외의 시종 사적과 모든 행위는 유다와 이스라엘 열왕기에 기록되니라. 아하스가 그 열조와 함께 자매 이스라엘 열왕의 묘실에 들이지 아니하고 예루살렘 성에 장사하였더라. 그 아들 히스기야가 대신하여 왕이 되니라.

이처럼 아하스는 고난 중에 더욱 범죄하였다. 그것은 그의 무지와 강퍅함을 나타낸다. 고난을 당하는 모든 사람이 회개하는 것이 아니다. 회개와 믿음은 하나님의 은혜이다. 사람은 전적으로 부패된 존재이며 그의 마음은 어두워져 있고 자기에게 닥친 현실의 의미와 이유와 해결책을 스스로 깨닫지 못한다. 오직 하나님의 은혜를 받을 때에 모든 것을 깨닫고 하나님께로 더 가까이 나아갈 수 있을 뿐이다.

본장의 교훈을 정리해보자. 첫째로, 아하스는 범죄함으로 하나님의 징벌을 받았다. 우리는 특히 우상숭배의 죄를 범하지 말아야 한다.

둘째로, 하나님께서는 선지자 오뎃을 통해 이스라엘 백성에게 유다 포로들을 놓아 돌아가게 하라고 말씀하셨고 이스라엘의 몇몇 방백들은 앞장서 그 일을 받들었다. 우리는 우리 자신이 부족한 자들임을 알고 다른 사람을 불쌍히 여기고 용서하고 그에게 악을 행치 말아야 한다.

셋째로, 아하스는 고난 중에 더욱 범죄했다. 그는 하나님 대신 앗수르 왕을 의지하려 했고 또 이방신을 섬겼다. 그러나 그의 노력은 헛되었다. 앗수르 왕은 오히려 아하스와 유다 백성을 괴롭혔고 또 하나님께서는 그들의 우상숭배를 더욱 노하셨다. 우리는 고난 중에 범죄치 말고 오직 하나님의 은혜를 구하고 하나님만 믿고 회개하고 순종해야 한다.

29장: 히스기야가 성전 예배를 회복함

〔1-11절〕 히스기야가 위(位)에 나아갈 때에 나이 25세라. 예루살렘에서 29년을 치리하니라. 그 모친의 이름은 아비야라. 스가랴의 딸이더라. 히스기야가 그 조상 다윗의 모든 행위와 같이 여호와 보시기에 정직히[옳은 것을] 행하여 원년 정월에 여호와의 전 문들을 열고 수리하고 제사장들과 레위 사람들을 동편 광장에 모으고 저희에게 이르되 레위 사람들아, 내 말을 들으라. 이제 너희는 성결케 하고 또 너희 열조의 하나님 여호와의 전을 성결케 하여 그 더러운 것을 성소에서 없이하라. 우리 열조가 범죄하여 우리 하나님 여호와 보시기에 악을 행하여 하나님을 버리고 얼굴을 돌이켜 여호와의 성소를 등지고 또 낭실 문을 닫으며 등불을 끄고 성소에서 분향하지 아니하며 이스라엘 하나님께 번제를 드리지 아니한 고로 여호와께서 유다와 예루살렘을 진노하시고 내어버리사 두려움과 놀람과 비웃음거리가 되게 하신 것을 너희가 목도하는 바라. 이로 인하여 우리의 열조가 칼에 엎드러지며 우리의 자녀와 아내가 사로잡혔느니라. 이제 이스라엘 하나님 여호와로 더불어 언약을 세워 그 맹렬한 노로 우리에게서 떠나게 할 마음이 내게 있노니 내 아들들아, 이제는 게으르지 말라. 여호와께서 이미 너희를 택하사 그 앞에 서서 수종들어 섬기며 분향하게 하셨느니라.

히스기야의 모친은 스가랴의 딸이었다. 그 스가랴는 아마 역대하 26:5에 말한 "하나님의 묵시를 밝히 아는 스가랴"를 가리킬 것이다. 히스기야는 그 조상 다윗의 모든 행위와 같이 여호와 보시기에 옳은 것을 행하였다. 다윗은 경건과 의의 본이 되었다. 히스기야는 다윗과 같이 하나님 앞에서 계명대로 경건하고 바르게 산 왕이었다.

그는 우선 하나님의 성전을 깨끗케 하였다. 그는 제사장들과 레위인들에게 하나님의 전을 깨끗케 하라고 지시하였고 그 이유를 분명히 말하였다. 그가 성전을 청결케 하려 한 까닭은 선조들이 범죄하여 하나님 보시기에 악을 행하고 하나님을 버리고 성소를 등지고 성전 입구인 낭실문을 닫고 성전 안에 등불을 끄고 분향하지 않고 번제를 드리지 않았기 때문이다. 성전은 더러운 채 방치되어 있었다. 그러므로 하나님께서는 유다 백성을 노하셨다. 그러므로 히스기야는 성전을 정결케 함으로 하나님의 노를 떠나게 하려 했다. 그는 제사장들과 레위인들에게 성전을 깨끗케 하는 일에 게으르지 말라고 명했다.

〔12-19절〕 이에 레위 사람들이 일어나니 곧 그핫의 자손 중 아마새의 아들 마핫과 아사랴의 아들 요엘과 므라리의 자손 중 압디의 아들 기스와 여할렐렐의 아들 아사랴와 게르손 사람 중 심마의 아들 요아와 요아의 아들 에덴과 엘리사반의 자손 중 시므리와 여우엘과 아삽의 자손 중 스가랴와 맛다냐와 헤만의 자손 중 여후엘과 시드이와 여두둔의 자손 중 스마야와 웃시엘이라. 저희가 그 형제를 모아 성결케 하고 들어가서 왕이 여호와의 말씀대로 명한 것을 좇아 여호와의 전을 깨끗케 할새 제사장들도 여호와의 전 안에 들어가서 깨끗케 하여 여호와의 전에 있는 모든 더러운 것을 끌어내어 여호와의 전 뜰에 이르매 레위 사람들이 취하여 바깥 기드론 시내로 가져갔더라. 정월 초하루에 성결케 하기를 시작하여 그 달 초8일에 여호와의 낭실[성전 현관]에 이르고 또 8일 동안 여호와의 전을 성결케 하여 정월 16일에 이르러 마치고 안으로 들어가서 히스기야 왕을 보고 가로되 우리가 여호와의 온 전(殿)과 번제단과 그 모든 기구와 떡을 진설하는 상과 그 모든 기구를 깨끗케 하였고 또 아하스 왕이 위에 있어 범죄할 때에 버린 모든 기구도 우리가 정돈하고 성결케 하여 여호와의 단 앞에 두었나이다 하니라.

레위 사람들은 왕의 명령에 복종했다. 성경은 그들의 이름을 열거했다. 그것은 그들이 왕의 바른 명령에 잘 복종하였기 때문이다. 정월 1일에 성결케 하기를 시작해 그 달 8일에 성전 현관에 이르고 또 8일 동안 여호와의 전을 성결케 하여 정월 16일에 이르러 마쳤다.

〔20-24절〕 히스기야 왕이 일찍이 일어나 성읍의 귀인들을 모아 여호와의 전에 올라가서 수송아지 일곱과 숫양 일곱과 어린양 일곱과 숫염소 일곱을 끌어다가 나라와 성소와 유다를 위하여 속죄제물을 삼고 아론의 자손 제사장들을 명하여 여호와의 단에 드리게 하니 이에 수소를 잡으매 제사장이 그 피를 받아 단에 뿌리고 또 숫양을 잡으매 그 피를 단에 뿌리고 또 어린양을 잡으매 그 피를 단에 뿌리고 이에 속죄제물로 드릴 숫염소를 왕과 회중

의 앞으로 끌어오매 저희가 그 위에 안수하고 제사장이 잡아 그 피로 속죄제를 삼아 단에 드려 온 이스라엘을 위하여 속죄하니 이는 왕이 명하여 온 이스라엘을 위하여 번제와 속죄제를 드리게 하였음이더라.

번제와 속죄제는 일차적으로 속죄의 뜻이 있었다. 그것은 짐승의 피로 모든 죄를 깨끗이 씻는 뜻이 있었다. 그것은 성전의 외형적인 청결뿐 아니라, 내면적인 청결 곧 죄씻음을 상징하는 뜻이 있었다.

[25-30절] 왕이 레위 사람을 여호와의 전에 두어서 다윗과 왕의 선견자 갓과 선지자 나단의 명한 대로 제금과 비파와 수금을 잡게 하니 이는 여호와께서 그 선지자들로 이렇게 명하셨음이라. 레위 사람은 다윗의 악기를 잡고 제사장은 나팔을 잡고 서매 히스기야가 명하여 번제를 단에 드릴새 번제 드리기를 시작하는 동시에 여호와의 시로 노래하고 나팔을 불며 이스라엘 왕 다윗의 악기를 울리고 온 회중이 경배하며 노래하는 자들은 노래하고 나팔 부는 자들은 나팔을 불어 번제를 마치기까지 이르니라. 제사 드리기를 마치매 왕과 그 함께 있는 자가 다 엎드려 경배하니라. 히스기야 왕이 귀인들로 더불어 레위 사람을 명하여 다윗과 선견자 아삽의 시로 여호와를 찬송하게 하매 저희가 즐거움으로 찬송하고 몸을 굽혀 경배하니라.

왕은 레위 사람을 여호와의 전에 두어서 다윗과 왕의 선견자 갓과 선지자 나단의 명한 대로 제금과 비파와 수금을 잡게 하였다. 번제를 단에 드릴 때 그들은 여호와의 시로 노래하고 나팔을 불었고 이스라엘 왕 다윗의 악기들을 울리고 온 회중이 경배하며 노래하는 자들은 노래하였다. 그들은 즐거움으로 찬송하고 몸을 굽혀 경배하였다.

[31-36절] 이에 히스기야가 일러 가로되 너희가 이제 몸을 깨끗케 하여 여호와께 드렸으니 마땅히 나아와 제물과 감사제물을 여호와의 전으로 가져오라. 회중이 드디어 제물과 감사제물을 가져오되 무릇 마음에 원하는 자는 또한 번제물을 가져오니 회중의 가져온 번제물의 수효는 수소가 70이요 숫양이 1백이요 어린양이 2백이니 이는 다 여호와께 번제물로 드리는 것이며 또 구별하여 드린 소가 6백이요 양이 3천이라. 그런데 제사장이 부족하여 그 모든 번제 짐승의 가죽을 능히 벗기지 못하는 고로 그 형제 레위 사람이 그 일을 마치기까지 돕고 다른 제사장의 성결케 하기까지 기다렸으니 이

는 레위 사람의 성결케 함이 제사장들보다 성심(이슈레 레밥 לֵבָב לְיִשְׁרֵי)[마음의 올바름]이 있었음이라. 번제와 화목제의 기름과 각 번제에 속한 전제(奠祭)[붓는 제사]가 많더라. 이와 같이 여호와의 전에서 섬기는 일이 순서대로 갖추어지니라. 이 일이 갑자기 되었을지라도 하나님이 백성을 위하여 예비하셨음을 인하여 히스기야가 백성으로 더불어 기뻐하였더라.

번제는 온전한 헌신의 뜻이 있었고, 화목제의 한 종류인 감사제(레 7:15)는 교제의 회복과 감사의 뜻이 있었다고 본다. 하나님께서 백성을 위해 이 모든 일을 예비하셨고 히스기야는 백성과 함께 기뻐했다.

본장의 교훈을 정리해보자. 첫째로, 히스기야는 닫혀졌던 하나님의 성전 문을 열고 16일 동안 성전을 깨끗게 하였다. 우리는 우리의 개인의 삶에서나 교회에서 모든 더러운 것들을 제거하고 철저히 회개해야 한다. 사람의 많은 죄는 하나님의 큰 진노를 일으키고 재앙을 가져온다. 우리는 거룩함과 깨끗함으로 하나님을 섬겨야 한다. 우리의 죄를 씻는 길은 예수 그리스도의 피밖에 없다. 고린도후서 7:1, "그런즉 사랑하는 자들아, 이 약속을 가진 우리가 하나님을 두려워하는 가운데서 거룩함을 온전히 이루어 육과 영의 온갖 더러운 것에서 자신을 깨끗케 하자."

둘째로, 히스기야는 하나님의 성전을 깨끗케 한 후에 수송아지 일곱과 숫양 일곱과 어린양 일곱과 숫염소 일곱으로 하나님께 속죄제를 드렸고 또 번제를 드렸고 제사장들과 레위인들을 통해 각종 악기로 하나님께 찬송케 하였다. 구약의 제사들은 예수 그리스도의 속죄와 성도들의 헌신과 순종과 감사를 상징했다. 하나님께서는 우리의 심령을 밝히셔서 죄를 깨닫고 회개하며 예수 그리스도를 믿게 하셨고 우리의 많은 죄를 용서하셨고 우리를 지옥 형벌로부터 구원하셨고 천국과 영생의 소망을 갖게 하셨다. 그러므로 우리는 항상 감사함으로 하나님을 섬기고 그를 찬송해야 한다. 에베소서 5:19-20, "시와 찬미와 신령한 노래들로 서로 화답하며 너희의 마음으로 주께 노래하며 찬송하며 범사에 우리 주 예수 그리스도의 이름으로 항상 아버지 하나님께 감사하라."

30장: 히스기야가 유월절을 지키게 함

〔1-5절〕 히스기야가 온 이스라엘과 유다에 보내고 또 에브라임과 므낫세에 편지를 보내어 예루살렘 여호와의 전에 와서 이스라엘 하나님 여호와를 위하여[여호와께] 유월절을 지키라 하니라. 왕이 방백들과 예루살렘 온 회중으로 더불어 의논하고 2월에 유월절을 지키려 하였으니 이는 성결케 한 제사장이 부족하고 백성도 예루살렘에 모이지 못한 고로 그 정한 때에 지킬 수 없었음이라. 왕과 온 회중이 이 일을 선히 여기고 드디어 명을 발하여 브엘세바에서부터 단까지 온 이스라엘에 반포하여 일제히 예루살렘으로 와서 이스라엘 하나님 여호와의 유월절을 지키라 하니 이는 기록한 규례대로 오랫동안 지키지 못하였음이더라.

유다 왕 히스기야는 유월절을 지키려 하였다. 그는 온 이스라엘과 유다에 사람을 보내고 또 에브라임과 므낫세에 편지를 보내어 예루살렘 여호와의 전에 와서 이스라엘 하나님 여호와께 유월절을 지키라고 말하였다. 유월절은 연중 3대 절기 중 하나인 중요한 절기이다. 왕은 방백들과 예루살렘 온 회중과 더불어 의논하고 2월에 유월절을 지키려 했다. 원래 1월 14일 저녁이 유월절이지만, 성결케 한 제사장들이 부족했고 백성도 예루살렘에 모이지 못했으므로 그 정한 때에 지킬 수 없었기 때문이다. 히스기야는 왕이 된 그 해의 1월 1일부터 성전을 청결케 하기를 시작하여 유월절인 1월 14일을 지나 1월 16일이 되어서야 그 일을 마치고 하나님께 제사를 드렸었다. 하나님께서는 민수기 9:10-11에 시체로 인해 부정케 되었거나 먼 여행 중에 있는 자를 위해 2월 14일에 유월절을 지키도록 허용하셨었다. 왕과 온 회중은 2월에 유월절을 지키는 일을 선히 여기고 드디어 왕이 명을 내려 유다 땅의 최남단 브엘세바에서부터 이스라엘 땅의 최북단 단까지 온 이스라엘에 공포하여 일제히 예루살렘으로 와서 이스라엘 하나님 여호와의 유월절을 지키라고 하였다.

〔6-9절〕 보발군[전령]들이 왕과 방백들의 편지를 받아가지고 왕의 명을 좇아 온 이스라엘과 유다에 두루 다니며 전하니 일렀으되 이스라엘 자손들 아, 너희는 아브라함과 이삭과 이스라엘의 하나님 여호와께로 돌아오라. 그리하면 저가 너희 남은 자 곧 앗수르 왕의 손에서 벗어난 자에게로 돌아오시리라. 너희 열조와 너희 형제같이 하지 말라. 저희가 그 열조의 하나님 여호와께 범죄한 고로 여호와께서 멸망에 붙이신 것을 너희가 목도하는 바니라. 그런즉 너희 열조같이 목을 곧게 하지 말고 여호와께 귀순하여[복종하여](KJV, NASB) 영원히 거룩케 하신 전에 들어가서 너희 하나님 여호와를 섬겨 그 진노가 너희에게서 떠나게 하라. 너희가 만일 여호와께 돌아오면 너희 형제와 너희 자녀가 사로잡은 자에게서 자비를 입어 다시 이 땅으로 돌아오리라. 너희 하나님 여호와는 은혜로우시고 자비하신지라. 너희가 그에게로 돌아오면 그 얼굴을 너희에게서 돌이키지 아니하시리라 하였더라.

히스기야는 이스라엘 백성이 하나님의 법을 지키지 않고 하나님을 바르게 섬기지 않으므로 진노를 당했으나 이제라도 하나님께로 돌아와 그의 법을 지키면 하나님의 은혜와 긍휼을 입게 될 것이며 포로된 자들도 돌아오게 될 것이라고 믿었다. 그것은 바른 믿음이었다.

〔10-12절〕 보발군[전령]이 에브라임과 므낫세 지방 각 성에 두루 다녀 스불론까지 이르렀으나 사람들이 저희를 조롱하며 비웃었더라. 그러나 아셀과 므낫세와 스불론 중에서 몇 사람이 스스로 겸비하여 예루살렘에 이르렀고 하나님이 또한 유다 사람들을 감동시키사 저희로 왕과 방백들이 여호와의 말씀대로 전한 명령을 일심으로 준행하게 하셨더라.

전령이 에브라임과 므낫세 지방 각 성에 두루 다녀 스불론까지 갔으나 사람들은 그들을 조롱하며 비웃었다. 모든 사람이 하나님의 뜻을 이해하고 믿고 따르는 것이 아니다. 하나님의 일을 할 때는 심지어 마귀의 방해도 있고 낙심되는 일도 있다. 그러나 우리는 성경에 계시된 하나님의 일에 대해 확신과 용기를 가져야 한다.

많은 사람들이 그 일을 비웃었지만, 아셀과 므낫세와 스불론 중에 몇 사람이 스스로 겸비하여 예루살렘에 이르렀고 하나님께서 또한 유다 사람들을 감동시키셔서 그들로 왕과 방백들이 여호와의 말씀대로 전한 명령을 일심으로 준행하게 하셨다. 그들은 그 일이 하나님의 말씀대로 전한 명령임을 깨달았고 한 마음으로 행할 마음을 가졌다. 하나님께서는 북쪽 땅에도 바른 생각을 하는 자들을 남겨 두셨다.

〔13-22절〕 2월에 백성이 무교절을 지키려 하여 예루살렘에 많이 모이니 심히 큰 회라. 무리가 일어나 예루살렘에 있는 제단[들]과 향단들을 모두 제하여 기드론 시내에 던지고 2월 14일에 유월절 양을 잡으니 제사장과 레위 사람이 부끄러워하여 성결케 하고 번제물을 가지고 여호와의 전에 이르러 규례대로 각각 자기 처소에 서고 하나님의 사람 모세의 율법을 좇아 제사장이 레위 사람의 손에서 피를 받아 뿌리니라. 회중에 많은 사람이 성결케 하지 못한 고로 레위 사람들이 모든 부정한 사람을 위하여 유월절 양을 잡아 저희로 여호와 앞에서 성결케 하였으나 에브라임과 므낫세와 잇사갈과 스불론의 많은 무리는 자기를 깨끗케 하지 아니하고 유월절 양을 먹어 기록한 규례에 어긴지라. 히스기야가 위하여 기도하여 가로되 선하신 여호와여, 사하옵소서. 결심하고 하나님 곧 그 열조의 하나님 여호와를 구하는 아무 사람이든지 비록 성소의 결례대로 스스로 깨끗케 못하였을지라도 사하옵소서 하였더니 여호와께서 히스기야의 기도를 들으시고 백성을 고치셨더라. 예루살렘에 모인 이스라엘 자손이 크게 즐거워하며 7일 동안 무교절을 지켰고 레위 사람들과 제사장들은 날마다 여호와를 칭송하며 큰 소리나는 악기를 울려 여호와를 찬양하였으며 히스기야는 여호와를 섬기는 일에 통달한 모든 레위 사람에게 위로하였더라. 이와 같이 절기 7일 동안에 무리가 먹으며 화목제를 드리고 그 열조의 하나님 여호와께 감사하였더라.

무리들이 제거한 예루살렘에 있는 제단들과 향단들은 우상의 제단들과 분향단들이었다고 보인다. 히스기야의 유월절 절기의 준수는 형식적인 것이 아니라 진심으로 하나님의 법을 지키려 한 것이었다. 20절에 여호와께서 히스기야의 기도를 들으시고 백성을 고치셨다고 말한 것을 보면, 어떤 사람들이 규례를 어김으로써 즉시 어떤 질병의 벌을 받았던 것 같다. 그러나 그들은 히스기야의 기도로 고침을 받았다. 사람들은 7일 동안 먹으며 화목제를 드리고 여호와께 감사했다.

〔23-27절〕온 회가 다시 7일을 지키기로 결의하고 이에 또 7일을 즐거이 지켰더라. 유다 왕 히스기야가 수송아지 1천과 양 7천을 회중에게 주었고 방백들은 수송아지 1천과 양 1만을 회중에게 주었으며 성결케 한 제사장도 많았는지라. 유다 온 회중과 제사장들과 레위 사람들과 이스라엘에서 온 온 회중과 이스라엘 땅에서 나온 나그네와 유다에 거한 나그네가 다 즐거워 하였으므로 예루살렘에 큰 희락[기쁨]이 있었으니 이스라엘 왕 다윗의 아들 솔로몬 때로부터 이러한 희락이 예루살렘에 없었더라. 그때에 제사장들과 레위 사람들이 일어나서 백성을 위하여 축복하였으니 그 소리가 들으신 바 되고 그 기도가 여호와의 거룩한 처소 하늘에 상달하였더라.

온 회중이 다시 7일을 지키기로 결의하고 지켰다. 유다 온 회중이 다 즐거워했으므로 예루살렘에 큰 희락이 있었다. 솔로몬 때로부터 이런 희락이 없었다. 그때에 제사장들과 레위 사람들은 백성을 위해 축복하였고 그 기도가 여호와의 거룩한 처소 하늘에 도달하였다.

본장의 교훈은 정리해보자. 첫째로, 히스기야는 온 백성과 함께 유월절을 지켰다. 우리는 성경에 명하시고 교훈하신 하나님의 모든 선한 일들을 이해하고 믿고 행해야 한다. 우리는 신약교회의 공예배와 세례와 성천식이 하나님의 뜻인 줄 알고 그 의미를 새기며 행해야 한다.

둘째로, 북방 이스라엘 사람들은 유월절을 지키자는 유다 왕의 말을 조롱하고 비웃었으나 그 말을 따르는 자들도 있었다. 모든 사람들이 다 믿는 것은 아니나, 하나님의 은혜로 바른 생각을 가진 자들이 있었다. 우리는 성경의 바른 교리와 생활 교훈을 굳게 믿고 사람들의 비웃음이나 반대가 있을 때에라도 겸손히 한 마음으로 하나님을 섬겨야 한다.

셋째로, 유월절을 지킨 히스기야와 백성들에게는 큰 기쁨이 있었고 기도 응답이 있었다. 우리가 하나님을 믿고 섬기며 성경 교훈을 순종할 대 우리는 하나님의 큰 기쁨을 얻을 것이다. 시편 4:7, "주께서 내 마음에 두신 기쁨은 저희의 곡식과 새 포도주의 풍성할 때보다 더하니이다." 또 순종하는 자에게는 기도 응답도 있을 것이다(요일 3:21-22).

31장: 히스기야 왕국의 형통

〔1절〕 이 모든 일이 마치매 거기 있는 이스라엘 무리가 나가서 유다 여러 성읍에 이르러 주상(柱像)을 깨뜨리며 아세라 목상을 찍으며 유다와 베냐민과 에브라임과 므낫세 온 땅에서 산당과 단을 제하여 멸하고 이스라엘 모든 자손이 각각 그 본성 기업으로 돌아갔더라.

유다 왕 히스기야의 제안으로 이스라엘 백성이 2월 14일부터 유월절을 지킨 후, 나가서 유다 여러 성읍에 이르러 주상(柱像)을 깨뜨리며 아세라 목상을 찍으며 유다와 베냐민과 에브라임과 므낫세 온 땅에서 산당과 단을 제하여 멸하였다. 그것은 이스라엘 땅에 남아 있는 우상들을 제거한 것이었다. 그것은 참으로 바르게 잘한 일이었다.

〔2-3절〕 히스기야가 제사장들과 레위 사람들의 반차[반]를 정하고 각각 그 직임[직무]을 행하게 하되 곧 제사장들과 레위 사람들로 번제와 화목제를 드리며 여호와의 영문[성전 문들]에서 섬기며 감사하며 찬송하게 하고 또 자기 재산 중에서 얼마를 정하여 여호와의 율법에 기록된 대로 번제 곧 조석번제[상번제]와 안식일과 초하루[월삭]와 절기[절기]들의 번제에 쓰게 하고.

히스기야는 성전 제도와 제사 제도를 원래대로 회복시켰다.

〔4-10절〕 또 예루살렘에 거한 백성을 명하여 제사장들과 레위 사람들의 응식(應食)[그들에게 주도록 율법에 규정된 양식]을 주어 저희로 여호와의 율법을 힘쓰게 하라 한지라. 왕의 명령이 내리자 곧 이스라엘 자손이 곡식과 포도주와 기름과 꿀과 밭의 모든 소산의 처음 것[첫열매]을 풍성히 드렸고 또 모든 것의 십일조를 많이 가져왔으며 유다 여러 성읍에 거한 이스라엘과 유다 자손도 소와 양의 십일조를 가져왔고 또 그 하나님 여호와께 구별하여 드릴 성물의 십일조를 가져왔으며 그것을 쌓아 더미를 이루었는데 3월에 쌓기를 시작하여 7월에 마친지라. 히스기야와 방백들이 와서 더미를 보고 여호와를 송축하고 그 백성 이스라엘을 위하여 축복하니라. 히스기야가 그 더미에 대하여 제사장들과 레위 사람들에게 물으니 사독의 족속 대제사장 아사랴가 대답하여 가로되 백성이 예물을 여호와의 전에 드리기 시작

함으로부터 우리가 족하게 먹었으나 남은 것이 많으니 이는 여호와께서 그 백성에게 복을 주셨음이라. 그 남은 것이 이렇게 많이 쌓였나이다.

히스기야는 예루살렘에 거한 백성을 명하여 제사장들과 레위 사람들에게 주도록 율법에 규정된 양식을 주어 그들로 여호와의 율법을 준행하기를 힘쓰게 하라고 했다. 이스라엘 백성의 소득의 십일조와 첫열매는 제사장들과 레위인들을 위한 양식으로 율법에 규정되어 있다(민 18장). 무리들은 그것들을 쌓아 더미를 이루었는데 3월에 쌓기 시작하여 7월에 마쳤다. 넉 달 동안이나 사람들이 십일조와 첫열매를 가져온 것이다. 히스기야와 방백들은 와서 그 더미를 보고 여호와를 찬송하고 이스라엘 백성을 위해 축복하였다.

〔11-19절〕그때에 히스기야가 명하여 여호와의 전 안에 방을 예비하라 한 고로 드디어 예비하고 성심으로[성실하게] 그 예물과 십일조와 구별한 물건을 갖다두고 레위 사람 고나냐는 그 일을 주관하고 그 아우 시므이는 버금이 되며 여히엘과 아사시야와 나핫과 아사헬과 여리못과 요사밧과 엘리엘과 이스마갸와 마핫과 브나야는 고나냐와 그 아우 시므이의 수하에서 보살피는 자가 되니 이는 히스기야 왕과 하나님의 전을 관리하는 아사랴의 명한 바며 동문지기 레위 사람 임나의 아들 고레는 즐거이 하나님께 드리는 예물을 맡아 여호와께 드리는 것과 모든 지성물을 나눠주며 그 수하의 에덴과 미냐민과 예수아와 스마야와 아마랴와 스가냐는 제사장의 성읍들에 있어서 직임을 맡아 그 형제에게 반차대로 무론대소하고 나눠주되 3세 이상으로 족보에 기록된 남자 외에 날마다 여호와의 전에 들어가서 그 반차대로 직임에 수종드는 자들에게 다 나눠주며 또 그 족속대로 족보에 기록된 제사장들에게 나눠주며 20세 이상부터 그 반차대로 직임을 맡은 레위 사람들에게 나눠주며 또 그 족보에 기록된 온 회중의 어린아이와 아내와 자녀들에게 나눠주었으니 이 회중은 성결하고 충실히 그 직분을 다하는 자며 각 성읍에서 녹명된 사람이 있어 성읍 가까운 들에 거한 아론 자손 제사장들에게도 나눠주되 제사장들의 모든 남자와 족보에 기록된 레위 사람들에게 나눠주었더라.

히스기야는 여호와의 전 안에 방을 예비하라 명하여 예비하였고 성실하게 그 예물과 십일조와 구별한 물건을 갖다두고 레위 사람들로 그것을 관할하고 제사장들과 레위 사람들에게 나누어주게 하였다.

〔20-21절〕 히스기야가 온 유다에 이같이 행하되 그 하나님 여호와 보시기에 선과 정의와 진실함으로 행하였으니 무릇 그 행하는 모든 일 곧 하나님의 전에 수종드는 일에나 율법에나 계명에나 그 하나님을 구하고 일심으로 행하여 형통하였더라.

히스기야는 온 유다에 이같이 행하여 그 하나님 여호와 보시기에 선과 의와 진실함으로 행하였다. 그의 행하는 모든 일 곧 하나님의 전에 수종드는 일에나 율법에나 계명에나 그 하나님을 구하고 전심으로 행하여 형통하였다. 그것은 우리에게 선한 본이 된다.

본장의 교훈을 정리해보자. 첫째로, 히스기야와 그 백성은 이스라엘 유다 여러 성읍에서 주상(柱像)을 부수고 아세라 목상을 찍고 예루살렘과 베냐민과 에브라임과 므낫세의 온 땅에서 산당과 단을 제하고 멸하였다. 히스기야가 우상들을 제거한 것은 후대에 본이 된다. 우상숭배는 사람의 죄악들 중에 가장 큰 죄악, 곧 첫 번째 죄악이다(롬 1:21-25). 우리는 모든 우상을 제거해야 하고 그것들을 멀리해야 한다(요일 5:21).

둘째로, 히스기야는 제사장들과 레위 사람들로 매일 아침저녁으로 드리는 번제와 안식일, 월삭, 및 율법에 규정된 절기들에 드리는 번제와 각종 제사들을 드리고 하나님께 감사 찬송을 올리게 했다. 그것은 율법에 규정된 대로의 예배의 회복이었다. 오늘날 우리도 하나님께 신령과 진정으로(요 4:24), 즉 예수 그리스도의 십자가 의를 의지하며 진리의 말씀 안에서 또 성령의 도우심으로 참된 예배를 하나님께 드려야 한다.

셋째로, 이스라엘 백성은 율법 규정대로 하나님께 십일조와 첫열매를 바쳤고 히스기야는 하나님 보시기에 의와 선과 진실을 행했고 하나님을 구하며 전심으로 행했고 형통함을 얻었다. 우리는 하나님을 경외하고 전심으로 그를 섬기며 그의 계명들을 온전히 순종해야 한다. 그때 우리도 큰 평안과 형통을 누릴 것이다. 하나님께서는 이사야 48:18에서 "네가 내 명령을 들었더면 네 평안이 강 같았겠다"라고 말씀하셨다.

32장: 앗수르 왕 산헤립을 물리침

〔1-8절〕이 모든 충성된 일 후에 앗수르 왕 산헤립이 유다에 들어와서 견고한 성읍들을 향하여 진을 치고 쳐서 취하고자 한지라. 히스기야가 산헤립이 예루살렘을 치러 온 것을 보고 그 방백들과 용사들로 더불어 의논하고 성 밖에 모든 물 근원을 막고자 하매 저희가 돕더라. 이에 백성이 많이 모여 모든 물 근원과 땅으로 흘러가는 시내를 막고 이르되 어찌 앗수르 왕들로 와서 많은 물을 얻게 하리요 하고 히스기야가 세력을 내어 퇴락한 성을 중수하되 망대까지 높이 쌓고 또 외성(外城)을 쌓고 다윗성의 밀로를 견고케 하고 병기와 방패를 많이 만들고 군대 장관들을 세워 백성을 거느리게 하고 성문 광장 자기에게로 무리를 모으고 말로 위로하여 가로되 너희는 마음을 강하게 하며 담대히 하고 앗수르 왕과 그 좇는 온 무리로 인하여 두려워 말며 놀라지 말라. 우리와 함께하는 자가 저와 함께하는 자보다 크니 저와 함께하는 자는 육신의 팔이요 우리와 함께하는 자는 우리의 하나님 여호와시라. 반드시 우리를 도우시고 우리를 대신하여 싸우시리라 하매 백성이 유다 왕 히스기야의 말로 인하여 안심하니라.

히스기야 왕은 하나님을 경외하고 그의 계명을 지킨 경건한 왕이었으나, 하나님께서는 앗수르 왕 산헤립의 침공을 허락하셨다. 그것은 그를 통해 영광을 받으시려는 하나님의 뜻이었다. 히스기야는 그 위기의 상황을 믿음으로 잘 대처했다. 히스기야는 힘을 내어 부서진 성벽을 보수하였고 그 위에 망대들도 쌓았고(NASB) 또 외성(外城)을 쌓고 다윗성의 밀로를 견고케 하고 병기와 방패를 많이 만들고 군대 장관들을 세워 백성을 거느리게 하였다. 그는 무리를 성문 광장으로 모으고 말로 위로하였다. 히스기야에게는 하나님을 믿는 믿음이 있었다. 그는 살아계신 참되신 하나님께서 우리와 함께하시며 우리를 도우시고 우리를 위해 싸우실 것이라는 확신을 가지고 있었다. 백성은 유다 왕 히스기야의 말로 인하여 안심하였다.

〔9-15절〕그 후에 앗수르 왕 산헤립이 그 온 군대를 거느리고 라기스를

치며 그 신복을 예루살렘에 보내어 유다 왕 히스기야와 예루살렘에 있는 유다 무리에게 고하여 이르기를 앗수르 왕 산헤립은 이같이 말하노라. 너희가 예루살렘에 에워싸여 있으면서 무엇을 의뢰하느냐? 히스기야가 너희를 꾀어 이르기를 우리 하나님 여호와께서 우리를 앗수르 왕의 손에서 건져내시리라 하거니와 이 어찌 너희로 주림과 목마름으로 죽게 함이 아니냐? 이 히스기야가 여호와의 산당들과 단들을 제하여 버리고 유다와 예루살렘에 명하여 이르기를 너희는 다만 한 단 앞에서 경배하고 그 위에 분향하라 하지 아니하였느냐? 나와 내 열조가 이방 모든 백성에게 행한 것을 너희가 알지 못하느냐? 열방의 신들이 능히 그 땅을 나의 손에서 건져 낼 수 있었느냐? 나의 열조가 진멸한 열국의 그 모든 신 중에 누가 능히 그 백성을 내 손에서 건져내었기에 너희 하나님이 능히 너희를 내 손에서 건지겠느냐? 그런즉 이와 같이 히스기야에게 속지 말라. 꾀임을 받지 말라. 저를 믿지도 말라. 아무 백성이나 아무 나라의 신도 능히 그 백성을 나의 손과 나의 열조의 손에서 건져내지 못하였나니 하물며 너희 하나님이 너희를 내 손에서 건져내겠느냐 하였더라.

산헤립의 말은 믿음 없는 자들의 마음을 혼란시킬 만한 말이었다. 하나님께서 도우셔서 구원해주지 않으신다면 그들은 포위된 상태에서 오래 버틸 수 없을 것이다. 그들은 굶주림과 목마름으로 죽을 수밖에 없을 것이다. 앗수르 왕과 그 군대의 세력은 참으로 두려워할 만했다. 그들은 온 세계를 정복하고 있었다. "열방의 신들," "열국의 그 모든 신들," "아무 백성이나 아무 나라의 신들"이 그 백성을 앗수르 왕의 손으로부터 지키지 못했고 그 손에서 건져내지 못했다. 그 사실들은 이스라엘의 신 여호와도 그 백성을 지키지 못할 것이라는 의심과 두려움을 만들 수 있을 것같이 보였다.

〔16-19절〕 산헤립의 신복들도 더욱 여호와 하나님과 그 종 히스기야를 비방하였으며 산헤립이 또 편지를 써서 보내어 이스라엘 하나님 여호와를 욕하고 비방하여 이르기를 열방의 신들이 그 백성을 내 손에서 구원하여 내지 못한 것같이 히스기야의 신들도 그 백성을 내 손에서 구원하여 내지 못하리라 하고 산헤립의 신하가 유다 방언으로 크게 소리질러 예루살렘 성 위

에 있는 백성을 놀라게 하고 괴롭게 하여 그 성을 취하려 하였는데 저희가
예루살렘의 하나님을 훼방하기를 사람의 손으로 지은 세상 백성의 신들을
훼방하듯 하였더라.

앗수르 왕 산헤립과 그의 신복들은 단지 히스기야와 유다 백성을
비방하고 모욕한 것이 아니었다. 그들은 여호와 하나님을 비방하고
모욕하였다. 그들은 여호와 하나님을 사람들이 손으로 지은 세상의
신들처럼 비방하였다. 그러나 여호와 하나님께서는 사람이 만든 신
이 아니다. 그는 영원자존하신 하나님이시다. 그는 사람과 세상이 있
기 전부터 계신 하나님이시다. 그는 그들의 비방과 모욕을 들으셨다.
그는 그들의 비방과 모욕에 대해 침묵하고 계시지 않을 것이다.

〔20-23절〕 이러므로 히스기야 왕이 아모스의 아들 선지자 이사야로 더
불어 하늘을 향하여 부르짖어 기도하였더니 여호와께서 한 천사를 보내어
앗수르 왕의 영[진영]에서 모든 큰 용사와 대장과 장관들을 멸하신지라. 앗
수르 왕이 얼굴이 뜨뜻하여 그 고국으로 돌아갔더니 그 신의 전에 들어갔을
때에 그 몸에서 난 자들이 거기서 칼로 죽였더라. 이와 같이 여호와께서 히
스기야와 예루살렘 거민을 앗수르 왕 산헤립의 손과 모든 적국의 손에서 구
원하여내사 사면으로 보호하시매 여러 사람이 예물을 가지고 예루살렘에
와서 여호와께 드리고 또 보물로 유다 왕 히스기야에게 드린지라. 이 후부
터 히스기야가 열국의 눈에 존대하게 되었더라.

히스기야 왕은 아모스의 아들 선지자 이사야와 함께 하늘을 향하
여 부르짖어 기도했다. 고난을 당한 성도가 그 고난을 이기는 방법은
오직 기도뿐이다. 그것은 하나님을 믿는 자의 당연한 일이다. 살아계
시고 참되신 하나님을 믿는 자마다 하나님께 기도하며 특히 어려운
문제를 만났을 때 하나님께 간절히 부르짖어 기도한다.

히스기야와 이사야의 기도는 하늘에 상달하였다. 여호와께서는 한
천사를 보내어 앗수르 왕의 진영에서 모든 큰 용사와 대장과 장관들
을 멸하셨다. 열왕기하 19:35과 이사야 37:36은 그 밤에 앗수르 진중
에서 18만 5천명이 죽었다고 증거하였다. 살아계신 하나님께서 비상

하게 개입하셨다. 그는 비상한 때 비상한 방식으로 개입하실 수 있고 개입하셨다. 앗수르 왕은 급작스럽고 기이한 사고로 인하여 얼굴이 뜨뜻하여 고국으로 돌아갔고 그 신의 전에 들어갔을 때에 그 몸에서 난 자들이 거기서 칼로 그를 죽였다. 여호와께서는 그를 비방하였던 앗수르 왕 산헤립을 이렇게 징벌하셨고 히스기야와 예루살렘 거민을 그의 손과 모든 적국의 손에서 구원해 주셨고 사면으로 보호하셨다. 이후부터 히스기야는 열국의 눈에 크게 여김을 받았다.

〔24-26절〕그때에 히스기야가 병들어 죽게 된 고로 여호와께 기도하매 여호와께서 그에게 대답하시고 또 이적으로 보이셨으나 히스기야가 마음이 교만하여 그 받은 은혜를 보답지 아니하므로 진노가 저와 유다와 예루살렘에 임하게 되었더니 히스기야가 마음의 교만함을 뉘우치고 예루살렘 거민들도 그와 같이 하였으므로 여호와의 노가 히스기야의 생전에는 저희에게 임하지 아니하니라.

성도에게는 여러 종류의 고난이 있다. 그러나 이때도 히스기야는 여호와께 기도하였고 여호와께서는 그에게 대답하시고 기적으로 보이셨다. 그는 죽을병에서 나았고 회복되었다(왕하 20:1-7). 그러나 그는 마음이 교만하여 그 받은 은혜를 보답지 아니하므로 진노가 그와 유다와 예루살렘에 임하게 되었다. 경건한 히스기야 속에도 교만이 있었고 교만은 하나님의 진노를 가져온다. 그러나 그는 마음의 교만함을 뉘우치고 예루살렘 거민들도 그와 같이 하였으므로 여호와의 노가 히스기야의 생전에는 그들에게 임하지 아니하였다.

〔27-30절〕히스기야가 부와 영광이 극한지라. 이에 은금과 보석과 향품과 방패와 온갖 보배로운 그릇들을 위하여 국고를 세우며 곡식과 새 포도주와 기름의 산물을 위하여 창고를 세우며 온갖 짐승의 외양간을 세우며 양떼의 우리를 갖추며 양떼와 많은 소떼를 위하여[얻었고] 성읍들을 세웠으니 이는 하나님이 저에게 재산을 심히 많이 주셨음이며 이 히스기야가 또 기혼의 윗 샘물을 막아 그 아래로 좇아 다윗성 서편으로 곧게 인도하였으니 저의 모든 일이 형통하였더라.

히스기야 때에는 부와 영광이 매우 컸고 그의 모든 일이 형통했다.

〔31-33절〕 그러나 바벨론 방백들이 히스기야에게 사자를 보내어 그 땅에서 나타난 이적을 물을 때에 하나님이 히스기야를 떠나시고 그 심중에 있는 것을 다 알고자 하사 시험하셨더라. 히스기야의 남은 행적과 그 모든 선한 일이 아모스의 아들 선지자 이사야의 묵시 책과 유다와 이스라엘 열왕기에 기록되니라. 히스기야가 그 열조와 함께 자매 온 유다와 예루살렘 거민이 저를 다윗 자손의 묘실 중 높은 곳에 장사하여 저의 죽음에 존경함을 표하였더라. 그 아들 므낫세가 대신하여 왕이 되니라.

본문은 히스기야의 실수도 증거한다. 사람은 하나님의 은혜가 아니고서는 실수치 않고 바른 길을 지키기 어려운 약한 존재이다.

본장의 교훈을 정리해보자. 첫째로, 히스기야는 하나님을 경외하고 그의 계명대로 행했지만, 하나님의 깊으신 뜻 가운데 앗수르 왕의 침공을 당했고, 또 큰 구원을 경험한 후에도 심한 병이 들어 죽을 지경이 되었다. 인생의 여정은 고난의 연속이다. 시편 90:10, "우리의 연수가 칠십이요 강건하면 팔십이라도 그 연수의 자랑은 수고와 슬픔뿐이요."

둘째로, 히스기야는 앗수르 왕 산헤립의 침공을 당했을 때 여호와께서 천지만물을 창조하신 참 하나님을 확신하며 의지하였고 동요하는 백성을 그 믿음으로 위로하며 격려하였고 하나님께 부르짖어 기도하여 응답을 얻었다. 또 그는 죽을병에 걸렸을 때에도 기도하여 회복을 얻었다. 하나님을 믿는 자는 하나님께 기도할 수 있고 어떤 고난도 극복할 수 있다. 사시고 참되신 하나님께서는 믿고 기도하는 자들을 도우실 것이다. 우리는 세상에서 고난을 당할 때 믿음과 기도로 대처해야 한다.

셋째로, 히스기야는 연약한 인생이었다. 그는 교만하기 쉬운 존재이었고 넘어지고 범죄하기 쉬운 존재이었다. 우리도 그러하다. 그러므로 우리는 오직 하나님의 은혜밖에 자랑할 것이 없다. 우리는 우리 자신이 연약한 존재임을 알고 어떤 경우에라도 우리 자신을 크게 여기지 말고 겸손히 하나님만 의지하고 그의 은혜와 능력을 구하며 감사해야 한다.

33장: 므낫세와 아몬

〔1-9절〕 므낫세가 위(位)에 나아갈 때에 나이 12세라. 예루살렘에서 55년을 치리하며 여호와 보시기에 악을 행하여 여호와께서 이스라엘 자손 앞에서 쫓아내신 이방 사람의 가증한 일을 본받아 그 부친 히스기야의 헐어버린 산당을 다시 세우며 바알들을 위하여 단을 쌓으며 아세라 목상을 만들며 하늘의 일월성신(콜-체바 אָבָצ ־ לָכ)[만상(萬象)]을 숭배하여 섬기며 여호와께서 전에 이르시기를 내가 내 이름을 예루살렘에 영영히 두리라 하신 여호와의 전에 단들을 쌓고 또 여호와의 전 두 마당에 하늘의 일월성신[만상]을 위하여 단들을 쌓고 또 힌놈의 아들 골짜기에서 그 아들들을 불 가운데로 지나게 하며 또 점치며 사술과 요술을 행하며 신접한 자와 박수를 신임하여 여호와 보시기에 악을 많이 행하여 그 진노를 격발하였으며[일으켰으며] 또 자기가 만든 아로새긴 목상을 하나님의 전에 세웠더라. 옛적에 하나님이 이 전에 대하여 다윗과 그 아들 솔로몬에게 이르시기를 내가 이스라엘 모든 지파 중에서 택한 이 전과 예루살렘에 내 이름을 영원히 둘지라. 만일 이스라엘 사람이 내가 명한 일 곧 모세로 전한 모든 율법과 율례와 규례를 지켜 행하면 내가 그들의 발로 다시는 그 열조에게 정하여 준 땅에서 옮기지 않게 하리라 하셨으나 유다와 예루살렘 거민이 므낫세의 꾀임을 받고 악을 행한 것이 여호와께서 이스라엘 자손 앞에서 멸하신 열방보다 더욱 심하였더라.

사람은 악한 본을 멀리하고 선한 본을 가까이해야 한다. 므낫세는 이방인들의 악한 본을 따라 산당들을 세우고 바알과 아세라를 섬기는 우상숭배에 떨어졌다. 또 그는 여호와께서 그의 이름을 두신 여호와의 전에 단들을 쌓고 또 여호와의 전 두 마당에 하늘의 해와 달과 별들을 위해 단들을 쌓고 또 힌놈의 아들 골짜기에서 그 아들들을 불 가운데로 지나게 하며 또 점치며 사술과 요술을 행하며 신접한 자와 박수를 신임하여 여호와 보시기에 악을 많이 행하여 그 진노를 일으켰다. 특히 그의 우상숭배로 성전을 더럽히고 거짓된 신비주의를 받아들여 행한 죄악들은 하나님을 심히 노하게 했다. 또 그는 자기가 만든 아로새긴 목상을 하나님의 전에 세웠다.

유다와 예루살렘 거민이 므낫세의 꾀임을 받고 악을 행한 것이 여호와께서 이스라엘 자손 앞에서 멸하신 열방보다 더욱 심했다. 왕이 타락할 때 온 백성이 죄에 빠졌다. 유다의 타락은 이방인들보다 더욱 심하였다. 목사들이 타락하면 교회가 타락하고, 교회가 타락하면 세상보다 더 악해질 수 있다. 그것이 중세 천주교회의 역사이기도 했다.

〔10-13절〕 여호와께서 므낫세와 그 백성에게 이르셨으나 저희가 듣지 아니한 고로 여호와께서 앗수르 왕의 군대 장관들로 와서 치게 하시매 저희가 므낫세를 [코걸이로](바코킴 בַּחֹחִים)(NIV) 사로잡고 쇠사슬로 결박하여 바벨론으로 끌어간지라. 저가 환난을 당하여 그 하나님 여호와께 간구하고 그 열조의 하나님 앞에 크게 겸비하여 기도한 고로 하나님이 그 기도를 받으시며 그 간구를 들으시사 저로 예루살렘에 돌아와서 다시 왕위에 거하게 하시매 므낫세가 그제야 여호와께서 하나님이신 줄을 알았더라.

회개치 않는 죄에 대해서는 반드시 하나님의 징벌이 있다. 그러나 므낫세가 환난을 당하여 하나님께 간구하고 하나님 앞에 크게 겸비하여 기도하므로 하나님께서 그 기도를 받으시며 그 간구를 들으셔서 그로 예루살렘에 돌아와서 다시 왕위에 있게 하셨다. 심히 악한 므낫세라도 하나님께 회개하며 겸손히 기도할 때 하나님께서 들으시고 긍휼히 여기셨다. 므낫세는 그제야 여호와께서 하나님이신 줄을 알았다. 그는 회개와 기도 응답을 통하여 하나님을 체험한 것이다.

〔14-20절〕 그 후에 다윗성 밖 기혼 서편 골짜기 안에 외성(外城)을 쌓되 생선문[어문] 어귀까지 이르러 오벨을 둘러 심히 높이 쌓고 또 유다 모든 견고한 성읍에 군대장관을 두며 이방 신들과 여호와의 전의 우상을 제하며 여호와의 전을 건축한 산에와 예루살렘에 쌓은 모든 단을 다 성 밖에 던지고 여호와의 단을 중수(重修)하고 화목제와 감사제를 그 단 위에 드리고 유다를 명하여 이스라엘 하나님 여호와를 섬기라 하매 백성이 그 하나님 여호와께만 제사를 드렸으나 오히려 산당에서 제사를 드렸더라. 므낫세의 남은 사적과 그 하나님께 기도한 말씀과 선견자가 이스라엘 하나님 여호와의 이

름을 받들고 권한 말씀이 모두 이스라엘 열왕의 행장에 기록되었고 또 그 기도와 그 기도를 들으신 것과 그 모든 죄와 건과(愆過)[불신실](NASB, NIV)와 겸비하기 전에 산당을 세운 곳과 아세라 목상과 우상을 세운 곳들이 다 호새의 사기(史記)에 기록되니라. 므낫세가 그 열조와 함께 자매 그 궁에 장사하고 그 아들 아몬이 대신하여 왕이 되니라.

그 후, 므낫세는 이방 신들과 여호와의 전의 우상을 제하며 여호와의 전을 건축한 산에와 예루살렘에 쌓은 모든 단을 다 성 밖에 던지고, 여호와의 단을 수리하고 화목제와 감사제를 그 단 위에 드리고, 유다를 명하여 이스라엘 하나님 여호와를 섬기라 하였고 백성들은 그 하나님 여호와께만 제사를 드렸다.

〔21-25절〕아몬이 위(位)에 나아갈 때에 나이 22세라. 예루살렘에서 2년을 치리하며 그 부친 므낫세의 행함같이 여호와 보시기에 악을 행하여 그 부친 므낫세가 만든 아로새긴 모든 우상에게 제사하여 섬겼으며 이 아몬이 그 부친 므낫세의 스스로 겸비함같이 여호와 앞에서 스스로 겸비치 아니하고 더욱 범죄하더니 그 신복이 반역하여 왕을 궁중에서 죽이매 국민이 아몬 왕을 반역한 사람들을 다 죽이고 그 아들 요시야로 대신하여 왕을 삼으니라.

아몬은 그 부친 므낫세의 행함같이 여호와 보시기에 악을 행하여 므낫세가 만든 아로새긴 모든 우상에게 제사하여 섬겼다. 그는 므낫세의 겸비함같이 여호와 앞에서 겸비치 않고 더욱 범죄하였다. 그때 그 신복이 반역하여 왕을 궁중에서 죽였다.

본장의 교훈을 정리해보자. 첫째로, 히스기야는 경건과 의와 선으로 잘 정치하여 평안한 사회를 만들었었으나 그가 늦게 얻은 아들 므낫세는 불경건하고 악한 정치로 하나님을 노하시게 했다. 그는 그의 부친의 종교개혁을 헛되게 하였고, 우상숭배의 이방 풍습을 온 땅에 다시 가득하게 했다. 참으로 슬픈 일이다. 이 세상에서 우리의 참 지도자는 오직 하나님과 주 예수 그리스도뿐이시지만, 우리의 교회나 사회나 국가에 누가를 지도자로 세우는가 하는 것은 그 교회나 사회나 국가에 참으로 중요한 문제이다. 우리는 교회나 사회나 지도자를 잘 세워야 한다.

특히, 교회의 담임목사나 장로들을 세우는 일은 참으로 중요한 일이다. 교회가 목사를 청빙할 때나 장로들을 세울 때 단순히 외모가 좋은 자나 말을 잘하는 자나 좋은 학교를 나온 자를 뽑지 말고 그의 사상과 인품이 반듯한 자를 택해야 한다. 이것은 참으로 중요한 일이다. 시장이나 대통령이나 도지사나 국회의원도 좋은 사람을 뽑아야 하지만, 교회의 목사와 장로들을 세울 때는 바른 신앙사상과 분별력을 가지고 경건과 도덕성과 바른 인격성을 가진 자를 세워야 교회가 복을 받는다.

둘째로, 므낫세의 죄악은 온 땅을 우상숭배의 나라로 만든 것이었고 그것은 하나님을 심히 노하게 하였다. 우리는 범죄치 말아야 하고 특히 우상숭배의 죄를 짓지 말아야 한다. 현대인들의 첫 번째 우상은 돈이다. 돈 사랑과 탐심은 우상숭배이다(골 3:5). 사람이 탐심을 떠난 표는 자족하며 근검절약하며 남을 구제하는 생활이다. 디모데전서 6:8, "우리가 먹을 것과 입을 것이 있은즉 족한 줄로 알 것이니라." 잠언 11:24-25, "흩어 구제하여도 더욱 부하게 되는 일이 있나니 과도히 아껴도 가난하게 될 뿐이니라. 구제를 좋아하는 자는 풍족하여질 것이요 남을 윤택하게 하는 자는 윤택하여지리라." 우리는 돈 사랑 즉 탐심을 버려야 한다.

셋째로, 므낫세는 앗수르 군대장관들이 와서 그를 쇠사슬로 결박해 바벨론으로 끌어갔을 때 하나님께 회개하며 겸손히 하나님께 간구했고 다시 고국으로 돌아오게 되었을 때 하나님을 인정하게 되었다. 하나님께서는 우리가 범죄했을 때 고난을 통해 깨우치신다. 고난은 범죄한 자에게 회개할 기회이며 회개에 이르게 하는 유익을 준다. 시편 119:71, "고난 당한 것이 내게 유익이라. 이로 인하여 내가 주의 율례를 배우게 되었나이다." 이사야 55:6, "너희는 여호와를 만날 만한 때에 찾으라. 가까이 계실 때에 그를 부르라." 우리는 고난을 당하여 하나님께서 우리에게 회개할 기회를 주셨다고 느껴질 때 즉시 깨닫고 회개해야 한다.

34장: 요시야의 통치와 율법책 발견

〔1-7절〕요시야가 위(位)에 나아갈 때에 나이 8세라. 예루살렘에서 31년을 치리하며 여호와 보시기에 정직히 행하여 그 조상 다윗의 길로 행하여 좌우로 치우치지 아니하고 오히려 어렸을 때 곧 위(位)에 있은 지 8년에 그 조상 다윗의 하나님을 비로소 구하고 그 12년에 유다와 예루살렘을 비로소 정결케 하여 그 산당과 아세라 목상들과 아로새긴 우상들과 부어만든 우상들을 제하여 버리매 무리가 왕의 앞에서 바알들의 단을 훼파하였으며 왕이 또 그 단 위에 높이 달린 태양상들을 찍고 또 아세라 목상들과 아로새긴 우상들과 부어 만든 우상들을 빻아 가루를 만들어 거기 제사하던 자들의 무덤에 뿌리고 제사장들의 뼈를 단 위에서 불살라 유다와 예루살렘을 정결케 하였으며 또 므낫세와 에브라임과 시므온과 납달리까지 사면 황폐한 성읍들에도 그렇게 행하여 단들을 훼파하며 아세라 목상들과 아로새긴 우상들을 빻아 가루를 만들며 온 이스라엘 땅에 있는 모든 태양상을 찍고 예루살렘으로 돌아왔더라.

요시야는 왕위에 나아갈 때 나이 8세인 어린아이이었고 예루살렘에서 31년을 다스린 후 39세에 죽었으나 하나님의 보시기에 정직히 행하였고 그 조상 다윗의 길로 행하며 좌우로 치우치지 않았다. 그는 하나님 앞에서 경건하고 바른 왕으로 기록되었다. 사람이 하나님의 보시기에 의를 행하며 좌우로 치우치지 않는 것이 중요하다.

요시야는 나이 16세에 그 조상 다윗의 하나님을 비로소 구하였다. 그것은 하나님의 은혜이었다. 또 그는 나이 20세에 유다와 예루살렘을 비로소 정결케 하여 그 산당과 아세라 목상들과 아로새긴 우상들과 부어만든 우상들을 제하여 버렸다. 그는 심지어 므낫세와 에브라임과 시므온과 납달리까지 즉 북쪽 이스라엘 지역까지 주위의 황폐한 성읍들에도 그렇게 행하였다. 그는 하나님의 일에 열심이 있었다.

〔8-13절〕요시야가 위(位)에 있은 지 18년에 그 땅과 전(殿)을 정결케 하기를 마치고 그 하나님 여호와의 전을 수리하려 하여 아살랴의 아들 사반

과 부윤[성주 城主] 마아세야와 서기관 요아하스의 아들 요아를 보낸지라. 저희가 대제사장 힐기야에게 나아가 전에 하나님의 전에 연보한 돈을 저에게 붙이니 이 돈은 문을 지키는 레위 사람이 므낫세와 에브라임과 남아 있는 이스라엘 사람과 온 유다와 베냐민과 예루살렘 거민들에게서 거둔 것이라. 그 돈을 여호와의 전 역사를 감독하는 자의 손에 붙이니 저희가 여호와의 전에 있는 공장[기술자들]에게 주어 그 전을 수리하게 하되 곧 목수와 건축하는 자에게 붙여 다듬은 돌과 연접하는 나무를 사며 유다 왕들이 헐어버린 전들을 위하여 들보를 만들게 하매 그 사람들이 진실히 그 일을 하니라. 그 감독은 레위 사람 곧 므라리 자손 중 야핫과 오바댜요 그핫 자손 중 스가랴와 무술람이라. 다 그 일을 주장하고 또 음악에 익숙한 레위 사람이 함께 하였으며 저희가 또 담부하는[져서 나르는] 자를 관할하며 범백 공장[모든 일]을 동독[감독]하고 어떤 레위 사람은 서기와 관리와 문지기가 되었더라.

요시야는 26세 때 그 땅과 전(殿)을 정결케 하기를 마치고 하나님의 전을 수리하려고 하였고 대제사장 힐기야에게 전에 하나님의 전에 연보한 돈을 그에게 붙였고 그는 그 돈을 여호와의 전(殿)의 일들을 감독하는 자의 손에 붙였고 그들은 그 돈을 목수와 건축하는 자에게 붙여 유다 왕들이 헐어버린 전들을 위해 들보를 만들게 하였다.

[14-21절] 무리가 여호와의 전에 연보한 돈을 꺼낼 때에 제사장 힐기야가 모세의 전한 여호와의 율법책을 발견하고 서기관 사반에게 일러 가로되 내가 여호와의 전에서 율법책을 발견하였노라 하고 그 책을 사반에게 주매 사반이 책을 가지고 왕에게 나아가서 복명[보고]하여 가로되 왕께서 종들에게 명하신 것을 종들이 다 준행하였나이다. 또 여호와의 전에 있던 돈을 쏟아서 감독자와 공장의 손에 붙였나이다 하고 서기관 사반이 또 왕에게 고하여 가로되 제사장 힐기야가 내게 책을 주더이다 하고 사반이 왕의 앞에서 읽으매 왕이 율법의 말씀을 듣자 곧 자기 옷을 찢더라. 왕이 힐기야와 사반의 아들 아히감과 미가의 아들 압돈과 서기관 사반과 왕의 시신(侍臣)[수종하는 신하] 아사야에게 명하여 가로되 너희는 가서 나와 및 이스라엘과 유다의 남은 자를 위하여 이 발견한 책의 말씀에 대하여 여호와께 물으라. 우리 열조가 여호와의 말씀을 지키지 아니하고 이 책에 기록된 모든 것을 준행치 아니하였으므로 여호와께서 우리에게 쏟으신 진노가 크도다.

무리가 여호와의 전에 연보한 돈을 꺼낼 때 제사장 힐기야는 모세의 전한, 그러나 방치되었던 여호와의 율법책을 발견하였다. 그것은 하나님의 은혜이었다. 왕은 율법의 말씀을 진지하게 들었고 듣자 곧 자기 옷을 찢었다. 그는 선지자에게 물으러 사람들을 보냈다.

〔22-28절〕이에 힐기야와 왕의 보낸 사람들이 여선지자 훌다에게로 나아가니 저는 하스라의 손자 독핫의 아들 예복을 주관하는 살룸의 아내라. 예루살렘 둘째 구역에 거하였더라. 저희가 그에게 이 뜻으로 고하매 훌다가 저희에게 이르되 이스라엘 하나님 여호와의 말씀으로 너희는 너희를 내게 보낸 사람에게 고하기를 여호와의 말씀이 내가 이 곳과 그 거민에게 재앙을 내리되 곧 유다 왕 앞에서 읽은 책에 기록된 모든 저주대로 하리니 이는 이 백성이 나를 버리고 다른 신에게 분향하며 그 손의 모든 소위로 나의 노를 격발하였음이라. 그러므로 나의 노를 이 곳에 쏟으매 꺼지지 아니하리라 하라 하셨느니라. 너희를 보내어 여호와께 묻게 한 유다 왕에게는 너희가 이렇게 고하라. 이스라엘 하나님 여호와의 말씀이 네가 들은 말을 의논컨대 내가 이 곳과 그 거민을 가리켜 말한 것을 네가 듣고 마음이 연하여 하나님 앞 곧 내 앞에서 겸비하여 옷을 찢고 통곡하였으므로 나도 네 말을 들었노라. 여호와가 말하였느니라. 그러므로 내가 너로 너의 열조에게 돌아가서 평안히 묘실로 들어가게 하리니 내가 이 곳과 그 거민에게 내리는 모든 재앙을 네가 눈으로 보지 못하리라 하셨느니라. 사자들이 왕에게 복명(復命)하니라〔그 말을 그대로 전하니라〕.

힐기야와 왕의 보낸 사람들은 여선지자 훌다에게로 나아갔는데, 훌다는 하나님께서 율법에 기록된 대로 이 백성에게 진노와 저주를 내리실 것이라고 선언했다. 그러나 그는 또 이 말씀을 듣고 겸손하게 통곡한 유다 왕은 그 재앙을 보지 못하고 평안히 죽을 것이라고 했다.

〔29-33절〕왕이 보내어 유다와 예루살렘의 모든 장로를 불러모으고 이에 여호와의 전에 올라가매 유다 모든 사람과 예루살렘 거민과 제사장들과 레위 사람들과 모든 백성이 무론노소하고 다 함께한지라. 왕이 여호와의 전 안에서 발견한 언약책의 모든 말씀을 읽어 무리의 귀에 들리고 왕이 자기 처소에 서서 여호와 앞에서 언약을 세우되 마음을 다하고 성품을 다하여 여

호와를 순종하고 그 계명과 법도와 율례를 지켜 이 책에 기록된 언약의 말씀을 이루리라 하고 예루살렘과 베냐민에 있는 자들로 다 이에 참가하게 하매 예루살렘 거민이 하나님 곧 그 열조의 하나님의 언약을 좇으니라. 이와 같이, 요시야가 이스라엘 자손에게 속한 모든 땅에서 가증한 것을 다 제하여 버리고 이스라엘의 모든 사람으로 그 하나님 여호와를 섬기게 하였으므로 요시야가 사는 날에 백성이 그 열조의 하나님 여호와께 복종하고 떠나지 아니하였더라.

왕은 유다와 예루살렘의 모든 장로들과 제사장들과 레위 사람들과 모든 백성을 예루살렘 성전으로 불러모으고 성전에서 발견한 언약서를 다 읽어 주었고 제사장들과 레위인들을 비롯하여 온 백성이 하나님의 언약을 지키고 순종해야 한다고 말했고 모든 백성은 왕의 지도대로 하나님께 복종하였다.

본장의 교훈을 정리해보자. 첫째로, 요시야는 유다 땅과 하나님의 전을 깨끗케 하였다. 현대인에게는 자기 자신과 돈과 육신의 쾌락이 우상이다(딤후 3장). 우리는 이런 우상들을 제거해야 한다. 우리는 우리의 삶에서 우리 자신이나 돈이나 육신의 쾌락을 사랑치 말아야 한다. 우리는 하나님의 성전인 우리 자신과 교회의 부족을 발견하고 고치고 깨끗케 해야 하며 개인과 교회의 거룩함과 온전함을 위해 힘써야 한다.

둘째로, 요시야는 성전에서 발견된 율법책을 통해 하나님의 분명한 뜻을 깨달았다. 성경은 하나님의 말씀이며 우리의 신앙과 행위에 있어서 정확무오한 유일의 규칙이다. 그러므로 우리는 성경을 열심히 읽고 듣고 배우고 다 믿고 다 순종하기를 결심하며 실천해야 한다.

셋째로, 요시야가 열심으로 예루살렘과 유다를 정결하게 했음에도 불구하고 유다를 멸망시키겠다는 하나님의 뜻은 변함이 없었다. 열왕기하 23:26은 그것이 므낫세의 죄로 말미암은 것이라고 말하였다. 우리는 세상을 멸하기로 작정하신 하나님의 뜻을 두려움으로 받아야 하고 구원이 오직 하나님의 주권적, 제한적 긍휼에 달려 있음을 알아야 한다.

35장: 요시야가 유월절을 지킴

〔1-6절〕요시야가 예루살렘 여호와 앞에서 유월절을 지켜 정월 14일에 유월절 어린양을 잡으니라. 왕이 제사장들에게 그 직분을 맡기고 면려[격려]하여 여호와의 전에서 사무를 행하게 하고 또 여호와 앞에 구별되어서 온 이스라엘을 가르치는 레위 사람에게 이르되 거룩한 궤를 이스라엘 왕 다윗의 아들 솔로몬의 건축한 전 가운데 두고 다시는 너희 어깨에 메지 말고 마땅히 너희 하나님 여호와와 그 백성 이스라엘을 섬길 것이라. 너희는 이스라엘 왕 다윗의 글과 다윗의 아들 솔로몬의 글을 준행하여 너희 족속대로 반열을 따라 스스로 예비하고 너희 형제 모든 백성의 족속의 차서[반열]대로 또는 레위 족속의 차서[반열]대로 성소에 서서 스스로 성결케 하고 유월절 어린양을 잡아 너희 형제를 위하여 예비하되 여호와께서 모세로 전하신 말씀을 좇아 행할지니라.

유월절을 지키는 것은 여호와께서 모세로 전하신 말씀을 따른 것이다. 그것은 모세의 책에 기록된 대로 하는 것이며(12절) 하나님의 규례대로 하는 것이다(13절). 즉 성경대로 하는 것이다. 물론 율법의 의식법은 예수 그리스도 안에서 폐지되었으나, 오늘날도 우리는 성경의 바른 교리와 교훈대로 하나님을 섬기며 신앙생활을 해야 한다.

〔7-9절〕요시야가 그 모인 백성들에게 자기의 소유 양떼 중에서 어린양과 어린 염소 3만과 수소 3천을 내어 유월절 제물로 주매 방백들도 즐거이 희생[제물]을 드려 백성과 제사장들과 레위 사람들에게 주었고 하나님의 전을 주장하는 자[맡은 자] 힐기야와 스가랴와 여히엘은 제사장들에게 양 2천 6백과 수소 3백을 유월절 제물로 주었고 또 레위 사람의 두목들[수장들] 곧 고나냐와 그 형제 스마야와 느다넬과 또 하사뱌와 여이엘과 요사밧은 양 5천과 수소 5백을 레위 사람들에게 유월절 제물로 주었더라.

요시야 왕을 비롯하여 방백들과 제사장들과 레위인들의 지도자들이 솔선하여 자기들의 소유물을 유월절 제물로 드렸다. 헌금은 확실히 하나님을 믿고 사랑하는 표시이다. 주께서는 제자들에게 "네 보물이 있는 그곳에는 네 마음도 있느니라"고 말씀하셨다(마 6:21).

〔10-15절〕이와 같이 섬길 일이 구비[준비]하매 왕의 명을 좇아 제사장들은 자기 처소에 서고 레위 사람들은 그 반열대로 서고 유월절 양을 잡으니 제사장들은 저희 손에서 피를 받아 뿌리고 또 레위 사람들은 잡은 짐승의 가죽을 벗기고 그 번제물을 옮겨 족속의 차서[반열]대로 모든 백성에게 나누어 모세의 책에 기록된 대로 여호와께 드리게 하고 소도 그와 같이 하고 이에 규례대로 유월절 양을 불에 굽고 그 나머지 성물은 솥과 가마와 남비에 삶아 모든 백성에게 속히 분배하고 그 후에 자기와 제사장들을 위하여 준비하니 이는 아론의 자손 제사장들이 번제와 기름을 저녁까지 드리는 고로 레위 사람들이 자기와 아론의 자손 제사장들을 위하여 준비함이더라. 아삽의 자손 노래하는 자들은 다윗과 아삽과 헤만과 왕의 선견자 여두둔의 명한 대로 자기 처소에 있고 문지기들은 각 문에 있고 그 직임에서 떠날 것이 없었으니 이는 그 형제 레위 사람들이 저희를 위하여 예비하였음이더라.

제사장들과 레위인들은 각각 자기들의 맡은 바 직무를 다하였다. 맡은 자들에게 필요한 것은 충성이다(고전 4:2). 오늘날에도 하나님께서는 우리 각 사람이 맡은 일에 충성하기를 원하신다.

〔16-19절〕이와 같이 당일에 여호와를 섬길 일이 다 준비되매 요시야 왕의 명대로 유월절을 지키며 번제를 여호와의 단에 드렸으며 그때에 모인 이스라엘 자손이 유월절을 지키고 연하여 무교절을 7일 동안 지켰으니 선지자 사무엘 이후로 이스라엘 가운데서 유월절을 이같이 지키지 못하였고 이스라엘 열왕도 요시야가 제사장들과 레위 사람들과 모인 온 유다와 이스라엘 무리와 예루살렘 거민과 함께 지킨 것처럼은 유월절을 지키지 못하였더라. 요시야의 위(位)에 있은 지 18년에 이 유월절을 지켰더라.

〔20-27절〕이 모든 일 후 곧 요시야가 전을 정돈하기를 마친 후에 애굽 왕 느고가 유브라데 강가의 갈그미스를 치러 올라온 고로 요시야가 나가서 방비하였더니 느고가 요시야에게 사자를 보내어 가로되 유다 왕이여, 내가 그대와 무슨 관계가 있느뇨? 내가 오늘날 그대를 치려는 것이 아니요 나로 더불어 싸우는 족속을 치려는 것이라. 하나님이 나를 명하사 속히 하라 하셨은즉 하나님이 나와 함께 계시니 그대는 하나님을 거스리지[거스르지] 말라. 그대를 멸하실까 하노라 하나 요시야가 몸을 돌이켜 떠나기를 싫어하고

변장하고 싸우고자 하여 하나님의 입에서 나온 느고의 말을 듣지 아니하고 므깃도 골짜기에 이르러 싸울 때에 활 쏘는 자가 요시야 왕을 쏜지라. 왕이 그 신복에게 이르되 내가 중상하였으니 나를 도와 나가게 하라. 그 신복이 저를 병거에서 내리게 하고 저의 버금 병거에 태워 예루살렘에 이른 후에 저가 죽으니 그 열조의 묘실에 장사하니라. 온 유다와 예루살렘 사람들이 요시야를 슬퍼하고 예레미야는 저를 위하여 애가를 지었으며 노래하는 남자와 여자는 요시야를 슬피 노래하니 이스라엘에 규례가 되어 오늘날까지 이르렀으며 그 가사는 애가 중에 기록되었더라. 요시야의 남은 사적과 여호와의 율법에 기록된 대로 행한 모든 선한 일과 그 시종 행적이 이스라엘과 유다 열왕기에 기록되니라.

요시야가 성전을 정돈하기를 마친 후 애굽 왕 느고가 유브라데 강가의 갈그미스를 치러 올라왔을 때 그를 막으러 나간 것은 실수이었다. 요시야는 경건한 인물이었지만 불필요한 전쟁에 휘말렸고 하나님의 뜻을 거슬러 행했고 39세에 전사(戰死)하였다. 요시야의 죽음은 유다 왕국의 몰락을 가져왔다. 그러나 그의 죽음은 실상 그의 할아버지 므낫세의 극심한 우상숭배에 대한 하나님의 징벌이었다. 열왕기하 23:26은 하나님께서 유다를 향한 그의 크신 진노를 돌이키지 않으신 것은 므낫세가 그를 격노케 한 그 모든 격노 때문이라고 기록했다.

본장의 교훈을 정리해보자. 첫째로, 젊은 요시야 왕의 명대로 제사장들과 레위인들은 유월절을 위해 각자 자기의 의무를 다하였다. 우리는 성경의 교훈대로 하나님을 섬기며 각자 맡은 직무를 다해야 한다.

둘째로, 경건한 요시야 왕은 하나님의 뜻을 거슬러 행하다가 죽었다. 고린도전서 10:12는, "그런즉 선 줄로 생각하는 자는 넘어질까 조심하라"고 말한다. 우리는 오직 하나님의 뜻을 따라 살도록 조심해야 한다.

셋째로, 하나님께서는 므낫세의 우상숭배 때문에 유다를 향하신 그의 크게 타오르는 진노를 돌이키지 않으셨다. 우리는 하나님의 엄위하신 징벌을 두려워해야 하고 특히 우상숭배의 죄를 멀리해야 한다.

36장: 유다의 멸망

본장은 유다 나라 멸망기에 통치했던 네 명의 왕에 대해 증거한다.

〔1-4절〕국민이 요시야의 아들 여호아하스를 세워 그 부친을 대신하여 예루살렘에서 왕을 삼으니 여호아하스가 위(位)에 나아갈 때에 나이 23세더라. 저가 예루살렘에서 치리한 지 석달에 애굽 왕이 예루살렘에서 그 위(位)를 폐하고 또 그 나라로 은 1백 달란트와 금 한 달란트를 벌금으로 내게 하며 애굽 왕 느고가 또 그 형제 엘리아김을 세워 유다와 예루살렘 왕을 삼고 그 이름을 고쳐 여호야김이라 하고 그 형제 여호아하스를 애굽으로 잡아갔더라.

요시야가 죽은 후 왕이 되었던 그의 아들 여호아하스는 23세에 왕이 되어 단지 석달 동안 통치하였다. 열왕기하 23:32는 여호아하스가 그 열조들처럼 여호와 보시기에 악을 행했다고 증거한다.

〔5-8절〕여호야김이 위(位)에 나아갈 때에 나이 25세라. 예루살렘에서 11년을 치리하며 그 하나님 여호와 보시기에 악을 행하였더라. 바벨론 왕 느부갓네살이 올라와서 치고 저를 쇠사슬로 결박하여 바벨론으로 잡아가고 느부갓네살이 또 여호와의 전 기구들을 바벨론으로 가져다가 바벨론에 있는 자기 신당에 두었더라. 여호야김의 남은 사적과 그 행한 모든 가증한 일과 그 심술[그를 대적한 것(NASB, NIV), 그에게 해가 된 것]이 이스라엘과 유다 열왕기에 기록되니라. 그 아들 여호야긴이 대신하여 왕이 되니라.

애굽 왕 느고에 의해 세움을 받았던 여호야김은 왕위에 나아갈 때에 나이가 25세이었고 예루살렘에서 11년을 다스리며 그 하나님 여호와 보시기에 악을 행했다. 그 당시에는 바벨론 제국의 세력이 강해지고 확장되었고 애굽의 세력은 약화된 상태이었다. 열왕기하 24:7은, "애굽 왕이 다시는 그 나라에서 나오지 못하였으니 이는 바벨론 왕이 애굽 하수에서부터 유브라데 하수까지 애굽 왕에게 속한 땅을 다 취하였음이더라"고 말하였다. 그때 바벨론 왕 느부갓네살이 올라와서 유다 나라를 쳤고 유다 왕 여호야김을 쇠사슬로 결박하여 바벨론으로 잡아갔고 느부갓네살은 또 성전 기구들을 바벨론으로 가져다가 그의 신당에 두었다. 이때 다니엘과 세 친구들도 끌려갔다(단 1:1-7).

〔9-10절〕 **여호야긴이 위(位)에 나아갈 때에 나이 8세라. 예루살렘에서 석달 열흘을 치리하며 여호와 보시기에 악을 행하였더라. 세초에 느부갓네살이 보내어 여호야긴을 바벨론으로 잡아가고 여호와의 전의 귀한 기구도 함께 가져가고 그 아자비 시드기야를 세워 유다와 예루살렘 왕을 삼았더라.**

본문은 여호야김의 아들 여호야긴이 왕위에 나아갈 때 나이 8세이었다고 말하나, 열왕기하 24:8은 여호야긴이 왕이 된 나이가 18세이었다고 기록하였다. 사본 필사와 전달 상에 문제가 있었던 것 같다. 아마 18세가 맞을 것 같다. 그는 예루살렘에서 석달 열흘을 다스리며 여호와 보시기에 악을 행했다. 그런데 연초에 느부갓네살은 군대를 보내어 여호야긴을 바벨론으로 잡아가고 여호와의 전의 귀한 기구도 함께 가져가고 그 아자비 시드기야를 세워 유다와 예루살렘 왕을 삼았다. '아자비'라는 원어(아키우 אָחִיו)는 '그의 형제'나 '그의 친척'이라는 뜻이지만(BDB), 열왕기하 24:17은 시드기야를 그의 '아자비(도도 דּוֹד)[삼촌]'이며 그의 본래의 이름이 맛다니야라고 증거했고, 또 예레미야 37:1은 그를 "요시야의 아들 시드기야"라고 증거했다.

〔11-21절〕 **시드기야가 위(位)에 나아갈 때에 나이 21세라. 예루살렘에서 11년을 치리하며 그 하나님 여호와 보시기에 악을 행하고 선지자 예레미야가 여호와의 말씀으로 일러도 그의 앞에서 겸비치 아니하였으며 느부갓네살 왕이 저로 그 하나님을 가리켜 맹세케 하였으나 저가 배반하고 목을 곧게 하며 마음을 강퍅케 하여 이스라엘 하나님 여호와께로 돌아오지 아니하였고 제사장의 어른들과 백성도 크게 범죄하여 이방 모든 가증한 일을 본받아서 여호와께서 예루살렘에 거룩하게 두신 그 전을 더럽게 하였으며 그 열조의 하나님 여호와께서 그 백성과 그 거하시는 곳을 아끼사 부지런히 그 사자들을 그 백성에게 보내어 이르셨으나 그 백성이 하나님의 사자를 비웃고 말씀을 멸시하며 그 선지자를 욕하여 여호와의 진노로 그 백성에게 미쳐**

서 만회[교정]할 수 없게 하였으므로 하나님이 갈대아 왕의 손에 저희를 다 붙이시매 저가 와서 그 성전에서 칼로 청년을 죽이며 청년 남녀와 노인과 백발노옹을 긍휼히 여기지 아니하였으며 또 하나님의 전의 대소 기명들과 여호와의 전의 보물과 왕과 방백들의 보물을 다 바벨론으로 가져가고 또 하나님의 전을 불사르며 예루살렘 성을 헐며 그 모든 궁실을 불사르며 그 모든 귀한 기명을 훼파하고 무릇 칼에서 벗어난 자를 저가 바벨론으로 사로잡아 가매 무리가 거기서 갈대아 왕과 그 자손의 노예[종들]가 되어 바사국이 주재할 때까지 이르니라. 이에 토지가 황무하여 안식년을 누림같이 안식하여 70년을 지내었으니 여호와께서 예레미야의 입으로 하신 말씀이 응하였더라.

요시야의 아들이며 여호야긴의 삼촌인 시드기야는 왕위에 나아갈 때에 나이 21세이었고 예루살렘에서 11년을 다스리며 하나님 보시기에 악을 행했다. 그는 선지자 예레미야가 여호와의 말씀으로 일러도 그의 앞에서 겸비치 않았고 느부갓네살 왕이 그로 그 하나님을 가리켜 맹세케 했으나 그가 배반하고 목을 곧게 하며 마음을 강퍅케 하여 이스라엘 하나님 여호와께로 돌아오지 않았다. 그들은 마침내 바벨론에게 패망하였고 많은 사람들이 죽고 성전과 궁궐은 불탔고 많은 사람들이 포로로 잡혀갔다. 이것이 유다의 멸망이었다.

바벨론 포로 생활은 노예 생활이었다. 포로 생활은 다 그러할 것이다. 여호아하스, 여호야김, 여호야긴, 시드기야, 이 네 명의 왕들은 다 하나님 보시기에 악을 행한 자들이었다. 특히, 여호야김과 여호야긴과 시드기야는 전왕이 이방 나라에 포로로 잡혀가는 것을 보고서도 깨닫지 못하고 악을 행하였다. 그들의 악은 시드기야 때에 가장 심했다. 시드기야 때는 제사장의 어른들과 백성이 크게 범죄하여 이방인들의 가증한 일들을 본받고 하나님의 성전을 더럽혔고 하나님의 종 선지자들의 말을 멸시하고 들으려 하지 않았고 도리어 그들을 욕했다. 그러므로 하나님께서는 그 왕들을 이방 나라에 잡혀가게 하셨다. 시드기야는 자기의 눈 앞에서 자기의 아들들이 죽임을 당하는 것을 보아야 했고 그 자신의 두 눈이 뽑혔고 사슬로 결박되어 바벨론으로 끌려가 죽는 날까지 옥에 갇혔다(왕하 24:7; 렘 52:11).

〔22-23절〕바사 왕 고레스 원년에 여호와께서 예레미야의 입으로 하신 말씀을 응하게 하시려고 바사 왕 고레스의 마음을 감동시키시매 저가 온 나라에 공포도 하고 조서도 내려 가로되 바사 왕 고레스는 말하노니 하늘의 신 여호와께서 세상 만국으로 내게 주셨고 나를 명하여 유다 예루살렘에 전을 건축하라 하셨나니 너희 중에 무릇 그 백성된 자는 다 올라갈지어다. 너희 하나님 여호와께서 함께하시기를 원하노라 하였더라.

바사 왕 고레스 원년에 여호와께서는 선지자 예레미야의 입으로 하신 말씀을 이루게 하시려고 바사 왕 고레스의 마음을 감동시키셨다. 고레스는 온 나라에 공포도 하고 조서도 내려 유대인들이 고국으로 돌아가 성전을 건축하라고 허락하였다. 이것은 하나님의 긍휼이었다. 하나님께서는 자기 백성을 징벌하셨지만, 그런 중에서도 그의 긍휼을 버리지 않으셨다. 구원은 오직 하나님의 긍휼로만 가능하다.

본장의 교훈을 정리해보자. 첫째로, 유다의 왕들은 하나님 보시기에 악하게 행하다가(5, 9, 12절) 마침내 멸망하고 말았는데 멸망의 이유는 하나뿐 곧 그들의 죄 때문이었다. 그러므로 우리는 하나님 앞에서 악을 행치 말고 자신을 낮추고 하나님의 명령에 절대복종해야 한다.

둘째로, 하나님께서는 사람의 죄에 대해 참으로 진노하시고 징벌하신다. 물론, 사람이 회개하면 하나님의 긍휼을 입을 것이지만, 회개는 사람이 언제나 하고싶다고 할 수 있는 것이 아니다. 하나님께서 은혜를 주지 않으시면 회개도 할 수 없다. 그러므로 우리는 죄 짓는 것을 두려워하고 죄에 대한 하나님의 진노와 징벌을 잊지 말아야 한다.

셋째로, 하나님께서는 바사 왕 고레스를 감동하셔서 이스라엘 백성을 고국으로 돌아가게 하셨고 성전을 건축하게 하셨다. 이스라엘 나라의 역사는 사람의 전적 부패와 무능력을 보여준다. 온 인류는 영적으로 죽은 상태이며 죄 가운데 살고 있고 하나님의 긍휼과 구주 예수 그리스도의 대속(代贖)이 아니고서는 아무도 구원을 얻을 수 없다.

저자 소개

연세대학교 문과대학 철학과 졸업 (B.A.).
총신대학 신학연구원[신학대학원] 졸업 (M.Div. equiv.).
미국, Faith Theological Seminary 졸업 (Th.M. in N.T.).
미국, Bob Jones University 대학원 졸업 (Ph.D. in Theology).
계약신학대학원 교수 역임, 합정동교회 담임목사.
〔역서〕 J. 그레셤 메이천, 신약개론, 신앙이란 무엇인가? 등 다수.
〔저서〕 구약성경강해 1, 2, 신약성경강해, 조직신학, 기독교교리개요, 기독교 윤리, 현대교회문제, 자유주의 신학의 이단성, 에큐메니칼운동 비평, 복음주의 비평, 현대교회문제자료집, 천주교회비평 등.

역대기 강해

2011년	11월 11일	1판	
2018년	2월 1일	2판	
2023년	4월 11일	3판	

저 자 김 효 성

발행처 옛신앙 출판사
Old-time Faith Press
www.oldfaith.net

서울 마포구 독막로 26 (합정동)
합정동교회 내
02-334-8291, 팩스 02-337-4869
oldfaith@hjdc.net

등록번호: 제10-1225호

ISBN 978-89-98821-76-0 03230 값 6,000원

♣ '**옛신앙**'이란, 옛부터 하나님의 선지자들과 주 예수 그리스도의 사도들이 가졌던 신앙, 오직 정확 무오(正確無誤)한 하나님 말씀인 신구약성경에만 근거한 신앙, 오늘날 배교(背敎)와 타협의 풍조에 물들지 않는 신앙을 의미합니다.

"여호와께서 이같이 말씀하시되 '너희는 길에 서서 보며 **옛적 길** 곧 **선한 길**이 어디인지 알아보고 그리로 행하라. 너희 심령이 평강을 얻으리라' 하나, 그들의 대답이 '우리는 그리로 행치 않겠노라' 하였으며"(렘 6:16).

옛신앙 출판사 서적 안내

☆ 주문: oldfaith.net/07books.htm   전화: 02-334-8291
☆ 계좌: 우리은행 1005-604-140217 합정동교회